Arno Frank Eser
Konstantin Wecker – Der Himmel brennt

Arno Frank Eser

Konstantin Wecker

Der Himmel brennt

Ch. Links Verlag, Berlin

Herausgeber der Reihe: Peter Köpf

Die Deutsche Bibliothek – CIP-Einheitsaufnahme

Eser, Arno Frank:
Konstantin Wecker : Der Himmel brennt /
Arno Frank Eser. – 1. Aufl. – Berlin : Links, 1996
(Schräge Köpfe)
ISBN 3-86153-104-6

© Christoph Links Verlag – LinksDruck GmbH, 1996
Zehdenicker Str. 1, 10119 Berlin, Telefon: (030) 449 00 21
Umschlaggestaltung: KahaneDesign, Berlin,
unter Verwendung eines Fotos von Thomas H. Himmler
Satz: LVD GmbH, Berlin
Schrift: Officina Serif
Druck- und Bindearbeiten:
meraner reprostudio, Meran

ISBN 3-86153-104-6

Inhalt

1. Noch lange keinen Freund verloren   7
2. Auf der Suche nach der großen Freiheit   12
3. Genießen war noch nie ein leichtes Spiel   18
4. Ein Gottesgeschenk   26
5. Du darfst   32
6. Wecker und Tucholsky   35
7. Show und Selbstdarstellung   38
8. Begeisterung und Ablehnung   46
9. Herr Wecker wollte beten   55
10. Nackt mit diversen Damen   59
11. Willy   64
12. Kaffee Giesing   70
13. Der Liedermacher und der Märchenkönig   75
14. Geld spielt keine Rolex   78
15. Da muß ich jetzt durch   87
16. Wecker und die Frauen   89
17. Der aufrechte Gang   99

Lebensdaten – Werke – Ehrungen   103

1.
Noch lange keinen Freund verloren

Die alte Dame ist überglücklich. »Endlich hab' ich ihn sehen können, jetzt hat das mit der Besuchserlaubnis doch noch geklappt! Das erste Mal nach all den Jahren, daß ich ihn wieder mal eine halbe Stunde lang für mich ganz allein hatte!« Ein kurzer Atemzug, und schon geht's weiter: »Aber eine seltsame Atmosphäre ist das schon in diesem Gefängnis. Ich hab' ja ganz vergessen, wie's da ausschaut. War das früher auch schon so, daß da immer ein Beamter mit am Tisch sitzt? Ich kann mich gar nimmer so recht dran erinnern. Na ja, vielleicht war das damals anders geregelt. Da war der Bub ja auch noch im Jugendstrafvollzug oder wie das heißt. Aber gut schaut er aus, richtig gut! Fünf Kilo hat er schon abgenommen, und einen ganz klaren Blick hat er. Und es ist wirklich das erste Mal nach all den Jahren, daß man sein Versprechen ernst nehmen kann, daß er nie mehr dieses Teufelszeug anfassen will!«

Konstantin Weckers Mutter ist völlig aufgekratzt an diesem Tag. Ihr Sohn, so scheint's, ist endlich auf dem richtigen Weg. Ihr Sohn sitzt im Knast, und sie hat ihn wieder für sich.

Die Vorgeschichte: Am 29. November 1995 wurde Wecker in seiner Wohnung in München-Grünwald festgenommen; die Polizei fand über 30 Gramm Kokain in seinem Besitz. Wecker sagte im Lauf der ersten Vernehmungen, daß er im letzten Jahr an die 700 Gramm dieser Droge von seinem Dealer gekauft habe. Es blieb ihm gar nichts anderes übrig, als diesen Tatbestand zuzugeben. Denn er war leichtsinnig genug gewesen, seinen Händler mit Schecks zu bezahlen.

Seit diesem 29. November kämpfte Mutter Dorothea um eine Besuchserlaubnis. »Um Gottes Willen, hoffentlich kommt er nicht raus, ohne daß ich mit ihm reden konnte!« flehte sie eine höhere Instanz an. »Dann wird er gleich wieder von seiner Clique aufgesogen, und weg ist er.« Ein Kettchen mit einem Schutzengel wollte sie ihm mitbringen, das brauche er ganz dringend, meinte sie.

Gut eine Woche nach der Verhaftung hat's geklappt. »Ich weiß, der Gedanke ist frevelhaft, aber vielleicht ist es besser für den Buben, wenn er noch eine Zeitlang im Gefängnis bleibt.« Und dann sagt sie einen Satz, bei dem es einem als Zuhörer ganz komisch werden kann, bei dem man ein seltsam-feierliches Gefühl empfinden kann: »Ein lebender Sohn ist mir nämlich lieber als ein totes Genie.«

An jenen Tagen, Anfang Dezember 1995, beschäftigt die Familie, die Freunde, die Mitarbeiter und auch viele Fans nur ein Thema: Bleibt Wecker in Untersuchungshaft? Ist dem Staatsanwalt und dem Richter die angebotene Kaution von 200 000 Mark genug? Oder aber erkennen sie auf Flucht- oder Verdunkelungsgefahr? Eines der wesentlichen Kriterien im anstehenden Prozeß wird sein, ob Konstantin Wecker auch mit dem weißen Gift gehandelt hat. Oder ob er es abgegeben hat, weitergegeben, an Mit-Kokser, an Freunde in der Sucht. Schließlich hallt sein öffentliches Wort noch nach, ausgesprochen im Überschwang vor ein paar Jahren, als es in einem Interview mal wieder um das Thema Koks ging: »Sie trinken Ihr Bier doch auch lieber in netter Gesellschaft, oder?«

Und dann diese Geschichte mit dem Crack, dieser gefährlichen und hochgradig süchtig machenden Kokainvariante! Kann man diesen Wecker überhaupt bestrafen wie einen »normalen« Drogenkonsumenten? Oder war sein Hirn zur Tatzeit schon so vernebelt, daß ihm mildernde Umstände zustehen? Unzählige psychiatrische Untersuchungen muß er in der Justizvollzugsanstalt

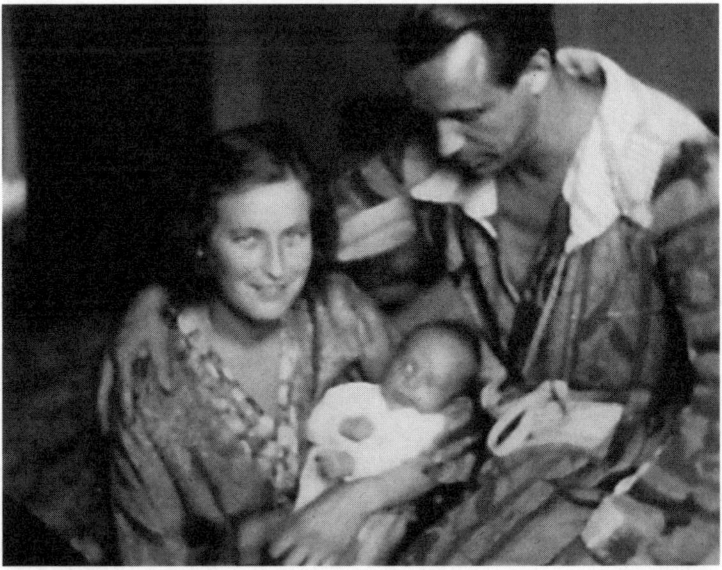

Konstantin Wecker mit seinen Eltern nach der Geburt und heute.

München-Stadelheim über sich ergehen lassen; er hat ein volles Programm. »Weißt du«, ließ er die Mama wissen, »hier ist so viel los, daß ich gar nicht so recht dazu komme, Trübsinn zu blasen.«

Doch die Bühne, die riecht er auch in solchen Momenten. Er weiß ganz genau, daß er in den Schlagzeilen ist. Drum läßt er schon nach wenigen Tagen durch seinen Münchner Rechtsanwalt Steffen Ufer verkünden, daß er den Entzug hinter sich habe, daß er guter Dinge sei, daß er im Knast die Kirchenorgel spiele und daß er in Zukunft ganz eng mit der Organisation »Keine Macht den Drogen« zusammenarbeiten wolle. Und seine Plattenfirma, auch nicht faul, wirft eine Wecker-Scheibe mit dem Titel »Kokain« auf den Markt. Klappt doch wieder mal prächtig, das Marketing.

»Fünf Autounfälle, ohne daß jemand zu Schaden gekommen ist. Noch mehr durfte er seinen Schutzengel nicht strapazieren! Das waren doch eindeutige Fingerzeige!« Als Dorothea Wecker die Nachricht von der Verhaftung ihres Sohnes erfährt, sitzt sie gerade beim Abendessen mit einer Freundin. »Ich finde diese Handys ja schrecklich. Und als meine Freundin mitten beim Essen das Ding aufgeklappt hat, war ich richtig sauer über die Störung. Aber dann doch letztlich dankbar dafür, daß ich nicht erst durch die Medien informiert wurde.« Mutter Wecker erinnert sich genau: »Mein erster Gedanke: noch ein Autounfall! Ist jemand zu Schaden gekommen? Geht es Konstantin gut? Einen Moment lang empfand ich richtig Angst. Aber dann: ach so, nur verhaftet. Ich war regelrecht erleichtert.«

Auch Konstantin Wecker selbst nimmt das Ganze als Wink des Schicksals. Zu seinem Anwalt sagt er: »Ein Herzinfarkt wäre schlimmer gewesen.«

Am 9. Dezember 1995 beginnt der Kabarettist Dieter Hildebrandt seine TV-Sendung »Scheibenwischer« mit folgenden Worten: »Eigentlich sollte heute ja Konstantin Wecker hier sein.« Vereinzeltes vorsichtiges Kichern im Publikum, einige warten anscheinend auf einen Gag. Oder doch nicht? »Soviel nur zu diesem Thema: Nur weil einer im Gefängnis sitzt, hat er noch lange keinen Freund verloren.« Tosender Beifall. Hildebrandt sagt, was viele denken.

Am 15. Dezember 1995 dann endlich die Entlassung aus dem Gefängnis. Zehn strenge Auflagen, eine davon ist eine Drogentherapie. Die Kaution beträgt 300 000 Mark, 100 000 Mark mehr als angeboten. Aber auch dieses Geld wird in Form von Bürgschaften aufgebracht. Konstantin Wecker ist wieder auf freiem Fuß. Vorerst.

2.
Auf der Suche nach der großen Freiheit

Im Stadelheimer Gefängnis mußte Wecker schon einmal sitzen. Das wissen nicht nur die Fans, sondern auch alle, die gerne die Klatschspalten der Zeitungen studieren. Denn Konstantin Wecker macht nirgendwo ein Hehl aus seiner Vergangenheit. Im Gegenteil. Manchmal bekommt man sogar den Eindruck, er kokettiere damit. Vier Monate saß er 1966 in Untersuchungshaft, nach einem Diebstahl. »Seien wir doch mal ganz ehrlich«, sagt er ein paar Tage vor seiner Verhaftung im November 1995, »das ist eine Geschichte, die sich gut erzählt und die was hermacht – aber im Grunde war's doch nur ein Lausbubenstreich.«

Bei dem »Lausbubenstreich« ging es immerhin um 30 000 Mark, damals noch viel mehr Geld als heute. Die Scheine lagen im Tresor der Rennbahn München-Riem. Konstantin, damals 18, war befreundet mit dem Sohn des Besitzers des Hippodroms. Und dieser Spezi hatte halt Zugang zum Kassenschlüssel. Eine zu große Versuchung. Und schon war's geschehen.

Was folgt, ist eine dreiwöchige Tour quer durch Deutschland. Die beiden Jugendlichen schmeißen das Geld mit vollen Händen aus dem Fenster. Sie leben zwar immer in billigen bis schäbigen Pensionen, lassen es aber ansonsten an nichts fehlen. Schicke Klamotten, teure Mädchen, großzügige Geschenke an Freunde und Zufallsbekannte. Hauptsache, den großen Maxe markieren.

Konstantin Wecker sucht nach Erklärungen: »Zuerst haben wir die ganzen Geldscheine um uns herum ausgebreitet, haben den Anblick so richtig genossen. Eine Situation, um die ich mich heute noch im Nachhinein beneide. Grandios! Das hatte bestimmt damit zu tun, daß zu Hause immer gespart wurde bis zum Geht-nicht-mehr und daß ich dieses Schema endlich mal mit einem großen Paukenschlag zerstören wollte. Ich wußte schon immer irgendwie, daß mir das Gehabe eines Weltmannes zusteht, daß ich für alles mögliche geboren bin, nur nicht zum Sparsamsein.«

Die beiden Ausreißer gehen dann, sozusagen erstmals in offizieller Räubermission, in irgendeine Kneipe, drücken irgendeinem Langhaarigen 1 000 Mark in die Hand, in der Hoffnung auf irgendwelche Pässe oder Ausweise, mit denen man über die Grenze kommt. Über welche Grenze auch immer. Der Langhaarige sucht natürlich das Weite – das Geld und der Spott über seine »Sponsoren« seien ihm gegönnt. Wecker war zwar um eine Erfahrung reicher, aber noch immer auf der Suche nach seinem Weg.

»Ich habe damals schon gemerkt, daß mir ein sogenanntes normal-bürgerliches Leben unmöglich ist«, reflektiert er heute. »Irgendwo acht Stunden pro Tag in einem Büro sitzen, dann heim zu Mutti und an den Fernseher, vier Wochen Urlaub im Jahr – das geht für mich einfach nicht. Nach dem ersten großen Bruch mit den Regeln der menschlichen Gesellschaft ist mir das immer klarer geworden. Drum bin ich auch froh, daß ich als Künstler mein Auskommen finden kann. Sonst hätte ich vielleicht einen Weg als Krimineller vor mir gehabt...«

Wecker ist also, wie viele Ende der 60er Jahre, auf der Suche nach der großen Freiheit. Deswegen wird es ihm daheim auch zu eng. Immer wieder reißt der Teenager aus. Was war denn so schrecklich zu Hause? »Das frage ich mich bis heute noch. Immer wieder.«

Meistens dauern seine Ausflüge nur einen bis drei Tage. Danach geht ihm entweder das Geld aus, oder es wird kalt unter freiem Himmel. Trotzdem will er die große weite Welt schnuppern, vor allem aber als »freier Dichter« leben. Dieses Leben, so ist er sich damals sicher, steht ihm zu. »Komischerweise zog's mich jedes Mal zuerst nach Augsburg – diese Stadt empfand ich irgendwie als Tor zur Freiheit.« Ein Tor, das Mutter Dorothea Wecker schließen will, indem sie den Personalausweis ihres Sprößlings einzieht. Doch Konstantin weiß einen Ausweg: er fälscht einen Brief des Kreiswehrersatzamtes. Er müsse zur Musterung erscheinen, steht darin. Und dazu müsse er unter anderem seine amtlichen Ausweispapiere mitbringen. »Damals hab' ich mich überhaupt nicht schlecht gefühlt bei dieser Geschichte; heute dagegen tu ich es.« Dieser Paß oder Ausweis, Konstantin Wecker weiß nicht mehr so genau, um was es da ging, verhalf ihm wieder zu einem Kurztrip. Danach aber war's zappenduster, rien ne va plus, Mama zog die Papiere wieder ein.

»Ich verstehe auch gar nicht, warum er immer wieder auf dieser Ausreißermasche rumreitet«, zeigt sich Mama Wecker verständnislos. »Soweit ich mich erinnern kann, hat er's ohnehin nur drei- oder viermal probiert.« Konstantin dagegen hat seine ganze Teenagerzeit als einen einzigen Fluchtversuch in Erinnerung.

Mit dem Rennbahngeld in der Tasche scheint die Freiheit plötzlich greifbar und grenzenlos. »Das Faszinierende an dieser Geschichte ist, daß ich es einfach getan habe. Daß ich mich über gesellschaftliche Regeln hinweggesetzt habe, und das mit dem Recht des Täters, der schlichtweg Fakten schafft.«

Wie auch immer: Die beiden Lauser haben eine interessante Zeit auf dieser Reise durch Deutschland. Sie stellen sich vor, daß man so was als Zukunftsprogramm entwickeln kann. Auf einer wunderschönen und einsamen Insel leben und dann immer wieder mal zu Raubzügen losstarten, wie die Piraten. Die Geldvorräte schmelzen wie Butter in der Sonne; und die letzten paar Mark kassiert ein Rockerboß, der sich zuvor als Konstantins Leibwächter empfohlen und bewährt hatte. »Er versprach, daß er mir dafür einen Ausweis oder besser noch einen Paß besorgt. Und das war's dann auch schon. Ich habe ihn nie mehr gesehen – das

Eigentlich ganz brav: Wecker als Jugendlicher und Anfang 20.

Geld war futsch.« Rückblickend mag es Wecker heute kaum glauben. »Mein Gott«, bekennt er, »war ich naiv!« Und obendrein pleite.

Nach der folgenden Woche in Hamburg auf St. Pauli, auch nicht gerade billig, trifft es sich ganz gut, daß die Rennbahndiebe von der Polizei aufgegriffen werden. »Sofort festnehmen. Äußerst gefährlich!« heißt es im Fernschreiben. Was Konstantin und seinem Spezl Handschellen einbringt, so richtig wie im Krimi.

Mit 18 ist er damals ja noch nicht volljährig. Also bekommt er eine Jugendstrafe, eine saftige. Zwölf Monate Haft, die für drei Jahre auf Bewährung ausgesetzt werden. Die vier Monate Untersuchungshaft im Gefängnis München-Stadelheim werden beim endgültigen Strafmaß nicht einmal angerechnet. Für Wecker ist die Knasthockerei eine Tortur: »Bis ich kapiert hatte, daß es in Stadelheim keine Türklinken gibt – das war ein langer und harter Lernprozeß!«

Aber anscheinend nicht lang und hart genug, um Konstantin Wecker von seiner Rolle als Selbstdarsteller abzubringen und ihn auf gut bürgerlich zu disziplinieren. Seine Briefe nach Hause und auch seine Gedichte schreibt er auf Klopapier. Mit der Begründung, daß richtiges Briefpapier zu teuer sei. Natürlich frei erfunden. »Ich wollte mich wahrscheinlich fühlen wie der Graf von Monte Christo. Ganz schön albern, nicht wahr?«

Mutter Wecker liebt diese Briefe. Sie hat sie alle aufgehoben. Auch dann noch wie einen kostbaren Schatz behandelt, nachdem Konstantin ihr mal im Streit hingeworfen hatte, er habe diese Briefe nur deshalb so reuevoll verfaßt, weil er sich der Postzensur bewußt war. »Sätze wie ›Ich werde nicht einmal mehr die Borste einer Zahnbürste stehlen‹ können nicht mit taktischen Erwägungen niedergeschrieben werden, die muß man fühlen«, glaubt die Mama. »Ich weiß ganz genau, daß diese Briefe wahrhaftig sind.«

Wahrhaftig ist aber auch die Schande, die mit diesem Fall über die brave bayerische Familie kommt. Drum unternimmt die Mama alles, damit niemand aus der Verwandschaft erfährt, was Sache ist. Besonders die Oma soll vor der entsetzlichen Wahrheit verschont werden. »Aber die Münchner Rennbahn in Riem, das ist halt doch ein öffentliches Thema. Deswegen haben die Zeitungen die Geschichte auch groß gebracht. Und immer wieder mit Erwähnung von ›Konstantin W.‹; ich bin fast gestorben vor Scham. Das war das erste und das letzte Mal, daß ich es bereut habe, ihn Konstantin getauft zu haben.«

Scham, Schande und Reue hin oder her: Die erste Amtshandlung der Mama ist, daß sie ihrem Filius die Schulbücher in den Knast bringt, damit er das Lernen nicht vernachlässigt. Das Abitur steht als höchstes Ziel über allem, trotz der persönlichen Turbulenzen. Und der brave Sohn enttäuscht seine Mutter letztlich nicht. Zumindest nicht in Sachen Abitur. Darum kümmert sich die fürsorgliche Mama persönlich. Mit dem Bewährungshelfer kartet sie heimlich die Auflage aus, daß Konstantin jeden Abend pünktlich um elf daheim sein muß. Diesen Eingriff in die Freiheitsrechte ihres Sohnes verteidigt die resolute Mutter Wecker noch heute: »Nur so war ich sicher, daß er sich nicht rumtreibt.«

Konstantin Wecker hat ein schlechtes Gedächtnis, wenn es um Personen und Geschichten aus der Vergangenheit geht. Er ist auch sein eigener Geschichtsschreiber und -fälscher, man könnte auch freundlicher sagen: -weichzeichner. Das ist er seiner Eitelkeit schuldig. Deswegen deutet er heute im Nachhinein vielleicht auch ein bißchen zuviel in diese Jugendepisode hinein, wenn er sagt: »Ich habe dieses Erlebnis gewollt und gebraucht. Irgend etwas sollte mich existenziell katapultieren. Und nicht nur in diesem Fall, sondern noch mehrere Male in meinem Leben.«

3.
Genießen war noch nie ein leichtes Spiel

»Existenziell katapultieren«! Raus auf die freie Wildbahn, raus in den Kosmos. Dinge erleben, die niemand anders außer dir selbst erleben darf und auch nicht erleben kann. Weil sie für dich ganz persönlich bestimmt sind. Vorgesehen im Plan Gottes oder auch im Plan des Teufels, was spielt das schon für eine Rolle? Erst einmal raus und nach oben. Nach oben, wo die Geister wohnen. Wo ist der Fahrkartenschalter für diesen Trip? Und wer hat Verständnis für einen Mann wie Konstantin Wecker, der die Wege zur Wahrheit abkürzen will, um schneller ans Ziel zu kommen?

Wohl kaum jemand. Sogar die treuesten Fans werden auf eine harte Probe gestellt. Denn wer Drogen nimmt, ist labil. Ist krank. Ist ein Fall für die Couch. Wer Drogen nimmt, braucht ganz dringend Hilfe. Muß am Händchen geführt werden wie ein Kleinkind, um ja nicht wieder rückfällig zu werden. Und wenn dieser jemand auch noch ein Star ist, drängen sich nicht nur die Fans in die erste Reihe, um ein Ventil für ihr Helfersyndrom zu finden. Hallo, kleiner Konstantin! Hier sind wir. Deine Ärzte, deine Ratgeber, deine Freunde, deine Familienmitglieder. Wir meinen es doch alle so schrecklich gut mit dir. Bitte nimm nie wieder dieses schreckliche Gift. Wir brauchen dich doch noch. Heul dich doch lieber an meiner Schulter aus, man kann doch über alles reden.

Die Antidrogenkoalition ist mindestens so stark wie die Drogenmafia. Was natürlich den Drogenkonsumenten Wecker in seinem Trotz herausfordern muß. Neben flotten Broschüren wartet diese Koalition mit TV-Diskussionen auf, mit Aufklärungsstunden in den Schulen und vielem mehr. Was letztlich gut und edel ist. Das weiß auch Konstantin Wecker, der Kokser. Nicht umsonst warnt er immer wieder auf Podiumsdiskussionen oder auch in Interviews vor den Drogen. Wie immer sie auch heißen mögen. Und das auch noch zu Zeiten, in denen er schwer abhängig ist.

»Drogenerfahrung kann für Künstler sehr bereichernd sein. Aber wer einmal Drogen genommen hat, muß sich neuen Realitäten stellen. Realitäten, die nur sehr starke Geister aushalten können. Ich hoffe, ich gehöre dazu.« So versucht er noch ein paar Tage vor seiner Verhaftung das Dilemma zu relativieren, es sich schönzureden. Mahner, die sich Sorgen um ihn machen, blockt er ab. Was letztlich dazu führt, daß er nur noch Leute um sich hat, die selbst in irgendeiner Form mit Drogen zu tun haben, oder eben Leute, denen es egal ist, wie sich der Künstler im Lauf der Zeit in eine dramatische Richtung entwickelt. Andere wiederum sind zu schwach oder auch zu verunsichert, um Konstantin Wecker endlich mal den Kopf zu waschen. Oder wollen, wie der Liedermacher selbst auch, glauben, daß er alles unter Kontrolle hat, daß er die Droge beherrscht und nicht die Droge ihn.

Hin und wieder gibt's dennoch Momente der Wahrheit. Wecker hat zum Beispiel in seinem Lied »Fangt mi wirklich koaner auf« seine Zeit als Gefangener im Jugendstrafvollzug aufgearbeitet. Jahre später arrangiert er dann den Song neu und nimmt ihn noch einmal auf. Da gibt's eine Strophe, bei der fließen im Regieraum des Studios die Tränen: »I war a Adler, wißts es no, und mir war klar, nix bringt mi um. Und jetzt kriach i, schaugts mi o, am Boden ohne Flügel rum ...« Der Sänger will die Tränen seiner Kollegen nicht verstehen und wiegelt ab: »Was habts denn? So schlecht hab' ich doch gar nicht gesungen, oder?«

Daß die allermeisten Menschen eben nicht zur Fraktion der ganz Starken gehören, die mit der Droge umgehen können, das wußte er schon immer. Doch gegen die einseitige Verteufelung der Drogen war er bis vor kurzem andererseits auch. Stur wie ein Esel. Was also tun, wenn man ihn auf eine Podiumsdiskussion bittet, bei der's ganz eindeutig wieder mal gegen das Gift gehen soll? Ein Freund hat da so seinen Trick: »Sieh es doch so, Konstantin: Wenn du die Zuhörer vor den bösen Drogen warnst, dann bleibt mehr von dem Zeug übrig für dich!« Wecker lacht sich dann schlapp – und schon steht die Zusage für die Diskussion.

Drogen, das heißt für Konstantin Wecker in erster Linie Kokain. In seinem autobiographisch gefärbten Roman »Uferlos« schildert er die jungfräulichen Gefühle diesem Kokain gegenüber, als er das weiße Pulver das erste Mal sieht: »Das ist sie also, die Droge Georg Trakls und Gottfried Benns, Jean Cocteaus und Sigmund Freuds, meine Wunschdroge, an die ich nur noch nie herangekommen war. Kokain! Endlich lag es vor mir, kristallin und geheimnisvoll. Plötzlich stank es nicht mehr nach Pisse, plötzlich roch es nach Südamerika, nach Anden und Abenteuer. Die heißersehnten Zwanziger lagen da vor mir, rauschende Feste in edlen Bordells.«

»Uferlos« wird für viele Kokser eine Art Kultroman. Gutgläubige Fans wollen darin eine Abrechnung ihres Stars mit der Droge erkennen; schließlich endet das Buch mit einer Lossagung vom Gift. Aber auch mit einem skeptischen »Man wird sehen« im Hinblick darauf, ob es wohl gelingen wird, clean zu bleiben.

Was natürlich nicht gelingt, nicht gelingen kann. Denn Wecker wird mit diesem Roman zu einer Art Sprachrohr der Kokser. Und nicht selten passiert es, daß sie dem Liedermacher nach einem Konzert unter Hinweis auf das Buch (»Echt cool geschrieben, Mann!«) ein bißchen Koks zustecken. Sie haben von Anfang an erkannt, daß Wecker unter dem Deckmäntelchen »Roman« endlich mal alles loswerden konnte und mußte, was da in seinen unzähligen Rauscherlebnissen auf ihn eingeprasselt war. Auch die Ermittler des Staatsanwaltes registrieren das Buch und werden aufmerksam, halten sich aber noch bedeckt.

Das Yellowpress-Blättchen *Bunte* schlägt nach der Verhaftung des Liedermachers voll zu. Es druckt Auszüge aus dem Kokain-Roman ab, als wären sie frische Geständnisse. Doch die betreffenden Auszüge sind wirklich nicht schlecht gewählt. »Ich war aufgedreht und fröhlich, es war wie ein Sommertag. Ein Sommertag, der durch die Nase kam mit all seinen Düften und Vergnügungen. Wir stürmten das Münchner Nachtleben, das mir plötzlich göttlich schien und liebenswert wie nichts anderes auf dieser wunderschönen Welt.«

Später dann Experimentelles auf der gemeinsamen Schnittebene zwischen Droge und Sex. Jugend forscht: »Wir vögelten stundenlang, schnupften nicht nur, sondern betäubten alle nur möglichen Schleimhäute, das verzögert den Orgasmus um Stunden ...«

So kann wirklich nur jemand schreiben, der vom Fach ist.

Daß der Kokainkonsum auch seinen Preis hat, erfährt Wecker erst später, in seinem ersten Haus in Grünwald bei München. Paranoia, krankhafter Verfolgungswahn. In seinem Roman heißt es noch: »Ach ja, Paranoia, das kann man natürlich nicht ernst nehmen«; doch wenn die bösen Geister auf einmal Gesichter bekommen, hört der Leichtsinn auf. Wecker erinnert sich: »Man muß sich das so vorstellen: Da sitzt dir jemand gegenüber, und du schaust zufällig auf dessen Knie. Auf einmal wird dieses Knie immer größer und wuchtiger, wächst ins Überdimensionale, wird zur existenziellen Bedrohung. Du schaust weg, rennst weg, aber dieses Knie verfolgt dich. Du bekommst Todesangst ...«

Das Ergebnis: Wecker und seine Freunde fliehen regelrecht aus diesem Haus. Alle sind sich einig: Da gibt es Geister, nichts wie weg. Das ganze Team mietet sich in einem Münchner Hotel ein.

»Meine erste Droge«, scherzt Wecker heute, »war das Violinkonzert von Beethoven. Ich lag am Boden und war hin und weg.« Später dann Gift statt Geigen. Angefangen, so spekuliert die Münchner *Abendzeitung* wohlwollend, habe wohl alles mit dem ungeheuren Druck, unter dem ein Künstler wie Wecker stehe. An die zweihundertmal pro Jahr auf die Bühne gehen, alles geben, die Seele entblößen. Sofort nach dem Konzert runter in den Raubtierkäfig. Shake hands und keep smiling mit Veranstaltern, örtlichen Honoratioren, Journalisten, Fans, Leuten von der Plattenfirma. Und zwischen den Auftritten gefälligst kreativ sein, was Neues schreiben. Und das mit dieser panischen Angst: »Das Schlimmste, was ich mir vorstellen kann«, ist für Wecker, »daß ich eines Morgens aufwache und mir fällt nichts mehr ein!« Dieser Druck, so mutmaßen die Journalisten, suche ein Ventil.

Das Zitat ist zwar O-Ton Wecker, aber der Rest ist Vermutung. Denn so war es nicht. Wecker: »Ich habe das Kokain regelrecht gesucht. Ich wollte dieselben Erfahrungen machen wie Trakl und Benn und die anderen. Endlich kam ich dann ran ans Kokain. Vorher habe ich alles mögliche ausprobiert. Es gibt in der Palette der Drogen eigentlich nichts, was ich nicht kennengelernt hätte. Vom Alkohol an aufwärts. Aber erst beim Kokain fühlte ich mich dann zu Hause.«

Und dann Crack. Oder Base. Diese Kokain-Zubereitungen mit Wasser, Backpulver und anderen Fremdstoffen. Im Selbstverfahren immer wieder zubereitet, ohne chemische Vorbildung, ohne exakte Geräte. Aus der Pfeife innerhalb von Bruchteilen von Sekunden direkt ins Hirn – besonders effektiv und besonders schädlich. Nicht nur, weil die Suchtgefahr verdammt hoch ist. Sondern auch, weil der plötzliche und kurze Kick jedesmal anders ist. Und weil auch die gesundheitlichen Folgen nicht mehr zu kalkulieren sind. Eigentlich eine Art russisches Roulette. Wecker: »Meine Nieren versagten, ich hatte Wasser in den Beinen, und ich konnte schon gar nicht mehr richtig laufen.« Damit's keiner merkt, Isolation zu Hause, Abschottung von jegli-

»Ich kann kein Kokain mehr nehmen. Wenn ich es täte, ich müßte mich zu Tode schämen.« Konstantin Wecker wenige Tage vor seiner Verhaftung und kurz nach seiner Entlassung.

chem sozialem Leben. Wecker hat im Gefängnis einen Mann getroffen, der hat sich mit dieser Art des Kokaingenusses schwere Lähmungserscheinungen zugezogen, auch im Hirn. »Ich weiß heute, daß ich nicht nur aufhören will, sondern vor allem auch muß. Mein Körper spielt nicht mehr mit. Und verabschieden von dieser Welt will ich mich noch nicht.« Und: »Es gab vielleicht kurze Phasen, da hat mich die Droge weitergebracht. Ich meine jetzt künstlerisch. Aber dann hat sie mich doch besiegt.«

Wenn Wecker Bilanz zieht, weiß er, daß der Genuß schon lange keiner mehr war. Der Kick, das Hochgefühl, wurde immer kürzer, die betäubten Nerven zum Normalzustand. Nur in dieser Verfassung ließ sich das Leben noch bewältigen, von einfachsten Alltagstätigkeiten bis hin zum exzessiven Auftritt mit unzähligen Zugaben.

Und dann plötzlich, nach 16 Tagen Untersuchungshaft, auf einmal die Wunderheilung? »Körperlich war mein Entzug nicht sehr hart, bis auf die Müdigkeit«, sagt Wecker im TV-Gespräch mit Günther Jauch.

Die Wandlung vom Saulus zum Paulus, noch dazu im grellen Licht der Öffentlichkeit, geht vielen Leuten zu weit. »Sie wollen doch nicht etwa behaupten, daß Sie jetzt schon geheilt sind?« fragt eine Anruferin während eines Radio-Interviews. »Andere brauchen für so was jahrelange Therapien, und Sie machen innerhalb kürzester Zeit angeblich die große Wandlung durch!« Woraufhin Wecker natürlich, ebenfalls live über Sender, einräumte, daß auch er nach wie vor gefährdet sei. Und daß er auch deshalb keine Mitarbeiter mehr in seinem Umkreis dulden könne, die mit Drogen zu tun haben. »Aber gestatten Sie mir bitte diese Euphorie, die ich jetzt empfinde, daß ein Alptraum zu Ende ist.«

»Die schlimmsten Kritiker der Elche waren früher selber welche«, spottet der Zyniker. Der Psychologe umschreibt so einen Paulus-Saulus-Vorgang mit einem Vergleich: »der Elefant von vorne und der Elefant von hinten«. Dranbleiben am Thema, aber diesmal von der ganz anderen Seite rangehen. Oft der einzig richtige Weg zur definitiven Bewältigung.

Darum steht Wecker ganz offen zu seiner Drogengeschichte, auch auf der Bühne. Bei seinem ersten Auftritt nach der Untersuchungshaft am 23. Dezember 1995 kommentiert er live einen Absatz aus seinem Song »Wenn der Sommer nicht mehr weit ist«. Darin heißt es: »Und dann will ich, was zu tun ist, endlich tun. An Genuß bekommt man nämlich nie zuviel. Nur, man darf nicht träge sein und darf nicht ruhn, denn Genießen war noch nie ein leichtes Spiel.« Wecker unterbricht kurz seinen Vortrag, schaut ins Publikum: »Ja mei, in meinen Liedern, da hab' ich's schon immer gewußt...«

Weihnachten 1995, der erste Feiertag. Wecker spielt im Münchner Lustspielhaus. Wie dort so oft, wird Rauchverbot für die Dauer des Konzerts verkündet. Wecker aber hebt das Rauchverbot auf, verkündet, daß ihm der Qualm nichts ausmache. »Ich hab' Verständnis für Süchtige...« Alles lacht.

Also die Flucht nach vorne. Wer Wecker kennt, weiß, daß diese öffentlichen Lossagungen vom Kokain alles andere als aus einer Mediengeilheit geborene Luftblasen sind. Er will Fakten schaffen, sich selbst damit auch in die Pflicht nehmen. Und das nicht nur im Hinblick auf den zu erwartenden Prozeß. Denn daß er sauber bleiben muß, daß er diesbezüglich sogar streng kontrolliert wird, regelmäßig Urinproben und Haare zur Untersuchung beim Amtsarzt lassen muß, ist ohnehin klar. Und daß er wieder zurück ins Gefängnis muß, falls diese Untersuchungen neue Spuren von Drogenmißbrauch an den Tag bringen sollten, weiß niemand besser als er selbst.

Doch das größte Muß schafft sich Wecker mit dieser Flucht nach vorne selbst. »Ich kann kein Kokain mehr nehmen. Wenn ich es täte, ich müßte mich zu Tode schämen.«

4.
Ein Gottesgeschenk

»Schnittpunkte im Leben sind zugleich auch Endpunkte«, sagt Wecker und bezieht das sowohl auf seinen ersten Versuch als Gesetzesbrecher als auch auf seine Karriere als Kokser. »Die Aha-Erlebnisse sind die gleichen. Erst mal die Luxussucht ausleben. Dann an die Grenzen gehen, was annehmen. Bewußt den Bruch zwischen der Realität der anderen und der eigenen herbeiführen.« Und wenn Konstantin Wecker etwas auslebt oder annimmt, dann richtig. Bis der Himmel brennt. Halbe Sachen gibt es für ihn nicht. Wo er durch muß, muß er durch, zu welchem Preis auch immer.

München hat noch einen Musiker, der so ähnlich gestrickt ist wie Wecker, den Bayern-Blueser Willy Michl. Ein etwas skurriler Kerl, dieser Michl, fühlt er sich doch als Indianer und vom Geist des roten Mannes durchflutet. Und in den Schlagzeilen taucht er auch immer wieder mal negativ auf. Heute wegen Körperverletzung, morgen wegen unerlaubten Waffenbesitzes oder im Umfeld des Rotlichtmilieus. Seine größten Erfolge hat Willy Michl alias »Sound Of Thunder« Anfang der Achtziger mit Alben wie »Ois is Blues«; da füllt er ganze Festivals. Michl ist längst nicht so belesen und intellektuell wie Wecker, eher ein Unikum. Doch ausgerechnet er ist es, der seinem Kollegen den ersten Brief in den Knast schreibt, in dem alles drin steht, was gesagt werden muß: »Männer wie Du haben die Aufgabe, das Leben in all seinen Höhen und Tiefen zu erforschen, um dann den Menschen sagen zu können: ›So ist es!‹«

Der Brief hinterläßt bei dem gefangenen Liedermacher einen

tiefen Eindruck. Als er auf Kaution frei ist, spricht er in einem Radio-Interview davon. Und fügt an: »Willy, vielleicht hörst du mich ja. Ich hab' deine aktuelle Telefonnummer nicht und kann dich nicht anrufen. Bitte komm' zu meinem Konzert am Samstag, als Ehrengast. Ich will mich bei dir bedanken.«

Wecker darf das. Er darf einen öffentlich-rechtlichen Radiosender für persönliche Nachrichten benutzen. Er darf eigentlich alles. Weil er's einfach macht. Er hat ja immer schon eine Art Berufung in sich gespürt. Er weiß von seinem Status als Genie. Und er weiß auch, daß einem Jupiter mehr erlaubt ist als einem Ochsen. Wer wollte ihm das ernsthaft übelnehmen? »Ich weiß, daß ich trotz aller Veranlagung und auch trotz der beispiellosen Unterstützung meiner Eltern begnadet bin. Und das im wahrsten Sinne des Wortes«, versichert er unbescheiden und setzt noch einen drauf: »Ich erhalte von ganz oben die Gnade, besondere Texte und besondere Lieder schreiben zu dürfen.«

Mutter Dorothea Wecker sieht die Sache genauso: »Schon als Baby in der Wiege ging er exakt im Rhythmus mit, wenn er Musik hörte. Ich hab' genau aufgepaßt. Und später dann, mit fünf oder sechs, da haben wir gemerkt, daß der Bub eine unwahrscheinlich schöne Stimme hat.«

Seine frühen und vor allem schnellen Erfolge an Geige und Klavier sind der Familie dann schon fast unheimlich. Die ersten Klavierstunden mit fünf, Geigenunterricht mit acht, mit elf spielt er fehlerfrei vom Blatt, Gitarre mit 14. »Fast von Anfang an hab' ich verstanden«, so die Mutter, »daß unser Konstantin ein Gottesgeschenk bekommen hat. Und daß es unsere Pflicht ist, ihn nach allen Kräften zu fördern.«

Schon im renommierten Münchner Rudolf-Lamy-Kinderchor, in dem Wecker von 1955 bis '60 mitträllern darf, fällt er als Ausnahmetalent auf. Sofort wird er für eine Plattenaufnahme dieses Chors als Solist verpflichtet. »Was mir natürlich den Neid der anderen Kinder und vor allem den ihrer Eltern einbrachte.«

Musik, Musik und noch mal Musik. Musik als Droge. Das erste Mal bewußt. An die drei Jahre lang bei der Soul- und Funkgruppe »Zauberberg« (von 1970 an), beim Theaterkollektiv »Rote Rübe« (1971), bei der Münchner »Lach- und Schießgesellschaft« (1973), als Judas-Sänger beim Musical »Jesus Christ Superstar« (1972). Und dann in die vollen. Als Solist, als Liedermacher. Texte, Melodien und Personality – alles aus einem Guß. Ohne auf lästige Begleiterscheinungen wie Teamwork, Gruppendynamik und anderes Rücksicht nehmen zu müssen. Wecker pur.

Und dann die erste Langspielplatte, »Die sadopoetischen Gesänge des Konstantin Amadeus Wecker« (1972). Ein Flop. Aber mit »Weckerleuchten« (1975) und »Genug ist nicht genug« (1977) knallt's dann richtig. Nicht zuletzt wegen der ergreifenden Ballade »Willy«, die auf diesem Album ist. Die Geschichte eines Freundes, der von Rechtsradikalen erschlagen wird, atemberaubend getextet und interpretiert.

Während Wecker am Anfang seiner Karriere immer wieder mal an sich zweifelte, hat er sich heute ein gesundes Selbstbewußtsein antrainiert: »Ich lasse mir meine Daseinsberechtigung als Musiker und Dichter nicht mehr absprechen.« Kritiker, die ihn als letzten Mohikaner einer aussterbenden Liedermacherzunft bespötteln, die ihm seine enge Verbindung zur altbekannten Klassik und zur überlieferten Poesie vorwerfen, sind ihm egal.

Ganz egal natürlich nicht, denn jeder Künstler wird lieber dumm gelobt als intelligent kritisiert. Auch Wecker. Aber während einer laufenden Tournee gibt er Anweisung, daß ihm nur gute Kritiken vorgelegt werden. »Schlechte kann ich in so einer Phase nicht brauchen ...«

Denn jeder Satz dieser Kulturjournalisten geht Wecker unter die Haut und an die Nieren: »Da gibt es so einen Kerl in Regensburg, der schreibt immer über meinen Bauch! Als ob ich nicht selber wüßte, daß ich abnehmen muß! Und als ob das was mit meiner Kunst zu tun hat!«

»Es war unsere Pflicht«, sagt Mutter Wecker, »ihn nach allen Kräften zu fördern.« Mit fünf Jahren spielte Konstantin Klavier, mit acht Geige, mit 14 Gitarre, und bald folgten erste Auftritte in Kleinkunstkneipen (Foto unten).

Mit den Journalisten hat er sich inzwischen arrangiert: »Es lohnt sich nie, mit einem Zeitungsmenschen zu streiten. Heute noch bei einem kleinen Blättchen, kann der morgen schon verdammt wichtig für dich sein.« Wecker braucht, wie alle Künstler, das feedback der Presse. Am liebsten solches: »Da hat mal einer eine hervorragende Kritik über mich geschrieben, der gar nicht vom Fach war. Ein Rockexperte, der von seiner Redaktion geradezu vergattert worden war, mein Konzert zu besuchen. Und der hat mir dann später mal gesagt, daß er sich eigentlich vorgenommen hatte, mich, den Liedermacher-Macho, in der Luft zu zerreißen. Daß er dann aber so begeistert war, daß er damit nicht hinterm Berg halten konnte. Ein tolles Kompliment.« Wie dieser »Rockexperte« heißt, weiß er nicht mehr.

Konstantin Wecker hat sowohl für die Kritiker als auch für seine Fans immer was Neues auf Lager. Denn Stillstand gibt es bei ihm nicht. Am Anfang Klavier und Stimme, dann mit einem hervorragenden Quartett. Später eine Rockband, die dann letztlich zur Zusammenarbeit mit so genialen Jazzern wie Charlie Mariano, Wolfgang Dauner oder auch Pete York führt. Und gleichzeitig mit Rockgrößen wie Frank Dietz und Colin Hodgkinson. Später muß es dann ein ganzes Orchester sein, das Hausorchester des Bayerischen Rundfunks, unter der Leitung von Peter Herbolzheimer. Genug ist ihm nie genug.

Auch all die Preise und Auszeichnungen, die er im Lauf der Jahre einheimsen kann, kriegt er nicht mehr auf die Reihe, zumindest nicht mit der dazugehörigen Jahreszahl. Der Deutsche Kleinkunstpreis, der Südwestfunk-Liederpreis, der Kritikerpreis und wie sie alle heißen. Doch den Tucholsky-Preis, den hat er noch in Erinnerung. Die Preisverleihung war ja auch erst im Herbst 1995. »Diese Nähe zu Tucholsky, diesem schrägen Querkopf, die ehrt mich ungemein.«

Die schönste Auszeichnung aber bekommt Konstantin Wecker ganz still und heimlich. Ohne Urkunde, ohne Ansprache, ohne

Dotierung, ohne Blumenstrauß und ohne Publikum. Ein Bekannter arrangiert ein Treffen mit Carl Orff, Weckers großem Idol. »Die Carmina Burana ist für mich immer noch das bedeutendste Stück Musik, das je geschrieben wurde!« Es ist ungefähr zwei Jahre vor Orffs Tod, also 1980 oder 1979, da pilgert ein kleines Grüppchen, Wecker und Freunde, an den Ammersee, um ein paar Stunden mit Orff verbringen zu dürfen. Es wird viel geredet; aber dann muß Wecker natürlich ans Klavier und Orff eine Kostprobe seines Könnens abliefern. »Jetzt spuist was, Bua!« sagt er einfach, und der Bua spuit. Danach dann das Urteil des Meisters: »Mozart bist du keiner, Beethoven auch nicht. Auch kein Schubert. Was aber viel wichtiger ist: du bist Wecker!« Ein Plädoyer für die Eigenständigkeit? »Genau so habe ich das empfunden. Ein Hoch auf den Individualismus und auch auf mich, den eigensinnigen Einzelgänger. Mir ist es regelrecht heiß und kalt den Rücken runtergelaufen – das war wie ein Ritterschlag!«

5.
Du darfst

Konstantin Wecker verehrt Kurt Tucholsky und sein Werk. Mit ihm in Verbindung gebracht zu werden, erfüllt ihn in der Tat mit Stolz.

Deswegen beginnt er beim Festakt am 22. Oktober 1995 im Deutschen Theater Berlin seine Rede folgendermaßen: »Sehr verehrte Damen und Herren! Als ich von einem nächtlichen Fax, das üblicherweise nichts Gutes verspricht, von der Entscheidung der Jury, mir den Kurt-Tucholsky-Preis zu verleihen, überrascht wurde, empfand ich sofort eine tiefe Befriedigung. Ich zweifelte keine Sekunde daran, daß die Juroren die einzig richtige Wahl getroffen hatten, und ich war gleichzeitig von tiefer Dankbarkeit erfüllt darüber, daß sie meiner geistigen Verwandtschaft zu Tucholsky auch öffentliche Anerkennung zollten.«

Woher Wecker diese geistige Verwandschaft mit Tucholsky ableitet, kommt schon zwei Absätze später: »Ach, Du lieber Kurt, wie gut kennst Du das noch aus Deiner Zeit, dieses Spalten ins Hehre und Profane, ins Allerheiligste und ins Menschliche, ins Entrückte und ins Triebhafte, als gäb' es ein Auseinander, wo doch die Kunst das Miteinander all dieser Kräfte im Erleben und Erleiden ihres Dieners fordert.«

Konstantin Wecker weiß also sehr gut, daß sein triebhaftes und lasterhaftes Leben im Licht der Öffentlichkeit steht, daß er inzwischen sowohl ein Fall für die Klatschpresse geworden ist, wie er es für die Feuilletons längst ist. Doch statt zu beschwichtigen, zu korrigieren und zu vertuschen, wählt er den Angriff statt die Verteidigung. Wieder mal. Und erklärt seinen Lebensstil zum Teil der großen Kunst. Punktum und basta, jeglicher Widerspruch zeugt von Dummheit.

Und weil er schon dabei ist aufzuräumen, kann er ja auch mal die ganzen »Weibergeschichten« kommentieren, die da durch die Gazetten geistern, und nebenbei noch diesen »schrecklichen Emanzen« eins reinwürgen. Gibt es einen besseren Ort dafür als das Deutsche Theater zu Berlin? Einen besseren Anlaß als eine Feier zu Ehren Tucholskys?

Angriffslustig blinzeln Weckers Augen, und der Mund sagt: »Es bringt mich immer wieder zum Schmunzeln, wenn man versucht, den großen Toten, deren Genie den einen oder anderen anscheinend immer noch so sehr aus der Ruhe bringt, da ans Bein zu pinkeln, wo man sich gerade mal wieder ideologisch und moralisch überlegen glaubt. Und selbst wenn fundamentalistische Feministinnen aus Mangel an aktuellen Stoffen leichenfleddernd seine Beziehungen zu den Frauen ausweiden, können sie diese nicht schmälern. Die Frauen liebten ihn, den dicken Mann, den Dichter, und ich kenne auch heute noch einige, die mit Begeisterung mit ihm in der Abendstunde nach ihren Mäusen gehen würden.«

Womit Wecker sich selbst einen Freibrief ausstellt. Überschrift: »Du darfst.« Du darfst ein sogenanntes lasterhaftes Leben führen, du darfst dich dennoch getrost als großen Künstler betrachten, du darfst sogar einen Bauch haben, du darfst so bleiben, wie du bist. Weil Tucholsky ja auch durfte und weil Wecker und Tucholsky seelenverwandt sind. Was ja übrigens jetzt auch von offizieller Seite bestätigt wurde. Wie praktisch.

Dann auch noch gleich einen Böllerschuß hinterherjagen, nur keine halben Sachen machen, die Gelegenheit ist günstig! Öffentlich erklären, daß man, obwohl es alle erwarten, nicht im geringsten daran denke, die 15 000 Mark Preisgeld irgendwohin zu spenden: »Und was tun Sie für die Umwelt? Wohin spenden Sie? Also, meine Damen und Herren, wenn Sie mich fragen, aber

Sie fragen mich ja nicht, oder fragen Sie mich? Ich denke, ich werde den schönen Batzen Geld, den ich heute hoffentlich mit nach Hause nehmen darf, einfach für mich verwenden.« Wecker sagt das so spitzbübisch-naiv, daß man ihn knuddeln möchte. »Ich werde es vielleicht gleich ausgeben, ja, ich werde es gleich ausgeben, damit ich es nicht spende. Mich haben schon so viele Leute gefragt, wohin ich das Geld spenden werde, daß ich es schon aus Trotz gar nicht mehr spenden kann. Ich glaube ja nicht, daß mir jemand beim Ausgeben hilft; bekanntermaßen helfen die meisten beim Spenden. Oder verwechsle ich da was? Alle die, die mich immer so eindringlich und mit diesem Ich-rette-die-Welt-und-was-tust-du-Gesicht extrem humorfrei ums Benefizen angehen, müßten mir jetzt doch mal das Spenden abnehmen oder wenigstens dabei helfen. Aber ich spende ja nicht. Ich finde es wunderbar, daß zum ersten Mal einer für mich benefizt hat. Na, Kurt, was fangen wir an, kaufen wir uns Drogen? Das würd' sie ganz schön schocken. Oder verprassen wir's heut nacht mit Weibern?«

Es ist zu vermuten, daß sich Kurt und Konstantin für die erste Möglichkeit des Geldausgebens entschieden haben. Wecker ist in jenen Tagen schwer kokainabhängig; und Dealer geben selten Kredit. Daß er das Thema immer wieder öffentlich anschneidet, damit sogar kokettiert, zeigt, welche Bedeutung es bekommen hat im Lauf der Jahre. Er will endlich darüber reden können, öffentlich dazu stehen dürfen. Oder auch, wahrscheinlich unbewußt, das Signal geben: Warum hilft mir denn keiner?

6.

Wecker und Tucholsky

Es wäre oberflächlich und ungerecht, diese Rede von Konstantin Wecker anläßlich der Verleihung des Tucholsky-Preises auf ihre Nabelschau-Passagen zu reduzieren. Auch wenn sie noch so erhellend, außerdem auch unterhaltend und spritzig sind.

Diese Rede ist Weckers letztes großes Kunstwerk vor seiner Verhaftung am 29. November 1995. Dabei sind damals die Voraussetzungen, so ein oder überhaupt ein Kunstwerk zu schaffen, gar nicht gut. Ganz abgesehen von der Kokainsucht. Wecker erinnert sich, ausnahmsweise mal, ganz genau: »Es war schon nach Mitternacht, da schoß es mir auf einmal siedend heiß durch den Kopf: Mensch, morgen ist doch diese Preisverleihung! Die wollen doch bestimmt was von mir am Piano hören, irgendeins meiner Stücke. Was paßt denn da bloß? Nach einigem Zaudern hab' ich beschlossen, erst mal nicht zu singen und zu spielen, sondern zu reden. Dann hab' ich geredet, frei, und damit auch gleichzeitig der Claudia (Managerin Claudia Weinzierl, Anm. des Verf.) diktiert. Doch wie's der Teufel will: Der Drucker vom Computer hat gesponnen, und ich konnte also kein Manuskript in Händen halten, um zu üben. Erst im letzten Moment hat es dann jemand bewerkstelligt, den Text aufs Papier zu bringen. Eine regelrechte Zitterpartie!«

Eine Zitterpartie, die sich gelohnt hat. Wecker befaßt sich ausführlich mit Tucholsky und auch und besonders mit dessen Spätwerk: »Manchmal wird einem die Hinwendung Tucholskys zu religiösen Fragen gegen Ende seines Lebens als launische Schwäche eines kranken Mannes und frustrierten Satirikers angetragen. Bitte begehen Sie nicht die Dummheit, was Tucholsky sich nie und nimmer gestattet hätte: die Teile eines Lebens oder Werkes, die man nicht versteht, nur deshalb kleinzumachen, weil man vielleicht noch nicht die Größe hat, sie zu verstehen. Diese Seite seines Werkes zu vernachlässigen, ja, so zu tun, als existiere sie nicht, heißt, Tucholsky des Wesentlichen seines Werkes zu berauben. Gehört wird auch der Spötter nur, wenn er ein Liebender ist, vielleicht oft ein verzweifelt Liebender, aber einer, der eintritt ins Leben und damit für das Leben. Und manchmal auch, wie Kurt Tucholsky, austritt aus dem Leben – und gestatten Sie mir ein Zitat aus einem Lied: sich das Leben nimmt, um es nie mehr zu verlieren.«

Und: »Tucholsky war ein Held und uns deshalb menschlich stets näher als die unbelebten und unleidend unleidigen Schreiber, die sich so gerne einen Helden aus der Feder zaubern würden. Ich verneige mich vor diesem Menschen, mit dem ich so gerne mal zusammen Klavier gespielt hätte, und hoffe, einen Teil seines Erbes in meiner Tonart weitertragen zu dürfen.«

Die Hommage an Tucholsky wird streckenweise dennoch zu einem neuen und sehr intimen Outing. Wecker, der Künstler, der Lebemann, zeigt sich religiös: »Man fühlt sich zur Zeit recht wohl im literarischen Hansmeisertum, wobei diesen Kollegen zumeist nicht das Talent abzusprechen ist, sondern, wie ich vermute, sie nur der deutsche Wahn verbildet, nichts preiszugeben, was eine Seele und deren Risse vermuten lassen könnte. Und ja nicht zu rühren an dem Göttlichen, was einem das eigene Gottsein im Endeffekt verleiden könnte. Böll war anscheinend der einzige, der mit seinem festen Glauben den Spöttern noch Wind aus den Segeln nehmen konnte, und ich kann mir beim besten Willen nicht vorstellen, wie ein Künstler, um das Geschenk seiner Talente wissend, nicht eine tiefe Religiosität empfinden muß.«

Konstantin Wecker weiß um das Geschenk seiner Talente.

Wecker in Bayerntracht bei der Verleihung des Tucholsky-Preises mit dem Vorsitzenden der Kurt-Tucholsky-Gesellschaft, Michael Hepp.

7.
Show und Selbstdarstellung

Talent allein genügt in den seltensten Fällen. Es ist ein Pflänzchen, das nicht nur einen speziellen Nährboden braucht, sondern auch gehegt und gepflegt werden will. Im Fall von Konstantin Wecker ist sowohl der Nährboden da als auch die weitergehende Förderung. Mutter Dorothea und Vater Alexander Wecker, beide musisch gebildet und begabt, sorgen fast unbewußt und spielerisch dafür, daß ihr Sohn Geschmack an der Kunst bekommt. Oft diskutieren die beiden über Kulturelles, beim Frühstück oder am Mittagstisch. Und nicht selten hat die Mutter in einer entsprechenden Situation ein Goethe-Zitat parat oder ein: Wie schon XYZ in seinem Buch schreibt...

Konstantin Wecker: »Da wollte ich natürlich nicht ausgeschlossen sein. Wollte einfach mitreden und auch was Schlaues zum besten geben. Und wenn's am Anfang auch nur in der Form war, daß ich aufgeschnappte Zitate bei nächster Gelegenheit nachgeplappert habe. Aber so mit zehn, da hab ich mir dann schon mal den Goethe aus dem Bücherschrank geholt und drin geblättert. Einfach, weil ich neugierig war.«

Nein, ein Muß gibt es nie. Zumindest nicht von seiten der Eltern. Höchstens mal den einen oder anderen Tip. Alles läuft freiwillig und wie von selbst. Die Mutter: »Manchmal mußten wir ihn direkt wegziehen von den Büchern und raus zum Spielen schicken.«

Wecker: »Als erstes, da war ich noch ziemlich klein, erlebte ich so eine Art Eichendorff-Phase. Seine Naturgedichte waren ein und alles für mich. Und dann später, so mit 15 bis ungefähr

17, die Rilke-Episode. Rilke hat mich so beeindruckt, daß ich in dieser Zeit nichts anderes gemacht habe, als ihn zu kopieren.«

Hand in Hand mit der Poesie kommt auch die Musik zum Zug. »Bei uns zu Hause wurde immer gesungen. Mein Vater hat ständig was geprobt; und dann haben wir ja auch regelmäßig Hausmusik gemacht. So zwischen acht und zwölf, da hatte ich eine faszinierende Knabenstimme. Die Leute haben stets gesagt, ich singe wie ein Engel. Deswegen mußte ich im Duett mit meinem Vater immer die Frauenparts übernehmen. Man kann direkt sagen, ich habe bis zu meinem zwölften Lebensjahr sängerisch als Frau gelebt. Was mir im Nachhinein aufgefallen ist: mit dem Verlust der Knabenstimme in der Pubertät bin ich zum bösen Buben geworden.«

Die Duette mit dem Vater sind dem kleinen Konstantin sehr wichtig: »Das war eine Allianz mit meinem Vater, aus der sich meine dominante Mutter raushalten mußte. Sie hat diese musikalischen Sitzungen zwar gefördert, war dann aber außen vor.«

Kinderchor, Plattenaufnahmen, Bühnenauftritte – es geht alles sehr schnell. Für die ehrgeizige Mutter vielleicht nicht schnell genug; für Konstantin ein Weg, sich Liebe zu ersingen. Und sich einen Grundstock zu bilden, von dem er noch heute zehren kann.

»Es ist schrecklich und geradezu peinlich, wie wenig manche selbsternannten Künstler oder Fachleute an Basis mitbringen! Wenn ich mir zum Beispiel die Techno-Interpretin Marusha anhöre, da kommt mir das kalte Grausen. Wie diese Frau mit so wenig Stimme und so wenig Sensibilität das wunderschöne Lied ›Somewhere Over The Rainbow‹ zerstört, und vor allem mit so wenig Können! Gerade, daß sie die Dominante erkannt hat. Aber das ist ja nicht ihre Schuld, sondern die der geschmacksbestimmenden Großkonzerne. Und die unseres Bildungssystems. Kunsterziehung wird stiefmütterlich behandelt; so bekommen halt Hitparaden-Eintagsfliegen ihre große Chance.«

Steht Wecker auf Kriegsfuß mit der Popmusik? »Nein. Überhaupt nicht. Es macht mich froh, wenn ich sehe und höre, daß man auch mit drei Akkorden was Schönes machen kann. Nehmen wir nur mal die Beatles. Oder auch die Blues-Altmeister. Genial!«

Selten genug hat Wecker Zeit, auch mal ganz privat Musik zu hören. Mozart, Puccini oder große Opern. Seine eigenen Platten hört er kaum. Höchstens ein paar Tage lang die jeweils aktuellste, weil er sich über das gelungene Werk freut. Oder weil er reflektieren will, was nun gut und was weniger gut geklappt hat. »Dann verschwindet sie im Schrank. Ich kann und will sie nicht mehr anhören. Das ist dann eine abgeschlossene Geschichte, Schluß und aus. Ich habe eine Mitarbeiterin, die legt sich ab und zu mal im Büro eine Platte von mir auf. Wenn ich dann reinkomme, bitte ich sie, auszumachen oder was anderes aufzulegen. Weil ich ja meistens schon im Kopf bei der nächsten Produktion bin.«

Und Popmusik? »Auch Popmusik. Aber das ist dann meistens so eine Art Arbeitshören. Weil ich neugierig auf gewisse Techniken oder Produktionsverfahren bin.« Auf Konzerte oder auf Lesungen von Kollegen geht er allerdings kaum. »Wann habe ich denn schon Zeit für so was! Viel zu selten.«

Dabei ist die Inspiration von außen nicht zu verachten. Nicht nur die der Kollegen, sondern auch die der Experten. Und wenn sie nur dazu dient, den eigenen Ehrgeiz anzustacheln. Schon im Wilhelms-Gymnasium wurmt es Konstantin Wecker, daß die Internatsschüler aus Ettal, die nach der vierten Oberstufenklasse an seine Schule kommen, literarisch besser bewandert sind als er. Aber man kann ja alles nachlesen. Der Bücherschrank daheim läßt kaum Wünsche offen. Und eine Schulbibliothek gibt es auch.

Viel Show und Selbstdarstellung ist dabei in jenen Tagen; und schließlich geht es auch darum, den Mädchen zu imponieren.

Eben nicht mit dem goldenen Sportabzeichen oder dem schicken Moped, sondern mit Poesie. So wird der literarische Kreis »die menge, von Ausleben zu Ausleben zu Ausleben« gegründet, Wecker natürlich als wortgewaltiger Impresario in den Reihen der Anführer. »Die menge mit einem kleinem ›m‹, Ausleben mit einem großen ›A‹, das ist ungeheuer wichtig, da haben wir lange darüber diskutiert.« Wecker lächelt selbstironisch. Die Situation ist in etwa vergleichbar mit der aus dem Film »Der Club der toten Dichter«. Nur nicht ganz so ernst.

Ernst wird er aber, wenn er an einen Kollegen aus jenen Tagen denkt, der sich vor 15 Jahren erschossen hat: »Das war ein ganz extremer Poet, und gar nicht mal ein schlechter. Aber er lebte bis zum Anschlag. Fuhr im Nebel auf der Überholspur, meinte, ihm könne sowieso nichts passieren. Sagte aber gleichzeitig, daß er die Sekunde vor dem Tod so schätze. Er stellte sich auf Autodächer, schrie ›Ich bin schön!‹ oder ›Ich bin Gott!‹ und ähnliche Sachen, verwirrte uns alle. Heute ist mir klar, warum er so ein Ende nehmen mußte, warum sein Selbstmord fast zwangsläufig war: er hat nie einen Sprung in eine demütigende Situation machen können und müssen.«

Die demütigenden Situationen, die Poeten wie Wecker und seine Kumpels damals erfahren können, sind freilich längst nicht so existenziell und gravierend wie zum Beispiel eine Gefangenschaft in Stadelheim. Sie sind auch nicht lebensbedrohend wie eine Kokainsucht. Aber dennoch ganz schön peinlich hin und wieder: »Als ich mich zusätzlich zu meinem Poetentum als Musiker definieren wollte, bin ich immer mit einer Stimmgabel rumgerannt. Wann immer sich die Gelegenheit ergab, und die ergab sich zumeist dann, wenn Mädels in der Nähe waren, schlug ich mit dieser Stimmgabel irgendwohin und lauschte demonstrativ und verzückt dem Ton. Das war ich anscheinend meinem neuen Image schuldig. Einmal ging ich mit einem Kollegen aus dem Dichterzirkel spazieren. Noch dazu mit einem, der so was wie mein großer Konkurrent innerhalb unserer Clique war, so eine Art Gegenspieler. Wieder zückte ich die Stimmgabel, unterbrach das Streitgespräch und schlug das Ding auf das Dach eines parkenden Autos am Straßenrand. Hatte aber in meinem Selbstdarstellungswahn dabei übersehen, daß in diesem Auto jemand drin saß. Jemand, der den Ton der Stimmgabel überhaupt nicht interessant fand und der dann rauskam und mir eine Riesen-Watschn verpaßt hat. Und das vor meinem Kollegen! Ich hätte sterben können!«

Dem Gehör schadet diese Ohrfeige nicht. Wecker wird Musiker. Und muß sich schon von Anfang an von Kritikern sagen lassen, daß er eigentlich altmodisch sei. Zu sehr verhaftet in der Kunst der Klassiker, sowohl von der Poesie als auch von der Musik her. Was ihn nicht besonders stört, denn er nimmt es eher als Kompliment.

Auftritte in Kleinkunstkneipen. Erste Erfolge. Das inzwischen begonnene Studium ist nicht so wichtig. Ein bißchen Musikwissenschaft, Musikhochschule, Psychologie, Philosophie, alles und nichts. »Ich habe keinen einzigen Schein gemacht.«

Von Anfang an lebt Konstantin Wecker ein öffentliches Leben. Was sich in der Kindheit angedeutet hat, erfährt nach Abbruch des Studiums seine Reife: »Ich habe jederzeit alles nach außen offen ausgelebt. Deswegen mußte ich mich auch immer verteidigen, fühlte mich oft als Anarchist. Heil und Unheil kamen für mich immer von außen. Und da mußte ich Stellung beziehen, kämpfen. Wie jeder Anarchist habe ich nie mich selbst in Frage gestellt, sondern immer nur die anderen.« Eine gute Basis eigentlich für sogenannte politische Texte, für Engagement und Klassenkampf. Dieser Ruf eines Rebellen eilte ihm bald voraus. Wecker will heute nichts davon wissen, will dieser »politische Liedermacher« im eigentlichen Sinne nie gewesen sein.

Jedenfalls will er sich nicht vereinnahmen lassen, schließt sich nie einer Partei an. Läßt sich zwar ab und an vor den Karren spannen, akzeptiert aber grundsätzlich kein Parteiprogramm außer dem eigenen. Wenn überhaupt.

Inzwischen definiert er seine Haltung mehr esoterisch: »Wer an einem Haus vorbeigeht und einen herunterfallenden Dachziegel auf den Schädel bekommt, kann auf verschiedene Weisen reagieren. Er kann die Schuld sonstwem geben und den Architekten, den Dachdecker oder sonstwen verklagen, oder aber er kann sich selbst in Frage stellen. Warum ist mir das in diesem Moment passiert? Warum mußte ich in diesem speziellem Moment an diesem Haus mit diesem lockeren Dachziegel vorbeigehen? Was hat das alles mit mir zu tun?«

Klingt beileibe nicht nach Klassenkampf; soll es auch nicht. Drum darf es niemanden wundern, wenn Wecker, je älter er wird, von politisch gefärbten Texten und Liedern Abstand nimmt. Sein Blick richtet sich immer mehr auf die Seele, weniger auf das feindliche Umfeld. Womit er natürlich wieder zur willkommenen Zielscheibe für all jene wird, die sich »vernünftig« oder gar zynisch geben, um ihr Publikum zu finden.

Es gibt mehrere Anekdoten darüber, daß Konstantin Wecker etwas zu Papier brachte, über dessen Wirkung nach außen er sich erst einmal überhaupt nicht bewußt war. Anfang der Siebziger schrieb er beispielsweise den Song »Du bist so häßlich«, einen regelrechten Szenehit bei Liveauftritten. »Ich lebte damals mit einer Frau zusammen, und der wollte ich natürlich mein neues Werk sofort nach Vollendung vorspielen. Voller Stolz. Bis ich dann merkte, daß sie immer stiller wurde; am Schluß sogar richtig beleidigt war. Dieses Lied über zwei Leute, die zwar ein Paar sind, sich im Grunde aber überhaupt nichts mehr zu sagen haben, das hat sie fertiggemacht, demoralisiert. Sie hat viel eher als ich kapiert, daß ich über uns beide geschrieben habe. Die Trennung war dann zwangsläufig.«

Ganz so unbewußt läuft das Komponieren und Dichten heute nicht mehr ab; Wecker ist inzwischen durchaus in der Lage, seine Wirkung auf andere einzuschätzen. Zumindest zeitweise. Aber nicht, weil er im Hinblick auf die Wirkung bei seinen Zuhörern schreibt, sondern weil er deren Reaktionen ertastet. »Wenn ich ein neues Lied oder ein Gedicht habe, dann probiere ich nicht etwa zu Hause damit rum, sondern sofort und direkt auf der Bühne. Dann ändere ich auch mal was, von Auftritt zu Auftritt, höre auf Schwingungen aus den Reihen der Zuhörer. Das hilft mir am meisten.«

So ist es für Konstantin Wecker sicher eine der schönsten Erfahrungen, als er bei seinem »Danke-Konzert« am 23. Dezember 1995 im Riemer Terminal 1 direkt erfährt, wie begeistert sein Publikum auf die neue Symbiose zwischen Bayern-Blues und ethnischen Afroklängen reagiert. Wecker zelebriert bewußt an diesem Abend eine Werkschau, stellt seine Vielfältigkeit unter Beweis. Zeigt seine Liebe zur afrikanischen Musik. Wieder mal was ganz Neues. Nach Klassik, Rock, Jazz, Soul und Blues eine neue Variante.

Da hat sich, wie das Leben so spielt, eine Verbindung nach Kamerun ergeben, zu einem virtuosen Chor. »Das erste Kennenlernen war fast wie eine Aufnahmeprüfung. Ich sang auf offener Bühne eine von meinem Vorsänger vorgegebene Melodie nach, Note für Note, aus dem Stegreif. Natürlich nicht in der Originalsprache, sondern auf bayerisch. Die Afrikaner waren so begeistert, daß wir sofort zusammen ins Studio gegangen sind.« Kostproben dieser Arbeit gibt's auf der neuen CD »Gamsig«.

Doch das Ganze geht noch weiter, über das Teamwork für die Platte hinaus. Wecker plant mit seinen afrikanischen Kollegen auch eine Art Zirkus-Musik-Spektakel, ein länger bestehendes Zelt-Happening zwischen Konzert und Musical. Nicht nur in München, sondern auch in anderen Städten Deutschlands. Über die Grenzen Deutschlands hinaus, sorry, über diese Grenzen kann er Anfang des Jahres 1996 noch nicht nachdenken. Sein Reisepaß liegt beim Staatsanwalt; und das letzte Wort hat sein Richter.

Blues und Soul, das sind die Eckpunkte, die ihn immer mehr faszinieren. Ray Charles ist eines seiner großen Vorbilder; und über Janis Joplin fällt ihm spontan ein: »Sie ist eine Heilige.« Daß sich hier ein Kreis schließt, von seiner Mitgliedschaft bei der Soul-Funk-Gruppe »Zauberberg« Anfang der Siebziger bis heute, ist Wecker vielleicht noch gar nicht aufgefallen: Die schwarze Musik hat ihn wieder gepackt, und zwar mit Haut und Haar.

Eines weiß er nämlich ganz genau: »Seit ich mir darüber bewußt geworden bin, daß es mich aufgrund meiner Afrika-Erfahrung zurück zur schwarzen Musik zieht, bin ich von dem Wahn losgekommen, eine große Oper schreiben zu müssen.« Und: »Das Schöne beim Blues ist, daß man ihn nicht jedes Mal aufs neue durchleben muß. Ich kann ihn mir auf der Bühne spontan zurückholen. Den Blues, und die damit verbundene Traurigkeit auch.«

Blues, Jazz, Rock, Soul und Afro. Und als Basis die klassischen Musiker und Poeten. Wecker am 30. Dezember 1989 in der *Frankfurter Neuen Presse:* »Ich sehe meine Kunst als Kombination zwischen Musik und Text. Beides soll man mir glaubwürdig abnehmen können. Vom Wort her kommt der größte Einfluß immer noch von Goethe. Und dann der Carl-Orff-Einfluß, seine ›Carmina Burana‹. Das ist ein Jahrhundertwerk. Zwischen diesen Polen bewege ich mich. Ohne mir anmaßen zu wollen, jemals diese Größe erreichen zu können.«

Ein Wort, das auch heute noch seine Gültigkeit hat.

8.
Begeisterung und Ablehnung

Konstantin Wecker läßt kaum jemanden gleichgültig. Da sind auf der einen Seite die eingeschworenen Fans, auf der anderen die Skeptiker und geradezu hassenden Ablehner. Ein Dazwischen gibt es nur sehr selten. Wecker polarisiert. Und das weniger als Musiker und Poet, sondern als Person, als Gesamtkunstwerk. Wer den einen Teil seiner Persönlichkeit mag, seine Musik und seine Gedichte, nimmt auch zumeist den anderen, den des exzessiven Lebemannes, in Kauf. Und dann sind da noch diejenigen, die ihr Wissen über den skandalträchtigen Bonvivant dazu benutzen, um seine Kunst zu degradieren, ja diese vermeintliche Schwäche geradezu gierig aufsaugen und ins Feld führen, wenn's wieder mal um das Thema Wecker geht.

Das englische Wort »Fan« steht für »fanatic«, fanatisch, für fanatische Anbetung oder zumindest für kritiklose Annahme. Was immer der Star macht – der Fan findet es gut und dreht sich das auch irgendwie in seiner Gedankenwelt so hin, daß er vor sich selbst bestehen kann. Ob Schauspieler, Politiker oder Musiker, die Mechanismen der Fans sind die gleichen.

Massenhysterien wie zu Ehren von Elvis oder den *Beatles* kommen entweder nur in der Vergangenheit oder im fernen England oder Amerika vor; und das auch nur alle Jubeljahre. In Deutschland läuft das alles eine Nummer kleiner und ziviler ab. Natürlich gibt's auch bei uns ab und an kreischende Teenies vor der Bühne; und so mancher junge Mensch leidet mit, wenn »sein« Star Liebeskummer oder Schnupfen hat. Doch eine pubertierende Schwärmerei made in Germany kann in keinem Vergleich zu geradezu psychotischen Ausbrüchen jenseits des großen Teichs gesehen werden. Selbst ein Thomas Gottschalk kann 1986 auf dem Zenit seiner Karriere immer noch unbehelligt ein ganz normales Restaurant besuchen. Der eine oder andere neugierige Blick verfolgt ihn, rundum wird getuschelt. Doch niemand reißt ihm die Kleider vom Leib; und auch die Zahl der aufdringlichen Autogrammjäger hält sich in Grenzen. Wenn aber die *Rolling Stones* auf Deutschland-Tournee gehen, stürzen sich sensationslüsterne Reporter auf die Fans, die vor Verzückung in Ohnmacht fallen.

Ein ganz wichtiges Arbeitskriterium für alle Marketingstrategen von Plattenfirmen ist der Aspekt, ob eine Band oder ein Einzelkünstler ein »Männer-Thema« oder ein »Frauen-Thema« ist. Ein rockiger Gitarrenrabauke mit zerschlissenen Jeans und schmieriger Lederjacke gehört wohl eher in die erste Kategorie; ein sanfter Schmusepopper muß auch äußerlich was hergeben, damit die Mädchen was zum Anhimmeln und zum Träumen haben. So einfach ist das.

Und da kommt auf einmal dieser Konstantin Wecker daher und stellt all die angelernten und erfolgreich erfahrenen Muster auf den Kopf. Seine »Fans« gehören zur Intelligenzia, kreischen und toben nicht, sondern versuchen sich eher im stillen Kämmerlein selbst als Helden der Lyrik. Wecker begeistert Männlein wie Weiblein gleichsam. Ohne Marketingkonzept, ohne Plan, ohne Vorsatz. Greift da an, wo's ans Eingemachte geht: nimmt die Seele ins Visier. Bewußt oder unterbewußt. Wecker legt los, ohne sich über Werbestrategien groß Gedanken zu machen. Und wird deshalb auch erst mal bedingungslos gefeiert. Von einer Fangemeinde, die immer größer wird, die ihn nach vorne trägt. Und die ihm über viele Jahre treu bleibt. »Es springen zwar immer wieder welche ab, und neue kommen dazu«, so Wecker, »aber es gibt so einen Stammkern, der über all die Jahre unverändert geblieben ist.«

Wolfgang H., inzwischen 40, ist ein Fan der ersten Stunde. Nicht einer von der Sorte, die vor einem Autogramm in die Knie gehen würden, eher ein bewußter Mensch: »Weckers Texte sind für mich das Wichtigste in seinem Werk, sie haben eine ungeheure emotionale Aussagekraft. Damals wie heute. Ich kann sie alle nachempfinden. Auch die erotische Ausstrahlung, die er auf Frauen ausübt, kann ich verstehen. Ohne eifersüchtige Gefühle.«

Seine ehemalige Lebensgefährtin Barbara B. bewundert an Wecker »vor allem seine Präsenz und Persönlichkeit, weil er ja auf der Bühne viel besser ist als auf Platte«. Und mit Weckers Texten kann sie »richtig mitleben«.

Renate R., auch kein Teenie mehr: »Am Anfang mochte ich Wecker überhaupt nicht. Dieser überkandidelte Willy-Song, und dann diese Stimme! Aber seit seinem Lied ›Vaterland‹ erkenne ich die Botschaft, seine politische Haltung. Inzwischen war ich auf mehreren Konzerten. Dieses Spiel zwischen Künstler und Fans ist schon gigantisch, da passiert was. Ganz abgesehen davon, daß Wecker wahnsinnig lang spielt für sein Geld, echt was bietet.«

Die Psychologin Isabella H., Professorin am Münchner Max-Planck-Institut, hat eine Freundin, die Wecker-Fan ist. Und mit der sie sich über dieses Thema immer wieder mal in die Haare kriegt: »Er sieht inzwischen aus wie ein Bulle, läßt sich äußerlich gehen, sein Machogehabe wirkt auf mich aufgesetzt und unecht, ebenso seine zur Schau getragene Sensibilität. Der ganze Typ wirkt auf mich unehrlich. Ich halte ihn für einen brutalen Manipulator, der im Zweifelsfall auch über Leichen geht.«

Ins selbe Horn, nur ein paar Phon leiser, bläst Radiomoderator Rainer G.: »Wecker verkauft seine Lieder verdammt überzeugend; er hat zweifellos ein großes Charisma. Ich finde diese Lieder auch sehr gut. Zumindest von den Texten her, denn seinen Gesang mag ich nicht. Aber ich glaube, daß er seinen Fans diese gesellschaftskritische Haltung nur vorspielt. Und daß er in Wirklichkeit ein opportunistischer Macho ist. Das sieht man ja schon daran, daß er sich auch oft mit Leuten umgibt, die alles andere als bewußt oder engagiert sind.«

Offenbar sehen viele Fans Wecker doch als politischen Liedermacher, der er selbst gar nicht unbedingt sein will.

Ulrike C. (Name geändert), die sowohl den Künstler als auch den Macho in Wecker kennengelernt hat, ist immer noch irgendwie Fan. Als Teenie hat sie jede Platte von ihm gekauft, war mit Liedern wie »Willy« und »Genug ist nicht genug« tief in der Seele getroffen. Mit Themen, die sie in ihrer Pubertät immer wieder beschäftigten: die Verzweiflung und die Traurigkeit über das politische Umfeld, gleichzeitig aber auch der Wunsch nach grenzenlosem Genuß. »Erst mal war es für mich absolut inspirierend, mich mit Sprache und Poesie zu beschäftigen. Und dann hatte ich auch noch, mit 16, die Chance, Wecker persönlich kennenzulernen. Ich saß in der ersten Reihe im Konzert, und er hat mich anvisiert. Er sagte per Mikrophon, daß er die Zugabe spielt, die ich mir wünsche. Für mich, den kleinen Fan in der ersten Reihe! Was mir natürlich wahnsinnig imponiert hat. Wir landeten in seinem Hotelzimmer, und er las mir aus den Elegien vor, die er in der Toskana geschrieben hat. Gegen Morgengrauen hatte ich dann wahnsinnigen Hunger, und Konstantin hat uns Rühreier bestellt. Ich war noch nie vorher in einem Hotel. Und daß man einfach per Telefon was zu essen bestellen kann, fand ich absolut aufregend. Aber dann hat er meine Portion Rühreier auch noch aufgegessen. Und schließlich haben wir miteinander geschlafen. Wenn ich heute darüber nachdenke, war das alles okay.« Kein böser Nachgeschmack? »Überhaupt nicht. Es war danach nur alles ein bißchen seltsam. Ich konnte meine Schuhe nicht mehr finden, hab seine angezogen, bin in den Frühstücksraum des Hotels gegangen, hab ganz gierig vier Liter Milch getrunken. Dann kam jemand daher, wollte die Schuhe zurück. Und auch die Kette, die mir Konstantin geschenkt hat. Irgendein Manager oder Tourneebegleiter, der auf solche Situationen anscheinend geeicht war. Dafür gab's dann einen Blumenstrauß mit einer Entschuldigung.«

Keine bleibenden Schäden, keine bösen Gefühle? Ulrike C. kann dieses intime Erlebnis mit ihrem Star schnell einordnen: »Da waren so viele Leute um ihn herum, die ihn anhimmelten. Konstantin hätte bei bestem Wissen und Gewissen all die Anforderungen der anderen nie erfüllen können. Er war verdammt einsam auf seiner Superstar-Insel.« Und heute, im Nachhinein? »Ich habe mich von ihm geistig verabschiedet. Er steht immer noch auf demselben Stand wie vor vielen Jahren. Schimpft poetisch gegen das Establishment, gegen Leute, die sich nicht weiterentwickeln. Und macht selbst nichts anderes. Schade. Denn meine Sympathie für ihn und seine Kunst ist nach wie vor präsent. Er ist ein wirklicher Poet und Musiker und einzigartig in seinem Genre noch dazu.«

Letzteres glaubt auch Kerstin K., mittlerweile 32: »Es gibt niemanden, der mit Wecker vergleichbar ist, zumindest nicht im deutschsprachigen Raum. Er spricht mit seinen Texten und mit seiner Musik all das an, was ich schon immer gefühlt habe.« Kerstin hat selbst eine künstlerische Ader, schreibt Gedichte und Prosa, schätzt an Wecker vor allem sein Gerechtigkeitsempfinden, sein freiheitsliebendes und aufmüpfiges Denken. Und sein freies Leben, das sie selbst gern führen würde. Auch sie ist zeitweise verliebt in ihren Star, ist ein richtiger Fan. Hat aber keine Chancen. Obwohl sie ihm von Konzert zu Konzert nachreist. »Teilweise kam es zu richtig extremen Situationen, aber das ist lange vorbei.« Die Theorie vom extremen Leben hat es ihr angetan; und teilweise lebt sie diese vorgelebte Theorie auch nach. »Aber inzwischen will ich so eine Art von Leben gar nicht mehr. Ich habe was Besseres gefunden.« Enttäuschung, Haß, Zorn? »Überhaupt nicht. Eher Dankbarkeit. Für alles.«

Etwas einfacher geht Traudel H. mit ihrem Star Konstantin

Das Haus in Grünwald bei München: Büro, Studio, Wohnung und Erholungsoase in einem.

Wecker um. Sie hat ihn, beziehungsweise seine Musik, durch ihren Ex-Mann kennengelernt: »Wecker ist sehr sensibel, und ich finde mich in seinen Texten wieder. Und Sexappeal hat er auch. Obwohl, inzwischen gibt es ja schreckliche Fotos von ihm, so richtig fertig und aufgedunsen. Aber seine Lieder sind natürlich nach wie vor gigantisch!«

Rudolf H., Schallplattenhändler, hat weder einen Blick für Weckers Äußeres übrig noch für seine Privatgeschichten. Er ist der Meinung, daß Kunst und persönlicher Bereich streng zu trennen seien. Er ist Fan (fast) von Anfang an, spielt in seinem Plattenladen dem erstaunten Publikum über die Raumlautsprecher immer wieder »Willy« oder »Genug ist nicht genug« vor. Erntet dafür oft verständnislose Blicke, steht aber zu seinem Tun. Wie ein Fels. »Über Wecker gibt's gar nicht viel zu sagen. Er macht einfach klare Sachen. Ist ehrlich wie kein anderer. Und diese ganzen Kokaingeschichten oder sonstige Skandale gehen an mir vorbei.«

Günther P. (Name geändert), ein Münchner Szenekenner, sieht die Sache anders: »Es gibt viele Leute, die wegen wesentlich geringerem Kokainmißbrauch in Zwangsverwahrung genommen werden. Wecker hat mit seinem Promistatus noch mal völlig zu Unrecht Glück gehabt. Meiner Meinung nach aber hat er die Grenze zwischen Genie und Wahnsinn schon lange überschritten. Und er wird wieder mal auf Leute losgelassen, die sich vielleicht nicht wehren können.«

Konstantin Wecker weiß, daß alles andere als Frieden im Land herrscht, wenn über ihn gesprochen wird. Daß die Meinungen ganz weit auseinandergehen. »Bei den Leuten, die mich vehement ablehnen, geht es ganz selten um meine Texte, mein Klavierspiel oder meine Bühnenshow. Da geht's immer um mich als Person, als Macho oder Bonvivant. Daß die meisten meiner Gegner Männer sind, liegt in der Natur. Denn unter Männern herrschen Kriterien wie Hackordnung und Sexualneid, das ist halt so. Und diese Kriterien kommen deshalb so zum Vorschein, weil es ja meist die Frauen sind, die meine ehrlichen Schwingungen spüren. Jene leisen Zwischentöne, die nur jemand spüren kann, der auch sehr sensibel ist. Viele Frauen würden gern mit ihren Männern dieses Erlebnis teilen, mit ihnen zum Konzert gehen. Aber so mancher Trotzkopf wird dann bockig, fühlt sich in seiner Vormachtstellung angekratzt und bleibt lieber daheim. Läßt seine Holde allein losziehen. Was sich dann im Einzelfall gar nicht als so schlau erweist...« Wecker grinst sich eins.

Besonders zu schaffen macht ihm der Neid, den er bei anderen manchmal spürt. Neid auf Erfolg – und auch Neid auf ein exzessives Leben. »Da gibt es tatsächlich Gegner, die unterstellen mir, daß ich meine Verhaftung als Karriereschub einsetze. Als ob es einen vernünftigen Menschen auf dieser Welt gäbe, der so was tun würde. Einen derartigen Unsinn können nur Leute behaupten, die nicht die geringste Ahnung davon haben, wie's im Gefängnis aussieht. Und auch keinen Schimmer davon, daß jemand wie ich vielleicht mehr unter der Situation des Eingesperrtseins leidet als andere.«

Wecker macht sich oft die Mühe, mit eingefleischten Gegnern zu diskutieren. Nicht, weil er sie bekehren will. Sondern weil er neugierig ist. Sein bisheriges Resümee: »Ein giftiger Zyniker bekommt Beifall für seinen geschliffenen Wortwitz, für seine Leistung. Wie jeder bei uns meist nur Beifall für Leistung bekommt; das fängt schon im Kindergarten an. Wahrhaftigkeit aber wird hierzulande nicht als Leistung empfunden, sondern bestenfalls als Schwäche. Oder aber als Falschheit, als gespielte Wahrhaftigkeit. Meine Gegner sind meistens Leute, die Wahrhaftigkeit nicht annehmen können.«

Böse ist Wecker ihnen aber nicht; und Angst machen sie ihm auch nicht gerade. Er erfährt auch keine Verunsicherung dadurch, wenn ihm Häme und Haß entgegenschlagen. Höchstens dann, wenn dies in der Presse geschieht. »Anders wäre es natürlich, wenn es nur noch Negativstimmen geben würde. Das würde mich schon aus dem Takt bringen.«

Daß er sich diesbezüglich noch lange keine Sorgen machen muß, beweist die Flut der Briefe, die er im Gefängnis bekommen hat. »Wildfremde Leute schreiben mir, daß ich ihnen mit diesem oder jenem Lied oder Gedicht mal Mut gemacht habe und daß sie mir jetzt auch Mut machen wollen. So was ist doch wunderschön!«

Oder die Geschichte mit dem Schachspiel: »Ich wollte in einem Laden ein Schachspiel kaufen. Und die Verkäuferin, offenbar ein Fan von mir, hat sich so gefreut, mich endlich mal zu sehen. Wir haben über einen meiner Songs diskutiert, ewig lang. Dann Adressen ausgetauscht. Als ich wieder daheim war, fiel mir auf, daß ich immer noch kein Schachspiel habe. Ich hatte es einfach vergessen vor lauter Diskutieren und Reden. Für so ein Erlebnis nehme ich gern etliche Negativstimmen in Kauf.«

Wecker sieht seine Fans als eine Art Gemeinde. Eine Gemeinde, die ihm nicht nur Kraft und Inspiration gibt, sondern ihn auch trägt. Dabei wird das Wort von der »Wecker-Gemeinde« gerne von Journalisten gebraucht, die ein bißchen spötteln wollen. »Für mich ist das überhaupt kein negativer Begriff. Es sagt doch nur, daß wir etwas gemein haben, also gemeinsam, meine Fans und ich. Wir haben anscheinend eine gemeinsame Bewußtseinsebene, wenn es darum geht, Freude oder Leid zuzulassen. Und ein gemeinsames Empfinden für Sprache und Musik.« Womöglich sogar ein gemeinsames Empfinden für Spiritualität und Religiosität.

9.

Herr Wecker wollte beten

»Der Konstantin war schon immer sehr religiös«, behauptet Mutter Dorothea. »Das kann man so nicht stehenlassen«, setzt der Sohn dieser Behauptung entgegen. »Das war mehr eine antrainierte Frömmigkeit aus Elternhaus und Schule, die viele junge Leute hier in Bayern zeitweise mit sich rumschleppen. Eine Mischung aus Fabelgeschichten und einem ehrlichen Bewußtsein für gut und böse.«

Trotzdem gibt's auch in der Kindheit für ihn schon so etwas wie erhabene religiöse Gefühle, zum Beispiel anläßlich der ersten Beichte und auch der Erstkommunion. »Das waren sehr beglückende, ja fast selige Erlebnisse.« Später dann »habe ich aber Gott regelrecht bekriegt«. Auch als der junge Wecker im Stadelheimer Gefängnis einsitzen muß, bewegt sich mental nicht viel bei ihm. »Es gab die Parole, wenn's dir langweilig ist, dann ruf' halt den Pfarrer. Das habe ich dann auch gemacht. Aber nicht, weil mir langweilig war, sondern weil ich mich wirklich aussprechen wollte. Über Gott, die Welt, das Gefängnis, eigentlich über alles. Ich habe mich diesem Pfarrer richtig geöffnet. Aber der war überhaupt nicht interessiert an mir. Er empfahl mir, das Vaterunser zu beten.«

Wecker leistet sich dann später, in der Universität, öfter mal einen Spaß. Er lauert christlichen Kommilitonen auf und macht sie verbal zur Schnecke. Sagt ihnen mal so richtig aus vollem Herzen, was sie doch für naive und dumme Arschlöcher seien. »Danach habe ich mich allerdings immer sehr schlecht gefühlt.«

Das Gewissen. Und noch etwas scheint aus seiner frühesten

Kindheit haftengeblieben zu sein: seine Wahrheitsliebe. Die pflegt er nicht nur deshalb, weil er so ein schlechtes Gedächtnis hat und weil man ihm früher oder später ohnehin auf die Schliche kommt, sondern weil er die Wahrheit als moralische Instanz anerkennt. Dafür begibt er sich sogar in Gefahr. Und lügt auch dann nicht, wenn es für ihn bequemer und sicherer wäre. Deswegen gibt er im Sommer 1981 sogar in einer TV-Talkshow offen den Genuß von Kokain zu, was ihm prompt ein Ermittlungsverfahren einbringt, das dann aber im Sande verläuft.

Auch später, wenn ihn jemand fragt, ob er noch oder wieder Kokain nehme, antwortet er nie mit einem gelogenen Nein, sondern mit einem ausweichenden »Kokain? Das ist doch verboten!«

Drum ist die Mutter auch heute noch sauer darüber, daß er einmal im Leben wirklich gelogen hat. Konstantin ist 15 oder 16, er hat gerade mal wieder was angestellt, und deshalb wird zur Strafe für einige Zeit seine heißgeliebte Gitarre weggesperrt. »Dann machte er mit uns, mehr oder minder gezwungenermaßen, einen Ausflug an die Isar. Am Abend meinte er dann, das wäre doch so ein wunderschöner Tag gewesen, so im Kreis der Familie, und warum man jetzt nicht zum krönenden Abschluß die Gitarre wieder freigeben könnte. Ich war so gerührt; er hat das einfach grandios vorgetragen. Und später mal, in einem Streit, alles kaputtgemacht. Weil er gesagt hat, das war gespielt, von wegen wunderschöner Tag im Kreis der Familie! Die Gitarre wollte er zurückhaben, um als Straßenmusikant Geld verdienen zu können.«

Noch heute sitzt die Erinnerung an diese einmalige Backfischlüge tief. Ein Beweis für die ansonsten so deutlich vorhandene Wahrheitsliebe? Eine Liebe zur Wahrheit, die aus der religiösen Erziehung kommt?

Nach der Pubertät wendet sich Konstantin Wecker zunächst bewußt von der Religion ab, wie es fast alle Jugendlichen tun, die voller Selbstvertrauen sind.«Außerdem fand ich diese ganzen Rituale auf einmal ziemlich lächerlich. Vor allem auch dieses ganze Gebilde aus Verboten und Strafen – so was muß man doch als Freigeist in Frage stellen!«

Irgend etwas bleibt dennoch hängen. »So ein diffuses Bewußtsein, daß es vielleicht doch eine höhere Macht gibt. Oder vielleicht geben könnte. Und dann ertappt man sich natürlich auch ab und zu beim Beten. Zumindest dann, wenn's einem dreckig geht. Doch diesbezüglich bin ich ja kein Einzelfall.«

So lebt es sich also ganz gut, mit einem diffusen »höheren Wesen« im Hintergrund, das man im Bedarfsfall rausziehen kann. »Bis ich eines Tages eine konkrete Gotteserfahrung hatte. Seitdem kann ich auch Gott endlich beim Namen nennen.«

Ein Erlebnis im Drogenrausch?

»Nein. Ich war stocknüchtern. So nüchtern wie noch nie in meinem Leben.« Wecker zögert. »Wenn ich das jetzt erzähle, denken alle, der Wecker schwebt auf einer Esoterikwolke davon und spinnt. Drum halte ich jetzt lieber den Mund. Es ist zwar pervers, aber über die wichtigsten Dinge des Lebens darf man öffentlich nicht reden. Weil man sich dann nämlich der Lächerlichkeit preisgibt.«

Eine Gotteserfahrung. Auf dieses Erlebnis folgt die große Neugier. Wecker stöbert in den Werken bekannter Philosophen, liest immer wieder in der Bibel. »Ich finde es schrecklich, wenn es Christen gibt, die sagen, man dürfe die Bibel nicht so wortwörtlich nehmen, man müsse sie frei interpretieren und solche Sachen. Im Gegenteil! Wort für Wort muß man sie nehmen, Silbe für Silbe.«

Und wieder kommt das Quentchen Größenwahn durch, das Bewußtsein, eine ganz besondere Aufgabe und eine herausragende Stellung auf dieser Welt zu haben: »Wenn man zum Beispiel den Freundeskreis von zentralen Figuren anschaut, zum Beispiel den Kreis der zwölf Apostel, dann kommt man drauf, daß sich in jedem dieser Kreise immer dieselben Charaktere bewegen. Das ist der ergebene Johannes, der ungläubige Thomas – und natürlich auch Judas, der Verräter.«

Wer ist Judas? Die Frau des Drogenhändlers, die Wecker bei der Polizei angeschwärzt hat? Und wer ist »die zentrale Figur«?

Wie auch immer: Der Münchner Rechtsanwalt Ulrich Hieronimi, der am 15. Dezember 1995 um 10.30 Uhr nach einem zähen Kampf mit dem Staatsanwalt um unzählige Freilassungsauflagen und Hinterlegung einer Kaution von 300 000 Mark seinen Mandanten Konstantin Wecker endlich aus dem Knast holen kann, berichtet folgendes: »Ich fuhr einen wilden Zickzack durch die Stadt, um all die Fotoreporter und Kameraleute abzuschütteln. Aber Konstantin Wecker bestand dann drauf, mittendrin in dieser wilden Fahrt anzuhalten. Es war eine Kirche in Bogenhausen, komischerweise genau die Kirche, in der meine Tochter ihre Erstkommunion feierte. Herr Wecker wollte beten, ganz allein.«

10.

Nackt mit diversen Damen

Zurück auf die Erde. Die zentrale Figur im Sexfilmgeschäft ist Mitte der siebziger Jahre ein gewisser Alois Brummer. Er produziert in seiner Münchner Garage, großzügig »Atelier« genannt, einen Lederhosen- und Dirndl-Sexfilm nach dem anderen. Eins seiner erfolgreichsten Starletts ist damals Ingrid Steeger, die später als Göre und Ulknudel in der TV-Serie »Klimbim« Karriere machte. Und über Ingrid Steeger kommt Konstantin Wecker ins Sexfilmgenre.

»Mich lockte in erster Linie die Gage. 300 Mark pro Drehtag, später dann sogar 500, das war enorm viel Geld. Aber natürlich war es auch schön, daß wir endlich mal all die angelesene und privat erprobte sexuelle Freizügigkeit unter Beweis stellen konnten. Im Vertrag stand eigentlich nichts anderes als: ›Der Darsteller erklärt seine Bereitschaft, unbekleidet abgelichtet zu werden‹ oder so ähnlich. Um was es eigentlich ganz genau geht, das wußten wir, zumindest am Anfang, noch nicht so genau. Natürlich ist uns dann allen sehr schnell ein Licht aufgegangen, als uns dann das Versprechen abgenommen worden ist, daß wir den Geschlechtsverkehr nur mimen.« Und? »Wir haben uns natürlich daran gehalten. Aber mir persönlich hätte es nicht das geringste ausgemacht, richtig zur Sache zu gehen vor der Kamera. Das waren halt in puncto Sexualität so richtige Sturm- und Drangjahre.«

Nun gut, das ist also die Abteilung Jugendsünden. Deckel drauf, Schluß und Schwamm drüber. Doch da hat Konstantin Wecker die Rechnung ohne die TV-Sender SAT 1 und RTL gemacht. Die ziehen, mehr als 20 Jahre später, die ganzen Sexfilmchen wieder raus, von den ersten Oswald-Kolle-Streifen über Schulmädchen- und Hausfrauen-Report bis hin zu eben jenen Dirndlgeschichten, in denen Wecker als der blöde Bayer vom Dienst unbekleidet abgelichtet wurde. »Also die Tatsache, daß ich da nackt mit diversen Damen zugange bin, ist mir nicht im geringsten peinlich. Auch im Nachhinein nicht. Ein bißchen peinlich ist mir höchstens, daß diese Filme so schlecht sind. Aber auf Drehbücher und Regie hatten wir ja nicht den geringsten Einfluß.«

Den Fans, besonders den weiblichen, stößt Weckers Vergangenheit als »Pornostar« ziemlich sauer auf. Schließlich hatten sie sich, zumindest vor dem Plattenspieler oder im Konzert, gefühlsmäßig auf diesen romantischen Poeten eingelassen. Und nun stellt sich raus, was er für ein Schweineigel ist oder war. Darf man denn so einem überhaupt noch die ergreifende Ballade vom »Willy« glauben?

Interessant ist, daß in der Zeit, als diese Filme entstanden sind, sich überhaupt niemand moralisch entrüstet hat. »Da wäre es schlimmer gewesen, wenn ich einen Schlager gesungen hätte.« Aber Anfang der Neunziger, mit dem ganzen alternativen Unterbau, schaut die Sache schon anders aus.

Auch Mutter Wecker, beim Diebstahl auf der Rennbahn, dem ersten offiziellen Sündenfall ihres Sprößlings, noch peinlich berührt, nimmt die Lederhosenfilme mit Humor: »Mit der ganzen Verwandtschaft sind wir ins Kino marschiert. Mei, haben wir gelacht über diesen Schmarrn. Besonders die eine Stelle, wo der Konstantin durch das Herzerl von der Holztür vögelt und so ein saudummes Gesicht dabei macht, die ist doch wirklich komisch!« So eine derbe Ausdrucksweise hat Frau Wecker natürlich normalerweise nicht drauf. »Aber wenn man mit dem Konstantin und seinen Leuten öfters zusammen ist, dann schnappt man schon mal das eine oder andere deftige Wort auf...«

»Mir hätte es nicht das Geringste ausgemacht, richtig zur Sache zu gehen.« Wecker als Schauspieler in Softsexfilmen.

Also Toleranz für den nackten Schauspieler. Aber eben nur zur richtigen Zeit und im richtigen Umfeld. Konstantin Wecker: »Wir müssen darauf achten, daß diese Toleranz beibehalten wird, die damals vorherrschte. Ein bißchen Nostalgie kann man empfinden, sie ein bißchen belächeln, wie alte Musik- oder Heinz-Erhardt-Filme. Aber eine kritische Auseinandersetzung oder gar so was wie Empörung im nachhinein – das ist nicht nur zuviel der Ehre, das ist auch Unsinn.«

Was einige verbiesterte Fans natürlich ganz anders sehen. Ihnen sitzt der Schock von »Beim Jodeln juckt die Lederhose«, »Oh mei, haben die Ostfriesen Riesen« und »Unterm Dirndl wird gejodelt« noch schwer in den irritierten Gliedern. Wecker: »Die Lustfeindlichkeit ist doch das große Problem der Linken. Ich bin der Überzeugung, daß im politischen Kampf die Emotionen, die Lust, das Lachen notwendige Dinge sind.«

Ende 1995 kommt die Nürnberger CSU-Abgeordnete Dagmar Wöhrl in die Bredouille, als sie von ihrer Vergangenheit als Darstellerin in ähnlich schlüpfrigen Filmen eingeholt wird. »Die Stoßburg« heißt das Machwerk, das sich irgendein »wohlmeinender« Kollege erst zu Gemüte führt und dann aus dem Schatten der Vergangenheit ins Licht der verdutzten Öffentlichkeit zerrt. Das Magazin »Der Spiegel« interviewt Konstantin Wecker als Experten zum Thema. Wen sonst.

»Mir sind Politiker dann näher, wenn sie etwas Menschliches an sich haben und nicht alles vertuschen. Jeder Mensch hat in seinem Leben schon einen Softporno gedreht, ich meine das jetzt symbolisch. Jeder hat irgend etwas, worüber sich die Gesellschaft auslassen könnte. Und wenn es nur Phantasien sind.«

Auf die Karriere der Politikerin wirkt sich die Enthüllung noch nicht aus, zumindest nicht nachweisbar. Nur einige ihrer Kollegen in der CSU sollen noch heute über den Fall schmunzeln und tuscheln. Konstantin Wecker, irgendwie in Sachen Sexfilm ein gebranntes Kind, sieht dennoch für den weiteren politischen

Werdegang seiner Leinwandkollegin ziemlich schwarz: »Ich bin da pessimistisch.« Oder sollten die Schwarzen tatsächlich mehr Toleranz demonstrieren als die Roten, die Grünen und die Alternativen?

11.

Willy

»Gestern hams den Willy derschlagn«

Sakrament, Willy, wärst du gestern bloß aufm Mond gwesn, oder aufm Amazonas auf einem Einbaum, oder ganz allein aufm Gipfel, drei Schritt vom Himmel weg.

Überall, überall, bloß net in dera unseligen Kneipe in der Nacht.

I hab in der Früh gsagt: Kumm, Willy, fahr ma raus, das Wetter ist so schön, die Luft is so glasig, die Berg san so nah, fahrn ma weg, schwänz ma a paar Tag wie damals in der Schul, weißt es noch?

Aber nein, du hast schon in aller Früh einen sitzen gehabt.

Am Abend hast du es doch wieder zeigen müssen, daß du doch noch einer bist.

Na ja, angefangen hat alles ja ganz lustig:

Am Anfang ham wir halt den alten Schmarrn wieder aufg'wärmt, wer damals mit dem Lehrer Huber seiner Frau poussiert hat beim Faschingsball, und schön wars, gemütlich wars, so richtig sentimental.

Bis dieser Typ an unsern Tisch kommen is, mit seim Dreikantschlüsselkopf, klein, schwammig und braun.

Kaum is er dagsessn, hat er uns scho gfragt, ob wir beim Bund gewesen wärn.

Des kenn ma ja, ham wir alle miterlebt, 67, genau das gleiche, und dann hat er weiter g'redt, daß er so froh wäre, daß jetzt wieder Ordnung kommt in die rote Staatssoße.

Die Jugend würde auch immer vernünftiger, in Bayern wissen sie's ja eh scho lang, wo's langgeht politisch.

I hab di angschaut und gwußt, des haltst du net lang aus.

Und plötzlich, ganz plötzlich und befreit, hat er zum Summen angfangen, mit einem seligen Lächeln auf den Lippen,

und an den hinteren Tischen hams mitgsummt,

so was vom Horst Wessel.

Und plötzlich stehst du langsam auf, die Birn schwillt an, dann plärrst:

Halt's Maul, Faschist!

Stad wars, knistert hats, die Luft war wie a Wand zum Festhalten, da hätt ma no gehn können, Willy. Ich bin zu dir hi und hab zu dir gsagt: Kumm, laß doch den alten Deppen, wem schad er denn?

Nix, nix, hast gsagt, alle schaden, die alten und die jungen Deppen.

Und dann gings an den hintern Tischen los, leise, aber bösartig, aggressiv und gehässig:

Geh doch rüber, in die Sowjetunion, Kommunist!

I woaß, i muaß di zurückhalten. Ich weiß genau, es passiert ein Unglück.

Und du stehst auf:

Freiheit, kapierst, Freiheit, des heißt, koa Angst haben vor nix und niemand!

Und dann steht am hintern Tisch aner auf, a junger, ganz a junger, und packt sei Glasl.

I nomal auf di zua. Willy, sag i, Willy, kumm. Jetzt müaß ma gehn, jetzt is die letzte Möglichkeit.

Nix, du reißt di los, du auf eam zu, er nimmt sei Glasl, hauts am Tischeck ab, und du gehst nomal auf eam zu.

Und plötzlich, plötzlich schlagt er zu.

Willy, du dummer Hund, du dummer, wir hätten dich doch noch so braucht.

Alle brauchen solche, wie du bist.
Refrain: Gestern hams den Willy derschlagn, und heit wird er begrabn ...

Das Lied ist eigentlich gar keins. Zumindest nicht eins im herkömmlichen Sinne, mit gesungenen und klar abgegrenzten Strophen, wie man es halt so gewohnt ist. Es ist mehr eine Erzählung mit einem wiederkehrenden Refrain. Und auch der hier abgedruckte Text ist nicht unbedingt vollständig – er wird immer ergänzt, variiert, immer wieder neu durchlebt und durchlitten.

Wenn Konstantin Wecker die Ballade vom Willy anstimmt, hält das Publikum den Atem an. Er trägt diese Geschichte nämlich so authentisch und packend vor, als würde sie gerade jetzt in diesem Moment passieren. Er flüstert, er schreit, er bäumt sich auf, er fällt in sich zusammen. »Eigentlich ist dieses Lied ja unwiederholbar«.

Doch dieses Lied, 1976 entstanden, sollte noch viele Male wiederholt werden. Und das nicht nur, weil Wecker damit so etwas wie einen Durchbruch feiern konnte und viele Fans geradezu darauf bestehen, den »Willy« auch live hören zu dürfen. Sondern auch, weil Wecker damit vielen aus der Seele singt und schreit. Weil die politische Situation in diesen Tagen trotz sozialliberaler Regierung schon wieder gefährlich nach rechts abzudriften droht, weil jeder engagierte Fan beim Hören dieses Liedes innerlich mitsingt und mitschreit.

Wolf Biermann bezeichnete diesen Song als das »Erschütterndste«, was er in der Bundesrepublik je gehört habe. Er zeigte auch ein Stück Autobiographie Weckers: »Die Person des Willy hat sehr viel mit mir selbst zu tun. Ich bin nämlich beides: der gerechtigkeitshungrige Aufmüpfige und gleichzeitig auch der eher Zurückhaltende, der beschwichtigen und abhauen will. Außerdem habe ich hier ein wahres Erlebnis geschildert. Die

Szenerie ist real; der wirkliche Willy ist aber zum Glück nicht gestorben. Aber er ist schwer verletzt worden.«

Mit sich herumgetragen hat er den Stoff eine ganze Weile, niedergeschrieben waren Text und Melodie dann aber schnell, doch die Wirkung, die hat ihn wirklich überrascht: »Ich kann mich noch gut erinnern, was alles in mein Lied vom ›Willy‹ reingedeutet wurde. Welches Leiden ich wohl hinter mir hatte, um dieses Lied auf Papier zu bringen. Natürlich habe ich gelitten. Aber von der Dauer her weniger lang, als die meisten wissen. Ich habe dieses Lied während einer Probe für ein anderes Programm geschrieben, in der Pause zwischen zwei Songs. Den Refrain hatte ich schon länger im Ohr; den Text konnte ich endlich bei dieser Gelegenheit festhalten. Die Reaktion der anderen beim Vorspielen hat mich dann aber irritiert. Die waren so betroffen und vor allen Dingen regelrecht sprachlos, daß ich zuerst der Meinung war, ich hätte irgendeinen Mist produziert. Bis ich verstanden habe, daß sie fasziniert sind.«

Wecker merkt schon sehr früh, daß er mit seinem Hit ein zweischneidiges Schwert geschmiedet und in der Hand hat: »Es ist ein urdeutsches Phänomen, daß der Sänger bestimmten Lagern zugeteilt wird. Jede noch so kleine Gruppe will den Sänger für sich verbuchen. Das ist die Gefahr dieses Erfolgs: daß die Leute, die nun den Willy-Song kennen, in Konzerten zwei Stunden Agitprop von mir erwarten.« Doch diesen Gefallen kann und will Wecker seinen Zuhörern nicht tun. Denn als Kampflied hat er seinen »Willy« nie verstanden. »Es ist ein Lied über ein Schicksal zwischen '68 und '77.«

Ein Lied, das aber nicht beliebig oft reproduzierbar ist. Auch nicht, wenn man es will. Wecker entschließt sich schweren Herzens, diese Ballade nicht mehr live zu singen. Auch wenn die Fans noch so laut nach »Willy« schreien. Er will dieses Kunststück und -werk in der Schublade der Geschichte ruhen lassen. Erst als 1992 eine neue Welle der Ausländerfeindlichkeit übers

Land schwappt, zieht er es wieder heraus. Er überarbeitet es und nennt es jetzt »Amadeo«. Zum Gedenken an einen real existierenden und dann von rechtsextremen Schlägern getöteten schwarzen Willy, ein Asylsuchender. Premiere ist in Dieter Hildebrandts »Scheibenwischer«, live im Fernsehen. Die Zuschauer halten den Atem an.

Zurück in die späten Siebziger. Obwohl Wecker immer wieder betont, daß er kein Politbarde sein wolle, daß sein »Willy« nie als Schritt in ebendiese Richtung gedacht war, sind die Lager trotzdem schnell gebildet. Nach einem Auftritt im NDR-Fernsehen gibt es wüsteste Beschimpfungen per Telefon. Wecker ist auf einmal für die Rechten eine Haßfigur geworden. »Aber ich muß sagen, diese Feinde habe ich auch gar nicht ungern zu Feinden.«
Was die Linken und die Alternativen natürlich erfreut zur Kenntnis nehmen und den Sänger immer wieder gern zu Konzerten einladen, die unter einem engagierten Motto stehen. Ob gegen rechts, gegen Atomkraft oder gegen das Wettrüsten. Oder für links und alternativ, für die Umwelt oder für die Friedensbewegung. Oft genug gibt's auch »alternative« Gagen, in Zahlen zwischen minimal und null angesiedelt. Benefiz-Konzerte sind seit Ende der siebziger, Anfang der achtziger Jahre groß in Mode; und wer nicht mitbenefizen will, entlarvt sich als geldgieriger Schuft. Wecker entscheidet sich dafür, lieber kein Schuft zu sein, sondern »edel, hilfreich und gut«.

So ergibt sich fast zwangsläufig die Zusammenarbeit mit anderen edlen, hilfreichen und guten Menschen, wie mit den Kabarettisten Hanns-Dieter Hüsch und Dieter Hildebrandt, mit den Volksmusik-Rebellen Biermösl-Blosn und mit den international bekannten Protestsängerinnen Mercedes Sosa und Joan Baez. Auch mit der Wahlpropaganda- und Geldsammelaktion »Die Grüne Raupe« zieht er durch die Lande, einer Konzertreihe mit eindeutig politischer Aussage, allein schon vom Motto her. Petra Kelly und ihr Lebensgefährte Gerd Bastian sind Wecker-

Fans; später werden sie sogar zu engen Freunden des Liedermachers. Eine Freundschaft, die sich in der Hektik des politischen Alltags dann aber wieder verliert.

Doch seine Begeisterung für die Grünen im allgemeinen hält nicht lange an. Schritt für Schritt sagt er sich von ihnen los; faßt schließlich seine Enttäuschung über die neue Partei öffentlich in Worte. Die Grünen seien »intolerant, dogmatisch, eifersüchtig und neidisch«.

Der Konflikt mit den Parteigängern hatte sich schon lange angebahnt. Nicht nur, daß Wecker ihnen nicht den Gefallen tat, sich als Hofsänger vereinnahmen zu lassen. Auch seine sehr persönlichen Lieder und Gedichte, die auf den ersten und auf den zweiten Blick nicht viel mit öffentlicher Politik zu tun haben, stoßen ihnen auf. Dazu kommt natürlich, daß Wecker immer mehr als Lebemann von sich reden macht, als Rabauke und Macho.

Nun werden sie immer mehr, seine »satirischen Attacken gegen die Alternativ-Schickeria und Verkündigungs-Künstler der Linken«, registriert im März 1987 aufmerksam das *Hamburger Abendblatt*. Konstantin Wecker versteht es aber immer, diese Spitzen so charmant abzufeuern, daß selbst diejenigen, die als Zielscheibe herhalten, darüber schmunzeln können.

Dennoch ist der wilde Bayer vielen Grünen nicht mehr ganz geheuer. Und vielen Roten auch nicht mehr. Noch immer aber kann Wecker etliche Politiker zu seinen Freunden zählen, auch prominente. So melden sich unter anderen nach seiner Verhaftung Ende 1995 spontan per Brief oder Telefon die SPDler Björn Engholm, Rudolf Scharping und Monika Griefahn. Mit freundlichen und auch besorgten Grüßen. Und mit aufmunternden Worten zum Durchhalten. Jutta Scharping (Ehemann Rudolf hat einen anderen wichtigen Termin, gibt seiner Frau aber einen lieben Gruß für Konstantin Wecker mit) reist sogar zum Konzert nach München. Zum ersten öffentlichen Auftritt Weckers nach seiner Freilassung auf Kaution.

12.

Kaffee Giesing

Tolerante und prinzipiell erst mal nach allen Seiten offene Menschen wie Konstantin Wecker gehen oft leichtsinnig auch von der Toleranz der anderen aus. Und wundern sich dann immer wieder, wenn die Grenzen der anderen viel enger gesteckt sind als die eigenen. Dies gilt nicht nur für seine Erfahrungen mit der Realpolitik, sondern auch für jene aus dem ganz normalen und zwischenmenschlichen Alltagswahnsinn.

Einen der anstrengendsten Lernprozesse diesbezüglich muß er mit dem »Kaffee Giesing« machen. »Kaffee wie das Getränk, nicht wie das Caféhaus«, sagte er immer, wenn er über dieses Projekt sprach. Er eröffnet das Kaffee 1984 eben im Münchner Stadtteil Giesing, einem natürlich gewachsenen, eher braven Viertel der Landeshauptstadt. Mit vielen schönen Altbauten, urigen Kneipen – und extrem lärmempfindlichen Nachbarn. Und die machen diesem kleinen Lokal ganz schön das Leben schwer, mit unzähligen Anzeigen wegen Ruhestörung. Mittlerweile wird im »Kaffee Giesing« Livemusik nur noch »unplugged« gespielt, also ohne Verstärker. Ein Sieg der Schläferlobby.

Was Wecker mit diesem »Kaffee Giesing« will, sieht er ganz klar als Vision vor sich: »Einen natürlichen Dreh- und Angelpunkt für die Münchner Musikszene, in gewisser Hinsicht auch eine Musikerkneipe mit Auftrittsmöglichkeit. Daran direkt angeschlossen ein Studio, in dem man auch mit wenig Aufwand und für günstiges Geld Liveaufnahmen mitschneiden kann. Eine Belebung der Münchner Szene, für Musiker und Fans gleichermaßen, einfach eine nette Kneipe.« Und dann, schmunzelnd,

»Einfach eine nette Kneipe.« Wecker im »Kaffee Giesing«, das Künstlern eine Auftrittsmöglichkeit geben sollte und dem Liedermacher eine zweite Heimat.

ganz logisch wieder der Blick aufs eigene Ego: »Eine Portion Selbstzweck ist natürlich auch dabei. Ich will eine Kneipe schaffen, in der ich mich persönlich wohl fühle.«

Wecker fühlt sich nicht nur viele Male wohl in diesem Lokal, mal leise, mal laut, sondern betreibt darin auch seine Studien. Immer dann, wenn das grelle Licht angeht, wenn am anderen Ende des Tresens der ewige Stenz noch keine Maid für die Nacht abbekommen hat, wenn die Schönheit der Nacht im gleißenden Rausschmeißerlicht all ihre Magie verloren hat und wenn er mal wieder so richtig schön über den Sinn des Lebens nachdenken kann. Festgehalten in einem seiner schönsten Lieder, »Wieder Sperrstund' im Kaffee«.

Was er auf keinen Fall will, formuliert er schon vor der offiziellen Eröffnung dieses Lokals laut und deutlich im Freundeskreis: »Ein singender Wirt sein, das ist für mich eine Horrorvorstellung. Und wenn ich mir vorstelle, daß da Fans reinkommen, die mich am Tresen oder hinterm Zapfhahn fotografieren wollen, dann will ich eigentlich sofort Reißaus nehmen!«

Trotzdem lebt das Lokal in der ersten Zeit natürlich vom Namen Konstantin Wecker. Nicht zuletzt deshalb, weil dort des Stars spontane Besäufnisse stattfinden und weil es dort wunderschöne Geburtstags- und After-Show-Partys gibt, bei denen sich die Schickeria (und vor allem jene, die unbedingt dazugehören wollen) ihr Stelldichein gibt.

Vielleicht spielt er ja heute wieder auf dem Flügel, der Konny, hat er vor zwei Monaten auch schon mal gemacht, und so im intimen Kreis ist das doch viel schöner als im großen Konzertsaal, finden Sie nicht auch? Ach (herablassendes und gleichzeitig bedauerndes Seufzen), Sie waren noch nie dabei, wenn der Konny, also ich kenn' ihn ja schon seit Jahren, wenn der Konstantin so im privaten Kreis ein paar Lieder zum besten gibt? So ein Pech aber auch. Na ja, vielleicht klappt's ja heute.

Oft genug klappt's dann auch wirklich. Denn Konstantin Wecker kann an keinem Klavier oder Flügel vorbeigehen. Und wenn ihn jemand bittet, in die Tasten zu hauen, dann schon gleich zweimal nicht. »Die Anziehungskraft dieser Instrumente auf mich ist geradezu magnetisch. Wer immer glaubt, ich sei nach zehn Zugaben im Konzert immer noch gierig nach noch mehr Beifall, und wer immer der Meinung ist, diese Sessions im »Kaffee Giesing« seien Propaganda für die Kneipe, dem sage ich ein für allemal: es ist der schlichte Magnetismus des Instruments, der Magnetismus der Musik. Nicht mehr und nicht weniger.«

Das »Kaffee Giesing« wird im November 1984 eröffnet, unter der Regie des Geschäftsführers Alexander Piltz-Boogie. Doch der und Wecker geraten sich bald in die Haare. Was in einem Rechtsstreit gipfelt, in dem Wecker dazu verdonnert wird, gut eine viertel Million Mark nachzuzahlen. Es geht um unerfüllte Verträge, um Nachzahlungen für die Krankenkasse, sogar um die persönliche Wohnungsmiete des ehemaligen Kumpels.

Im Juni 1987 übernimmt Maria Mayer die Geschäftsführung. Maria Mayer ist in München eine Kultfigur und eine Legende. Sie gilt als Entdeckerin und Förderin vieler Talente. Mit ihrer eigenen Kneipe »Marienkäfer« schuf sie einst den eigenen Münchner Künstlernabel der Welt und legte dabei fast zwangsläufig eine riesige Pleite hin. Offenbarungseid. »Ich weiß heute noch nicht, ob es ein Fehler war, aber ich habe mich halt viel lieber um Musiker und ihre Probleme gekümmert als um meine finanziellen. Die Kunst blühte, aber das Geschäft ging den Bach runter, wie's halt so ist ...«

Genau die Richtige für so einen Laden wie das »Kaffee Giesing«. Am Anfang der Ära Maria muß Wecker wegen eines damals geleisteten Offenbarungseides seiner neuen Wirtin noch als Strohmann herhalten, doch ab Juli 1993 kann sie das Kaffee unter eigener Regie führen. Etwas später dann zusammen mit Fritz Otto (inzwischen Geschäftsführer und Partner), ebenfalls ein alter Hase in der Münchner Szene. Maria Mayer zieht Bilanz: »Die Zusammenarbeit mit Wecker war immer fair und sympathisch. Von ein paar chaotischen Diskussionen mal abgesehen. Aber auch die hab' ich genossen.«

Trotzdem kommt es im Januar '94, also schon nach der Geschäftsübergabe, zwischen Wecker und Mayer zum Bruch. Zumindest zu einem Brüchlein. »Konstantin war bei mir in der Kneipe, nicht mehr ganz nüchtern, und da stand ein Gast am Tresen, der ihn als Gartenzwerg beschimpfte. Konstantin wollte sich mit diesem Typ schlägern. Aber ich sagte immer: ›Laß das sein, der hat doch schon zwölf Guiness im Kopf, nimm das doch nicht so ernst, und denk an deine Klavierspielerfinger, so eine Schlägerei brauchst du wirklich nicht.‹ Erst zeigte sich Konstantin einsichtig, doch dann verlangte er, daß ich diesen Herrn mit dem Zitat vom Gartenzwerg sofort aus der Kneipe entfernen lasse. Für mich war das eindeutig übertrieben, eigentlich viel zu viel der Ehre für diesen Guiness-Schlucker. Doch Wecker war beleidigt, weil ich diesen Typ nicht rausgeschmissen habe. Seitdem sind wir uns nicht mehr grün, der Konstantin und ich. Er hat mein Lokal nicht mehr betreten. Schade eigentlich, wegen so einem Schmarrn.« Münchner Geschichten.

Maria Mayer kann zusammen mit Fritz Otto innerhalb kürzester Zeit diesem »Kaffee Giesing« eine ganz eigene Note geben. Doch der Geist Weckers schwebt immer noch über den Gewässern, nicht nur über jenen, die aus dem Zapfhahn fließen. Nach seiner Verhaftung Ende November 1995 rücken Kamerateams und Journalisten fast zwangsläufig im »Kaffee Giesing« an, um was über den Drogentäter Konstantin Wecker zu erfahren. Und wenn sich zwei Szenegänger zu einem Date in Marias Lokal verabreden, frotzeln sie albern: »Laß uns auf ein Bier gehen im ›Kaffee Giesing‹, oder auf eine Nase Koks, haha ...«

13.

Der Liedermacher und der Märchenkönig

Während das »Kaffee Giesing« mehr eine bayerische, ja eher Münchner Berühmheit wird, landet Konstantin Wecker mit einem ganz anderen Projekt bundesweit in den Schlagzeilen. Wenn auch nur kurzfristig. Denn aus dem großen Plan wurde nichts: Wecker wollte ein Musical über den Märchenkönig Ludwig II. schreiben, das in einem eigens dafür errichteten Festspielhaus aufgeführt werden sollte. So oft wie möglich, am liebsten tagtäglich, das ganze Jahr über, für alle Fans des »Kini«, für alle Touristen dieser Welt.

Wecker findet diese Idee zunächst gigantisch. Erstmals wird 1995 öffentlich darüber gesprochen, pünktlich zum 150. Geburtstag des unglücklichen Monarchen. Typisch, daß Wecker erst seine eigene Rolle in dem Spiel erkennt und erst dann die des Märchenkönigs: »Die Musik wird sehr viel mit mir selbst zu tun haben.« Mit Blick auf die »Ruhmeshalle«, die dafür gebaut werden soll, ergänzt er: »Welchem Künstler wird schon ein eigenes Festspielhaus gebaut? Das ist doch einfach wundervoll!«

Doch das Projekt wird von der Presse genauso schnell abgefeiert, wie es ein paar Wochen zuvor noch hochgejubelt wurde. Denn die ehrgeizigen Pläne der Architekten sehen vor, daß sich zum großen Finale die Rückwände der Bühne öffnen sollen und, ganz Open Air, den Blick auf Schloß Neuschwanstein freigeben. Musical und Realität in Verschmelzung, die originalgetreue Umgebung mit dem Schloß wird Teil der Kulisse und des Musikspektakels. Das ist zuviel für einige Naturschützer, die den geplanten Bauplatz als schützenswert erachten und gegen Wecker und seinen Musicaltraum vom Märchenkönig öffentlich zu Felde ziehen. Wecker lenkt ein, zeigt sich umweltbewußt, bläst das Projekt ab. Zumindest seine Mitarbeit daran.

Wecker blickt zurück: »Wenn ich ehrlich bin, habe ich mich der Naturschützer ein bißchen bedient, um vor den Augen der Öffentlichkeit gut aus der Sache rauszukommen«, gesteht er. »Denn eine Diskussion über Naturschutz, speziell auf diesem geplanten Bauplatz, hätte ich allemal bestanden.«

Nein, es geht um etwas ganz anderes. Die Bau- und Betreiberfirma namens Dreamking GmbH will Wecker nicht in den Club der GmbH-Mitglieder aufnehmen. Also in den Club der potentiellen Großverdiener. Was dem Poeten und Sänger nicht ganz einleuchten möchte. »Aber wer da welche Fehler gemacht hat, will ich jetzt gar nicht im einzelnen nachkonstruieren. Tatsache ist, daß es im zwischenmenschlichen Bereich nicht geklappt hat. So was kommt ja öfter vor.«

Zum ersten Mal geknistert zwischen Wecker und den Leuten von der Dreamking GmbH hat es schon im frühen Anfangsstadium. »Ich sah den Platz und mußte sofort an meinen Freund Ernst Fuchs aus Wien denken. Für mich war ganz klar, daß er der Richtige ist, so ein Gebäude in dieser Umgebung zu gestalten.« Die Pläne der Firma sahen aber offenbar anders aus, wie Wecker erkennen mußte. »Anstatt froh darüber zu sein, für diesen Plan vielleicht so einen renommierten Künstler wie Fuchs an Bord zu haben, haben die nur abgeblockt. Ich hatte den Verdacht, daß da ein Süppchen gekocht werden sollte, das nicht viel mit Kunst zu tun hat. Aber vielleicht tu ich den Leuten von der Dreamking GmbH ja auch unrecht, ich weiß nicht ...«

Doch die Aufgabe, ein Musical über den legendären Bayernkönig zu schreiben, lockt Wecker immer noch. Er denkt darüber nach, das Ganze mal in einem kleinen Theater als eine Art Präsentation für interessierte Investoren aufzuführen. »Vielleicht sollte man die Form ändern, weg vom Musical, hin zur Oper. Das muß ich mir noch überlegen. Es muß auf jeden Fall deutlich gemacht werden, daß dieser Ludwig eben mehr war als ein verschwendungssüchtiger und vielleicht auch schwul angehauchter Spinner. Es muß rauskommen, daß dieser Mann ein Visionär war.« Wieder mal ein Fall von Seelenverwandschaft? »Was die Verschwendungssucht angeht, auf jeden Fall!«

14.
Geld spielt keine Rolex

»Solange ich mich erinnern kann, lebe ich über meine Verhältnisse.« Konstantin Wecker tut so, als wäre ihm dieses Geständnis ein bißchen peinlich. Aber der Satz ist noch nicht zu Ende gesprochen, da muß er auch schon wieder grinsen und relativieren: »In meiner Kindheit natürlich nicht. Da wurde jeder Pfennig zweimal umgedreht. Vielleicht habe ich ja gerade deshalb diesen Tick mit der Großmannssucht.«

Mutter Dorothea erinnert sich: »Der war schon als kleiner Bub wie wild hinterm Geld her. Einmal hat er sogar, und da war ich ihm lange böse, ganze 14 Mark stibitzt, die er der Milchfrau bringen sollte. Und natürlich in den Flipperautomaten gesteckt!« In den Flipperautomaten? »Genau. Auf dieses blöde Flippern war er ganz wild! Aber nach diesem Vorfall mit dem Milchgeld war's natürlich erst wieder mal zu Ende mit Taschengeld. Ich hab' ihm das so begründet, daß dies wieder mal der Beweis war, daß er einfach mit Geld nicht umgehen kann. Typisch Zwilling eben.«

Es gibt noch eine Anekdote, die Mutter Wecker gern erzählt, in diesem Fall aber mit Augenzwinkern: »Eines Tages kam ein Klassenkamerad von Konstantin nach Hause, um das Taschengeld abzuholen. Das Taschengeld von Konstantin! Der Kerl hat es tatsächlich fertiggebracht, von diesem Klassenkameraden im Hinblick auf das zu erwartende Taschengeld Kredit zu bekommen. Ich hab' diesem Jungen das Geld gegeben. Hab' ihm aber gleichzeitig gesagt, daß dies das erste und letzte Mal war. Und daß er bitte in der Schule verkünden soll, daß Konstantin in Zukunft erst mal kein Geld mehr in die Hand bekommt, daß es keine weiteren Anleihen mehr gibt, die ich einlösen werde.« Was Mutter Wecker da mit der öffentlichen Blamage ihres Sohnes angerichtet hat, weiß sie wahrscheinlich heute noch nicht.

Aber der Teenager Konstantin Wecker will ja für sein Geld auch was tun. Zum Beispiel Straßenmusik machen. Was der Mama allerdings gar nicht geheuer ist. »Ich hab' ihn gebeten, mit seiner Gitarre wenigstens nicht in unserem Viertel aktiv zu werden, weil mir das peinlich war.«

Doch Konstantin selbst ist in dieser Zeit gar nichts peinlich, wenn's darum geht, an Geld zu kommen. Weder die Straßenmusik noch später der Diebstahl der Kassengelder in der Münchner Rennbahn. Die Sexfilme schon gleich zweimal nicht. »Es ging ja dabei nie um das Geld an sich, um dessen Wert oder Macht«, klärt Wecker auf. »Es ging immer um die Freiheit, unbelästigt von materiellen Problemen leben und mich meiner Kunst widmen zu können.«

Was ja auch sehr schnell möglich ist, zumindest vom Prinzip her. »Als Leute von Agenturen, Buchverlagen und Plattenfirmen auf mich zukamen, habe ich erst mal alles unterschrieben, ohne es groß zu lesen. Das war natürlich ein Fehler. Aber ich dachte, damit habe ich sie, die große Freiheit. Hier sind Partner, die sich ums Geld kümmern – und ich mach Texte und Musik. Daß man darüber hinaus natürlich auch was tun muß, das kam mir erst später.«

Doch, er tut was, der Konstantin Wecker. Nämlich das Geld unters Volk bringen. Das Geld, das er eigentlich nie so richtig gesehen hat, das er aber auf irgendwelchen Konten wähnt. »Ich schöpfe aus dem vollen, und ich gönne mir, wonach mir der Sinn steht. Und wenn mal wieder eine Mahnung kommt, dann muß sie halt bezahlt werden.« Genau so hält er es. Nur den klitzekleinen, aber wichtigen Zusatz vergißt er, daß das »Bezahlen« bitte schön jemand anders erledigen soll, daß er sich darum nicht groß kümmern will.

Drum ist er auch, noch gar nicht lang ist's her, dankbar und froh, als sich eine Lebensabschnittsgefährtin dazu bereit erklärt, innerhalb des Wecker-Teams die lästigen Angelegenheiten mit den Finanzen in die Hand zu nehmen. Wecker gibt ihr sämtliche Vollmachten. Was er besser nicht getan hätte. Denn seinem Kontostand bekommt dieser Vertrauensbeweis überhaupt nicht gut.

»Ich weiß, daß ich mich mehr um meine Finanzen kümmern müßte.« Aber aus dem Mund von Konstantin Wecker klingt diese Einsicht fast wie die Selbsterkenntnis eines kleinen Buben, der ganz fest verspricht, in Zukunft brav seine Hausaufgaben zu machen, in Wirklichkeit aber gar nicht dran denkt. Oder höchstens fünf Minuten lang.

Im neuformierten Wecker-Team stehen im Moment insgesamt acht Leute auf der Gehaltsliste. Und bis vor kurzem gab es sogar eine neunte Person an Bord, den Mann mit dem Supergehalt, den Kokain-Dealer. Allein im Jahr 1995 hat er, davon gehen jedenfalls der Staatsanwalt und die spekulierende Presse aus, schätzungsweise 120 000 Mark bekommen. Wenn man nun, nach Weckers öffentlicher Beichte in einer Illustrierten, davon ausgehen kann, daß er fast 15 Jahre lang ohne Unterbrechung von der Sucht geleitet wurde, kommt man auf ein ganz schönes Sümmchen. »Es gab Tage unter Freunden, da waren 100 Gramm Koks weg wie nichts, das Gramm Koks zum Preis von um die 100 Mark.« Eine Münchner Tageszeitung, offenbar im Besitz eines Taschenrechners, kam auf einen Tagesumsatz von 10 000 Mark. Dafür muß eine alte Frau lange stricken – und ein gesundheitlich angeschlagener Liedermacher ganz schön oft singen.

Andere Extravaganzen des Künstlers fallen in jenen Tagen dagegen relativ preisgünstig aus. So erinnert sich der sizilianische Sänger Pippo Pollina, der Wecker mal auf einer Tournee begleitete, an ein paar riesige Stoffhunde: »Konstantin hat unterwegs bei einer Autobahnraststätte so ein gigantisches Spielzeugtier

Für viele Leute ein Stein des Anstoßes: Wecker und seine Rolex.

gekauft, um es jemandem als Geschenk mitzubringen.« Offenbar gefiel es ihm bald nicht mehr. Pippo Pollina erinnert sich: »Beim nächsten Halt warf er es weg, kaufte ein neues. Dann noch eins – und so weiter.«

Wecker fällt schon Anfang der achtziger Jahre als Lebemann auf. Unter anderem auch mit seiner teuren Armbanduhr, einer goldenen Rolex. Nicht wenige seiner Fans nehmen daran Anstoß. »Ich weiß schon, diese Uhr ist für viele Leute ein Stein des Anstoßes. Aber ich lasse ihn bewußt bestehen, diesen Stein. Die Rolex trage ich stur.« O-Ton Wecker, Juli 1983, in einem Interview mit einer kleinen Stadtzeitung.

Und getreu dem Motto »Geld spielt keine Rolex, Lacoste es, was es wolle« stellen Wecker und seine Kumpels im Münchner Nachtleben so manche Kneipe auf den Kopf, »lassen die Sau raus«, wie man in Bayern so schön sagt. Die Schreiber der Klatschspalten haben ihren Spaß; die aufrechten Alternativen sind entsetzt. Und Wecker hat die Zeche am Hals. »Da kamen manchmal Rechnungen über 8 000 Mark aus Kneipen, an die ich mich nicht erinnere. So viel konnte ich nicht ausgegeben haben.«

Nun, nach jenem denkwürdigen 15. Dezember 1995, da Wecker nach 16 Tagen Untersuchungshaft gegen Kaution wieder die Luft der Freiheit schnuppern darf, soll alles anders werden. Doch wie man's macht, macht man's falsch. Die Geschäftigkeit des Wecker-Teams stößt etlichen Leuten sauer auf. Die wollten, so wird unterstellt, auf etwas anrüchige Weise die Gunst der Stunde nutzen: die Veröffentlichung einer Single mit dem Titel »Kokain«, die Veröffentlichung des hinter Gittern geschriebenen Liedtextes »Zueignung«, eine Konzertankündigung für kurz vor Weihnachten »für alle, die zu mir gehalten haben«, das Exklusiv-Interview mit der Illustrierten *Stern*, der nicht minder lukrative Auftritt im Fernsehen und vieles mehr.

Sogar Weckers ehemaliger Produzent Hans Franek vom Tegernsee (er zeichnete verantwortlich für die LPs »Ganz schön Wecker«

und »Stilles Glück«) findet »dieses Gezicke, das Wecker und sein Clan nach der Freilassung auf Kaution da abziehen, ganz schön unglaubwürdig und lächerlich«. Franek ist Wecker dennoch wohl gesinnt: »Wir hatten eine interessante, fruchtbare und exzessive Zeit miteinander. Exzessiv in jeder Hinsicht, auch und vor allem in künstlerischer.« Obwohl die Geschichte, wie er seines Amtes als Produzent enthoben wurde, anscheinend noch tief sitzt: »Ich wagte es, Kritik zu üben am lustlosen Spiel der Band. Und Musiker wie Stefan Dietz und andere lassen sich so etwas natürlich nicht gern sagen. Worauf Konstantin einfach per Fax mitteilte, daß ich aufgrund einer Art Musikeraufstand gekündigt bin. Wahrscheinlich hat er das Richtige gemacht: den Teamgeist bewahrt und den Störenfried gefeuert. Aber mein Stachel saß trotzdem. Die Live-LP, für die ich eigentlich als Producer vorgesehen war, zeigte auch ohne mich die Spuren meiner Kritik. Sie ist verdammt gut geworden.«

So versöhnend und wohlgesinnt wie Hans Franek gehen nicht alle mit dem Phänomen Konstantin Wecker um. Seine Gegner, auch im Blätterwald, suhlen sich nach dem Aktivitätenschwall nach der Freilassung in Zynismus und Ironie. In der Schweizer *Sonntagszeitung* beginnt ein Artikel so: »Die Frage war langweilig, die Antwort spannend. Welchen Beruf er denn für sich interessant finde, wollte das *Diners-Club-Magazin* wissen. ›Gärtner im Gefängnishof von Stadelheim‹, antwortete Konstantin Wecker. Nun, dem Manne kann geholfen werden. Besser noch: hilft dir keiner, so hilf dir selbst ...« Wer das besagte Magazin aber aus dem Archiv zieht, liest die Wahrheit. »Gärtner«, sagte Wecker, nicht weniger, und vor allem nicht mehr. Danach kam als Erläuterung, daß er schon früher einmal, als Jugendlicher, im Knast gegärtnert hatte.

Es gibt ihn also, den Verband der Schadenfrohen und Racheengel, die dem Lebemann Konstantin Wecker nun endlich die Quittung vor die verkokste Nase halten können. Die *Süddeut-*

sche Zeitung titelt nach dem »Danke-Konzert« mit einem knackigen »Phönix aus der Masche?«. In der Kritik heißt es: »Zunehmend von sich und seiner Musik berauscht, flog Wecker auf den Flügeln des Gesanges auf Wolke sieben und weckerte sich in altbekannter Manier durch die Woge der Zuneigung. Da war dann auch wieder jenes Spiel mit der Eitelkeit, die er wohl nie ablegen kann. Er sei, sagt er gerne und oft, ein Herdplattenanfasser und glaubt, damit alles entschuldigen zu können. Doch wer heiße Herdplatten anfaßt, ist dumm, sonst nichts.«

Dieser dumme Bub aber auch! Erst Herdplatten anfassen und dann auch noch den großen Reibach mit der Knaststory machen! Seine Freunde dagegen haben sofort verstanden, was Sache ist. Nicht nur den einen Aspekt, daß bei Exklusivverträgen mit Illustrierten und TV-Anstalten endlich mal ein bißchen Geld aufs überzogene Konto fließt. Sondern auch und vor allem, daß Wecker einen neuen Schnittpunkt in seinem Leben setzen will. Ihn öffentlich festhalten will, bevor er im Alltagsrummel in Vergessenheit gerät. Seelenstriptease gegen Geld? »Das mache ich schon immer. Bei jedem einzelnen meiner Konzerte«, pariert Wecker. »Und ich habe nicht die geringsten Probleme damit. Meine Fans und meine Freunde auch nicht.«

Aber den Argwöhnern und Verrat-Riechern geht's nicht nur ums schnöde Geld, das Wecker jetzt zu machen scheint. Ihnen geht der ganze Rummel um Wecker auf den selbigen; und einige machen auch ihrem Ärger in Leserbriefen Luft: »Ich finde es zum Kotzen, wie dieser Mann sich hinstellt«, schimpft ein Herr Roland G. kurz vor Weihnachten 1995 in der Münchner Boulevardzeitung *tz*. »Bei dieser Menge Koks gibt es nicht nur 16 Tage Untersuchungshaft. Aber dieser Herr Wecker hat, glaube ich, Narrenfreiheit. Er macht doch Konzert-, Interview- und Fernsehauftritte und verdient sich dabei eine goldene Nase. Aber das ist unser Rechtstaat Bayern!« Und Wolfgang Karl H., auf derselben Seite derselben Zeitung, regt sich über den »Promi-Bonus«

auf: »Ich habe zwar nichts gegen Herrn Wecker, aber man sieht halt wieder, wie die Justiz mit zweierlei Maß mißt ...«

In diesen Tagen gegen Ende des Jahres 1995 überstrapaziert Wecker sogar die Fans mit seiner Allgegenwärtigkeit in den Medien. Wobei er ja nicht derjenige ist, der den Medien nachläuft – die Medien laufen ihm nach. Da helfen auch schnell angesetzte Goodwillaktionen nicht viel, die Wecker aus dem Duft der Geldgierigkeit raushelfen sollen. Als er verkündet, daß er einen Scheck über die Einnahmen seines ersten Konzertes nach der Freilassung auf offener Bühne dem Münchner Oberbürgermeister Christian Ude für eine Drogenhilfsorganisation überreichen wolle, läßt der Stadtobere verlauten, daß er schon was anderes vorhabe. Was ja durchaus sein kann; was aber andererseits auch damit zu tun haben könnte, daß auch er im Moment nicht so recht weiß, ob's dem Wähler gefällt, wenn er, der Politiker, allzusehr in die Nähe von ihm, dem kriminellen Kokser, gerückt wird.

Jeder, der Konstantin Wecker auch nur ein bißchen kennt, weiß genau: Was immer ihn dazu bewegt, derart laut auf die Pauke zu hauen, Geldgier kann es nicht sein. Denn das grundsätzliche Verhältnis zwischen Geld und Wecker beschreibt er am besten selbst mit einer kleinen Anekdote:

»Es ging um Verhandlungen mit einer Plattenfirma; der Name spielt keine Rolle. Da wurde ich groß zum Essen ausgeführt, anschließend großes Besäufnis und Puffbesuch. Und alle waren ganz schrecklich freundlich zu mir, und ich hatte wirklich das Gefühl, daß so liebe Menschen mir eigentlich gar nichts Böses anhaben können. Am nächsten Morgen wurde mir dann ein Vertragswerk vorgelegt. Ich hatte einen Kater und hab' nur gesehen, daß dieses Papier unzählige Punkte enthält, die ich nicht verstehen konnte. Ich ging aufs Klo und hab' einen Zettel an die Wand geheftet: ›Ich habe die Sprache der Wölfe noch nicht gelernt. Und ich will die Sprache der Wölfe auch nicht lernen.

Ich schicke Euch jemanden, der Eure Sprache spricht: einen Anwalt.‹ Dann bin ich gegangen. Ich habe mich nicht mal mehr verabschiedet. Was sonst nicht meine Art ist. Aber ich kam mir so schrecklich manipuliert und ausgenutzt vor. Der Gedanke, daß sich auf dieser Welt wirklich alles nur um Geld drehen könnte, dieser Gedanke macht mich richtig krank.«

15.

Da muß ich jetzt durch

In nächster Zeit wird Wecker ein Auge auf seine Finanzen werfen müssen. Aus den 30 000 Mark, die er vor 30 Jahren aus der Kasse der Rennbahn gemopst hatte, wurden nun 300 000 Mark. (Bei so vielen wichtigen Dreiern in seinem Leben könnte man direkt stutzig werden und anfangen, im Buch der Kabbala nachzuforschen, der »Lehre von der mystischen Bedeutung der Zahlen«.) Saftige 300 000 Mark Kaution, um vorläufig auf freiem Fuß sein zu dürfen. Geld, das er nicht hatte und das der erweiterte Freundes- und Bekanntenkreis aufgebracht hat, in Form von Bürgschaften. Was dem Staatsanwalt natürlich gar nicht paßt – er zieht gegen die Haftaussetzung in Berufung. Seine Begründung: Geld von anderen ist keine richtige Kaution; auf Geld von anderen kann man leichter verzichten als auf eigenes. Daher bestehe immer noch Fluchtgefahr. Daß aber gerade die Tatsache, daß Freunde für ihn gebürgt haben, für Konstantin Wecker jeden Fluchtgedanken von vornherein ausschließt, kann er nicht wissen.

Weckers Anwälte Steffen Ufer und Ulrich Hieronimi versuchen, den Staatsanwalt ganz einfach mit Fakten zu überzeugen. Daß Wecker bis jetzt noch nicht abgehauen sei und er alle anderen Auflagen auch brav eingehalten habe, daran möge der Herr Staatsanwalt doch bitte schön eine gewisse Geisteshaltung ihres Mandanten erkennen, der übrigens auch öffentlich Besserung gelobt habe. »Das war ein Hickhack mit dem Staatsanwalt«, erzählt Hieronimi, »ein Gefeilsche wie auf dem Markt, stundenlang. So was habe ich noch nie erlebt!« In der bevorstehenden

Verhandlung wird es nicht viel anders zugehen. Die Beschwerde des Staatsanwalts wird aber nicht zugelassen.

Konstantin Wecker jedenfalls ist fest entschlossen, den aufrechten Weg zu gehen. »Da muß ich jetzt durch, egal, was rauskommt!« Dabei macht er mit seiner schonungslosen Offenheit seinen Anwälten ganz schön Sorgen. Denn irgendwann ist, wenn er noch was auf Lager haben sollte, der enge Spielraum für eine mögliche Bewährungsstrafe gesprengt. Und selbst dann, wenn ein ihm wohlgesinnter Richter jeweils nur die gesetzlich vorgeschriebene Mindeststrafe für jedes einzelne gebeichtete Delikt ausspricht, kann der Krug irgendwann doch überlaufen. Doch der Liedermacher ist, unter dem Schock der Untersuchungshaft, in einer Stimmung, die nach tabula rasa schreit. Rechtsanwalt Hieronimi: »Da wird uns manchmal himmelangst. Aber das ist die Situation, mit der wir jetzt klarkommen müssen.«

Ein Freund schickt Wecker unmittelbar nach dessen Verhaftung einen Brief in den Knast: »Hüte Dich, auch wenn sie Dich persönlich noch so ehren mögen, vor öffentlichen Generalabrechnungen. Gib dem Rudel der Hunde keine Chance, eine eigenwillige Katze wie Dich ans Kreuz zu nageln. Wir brauchen Dich noch.« Ob Wecker diesen Brief überhaupt erhalten hat?

16.

Wecker und die Frauen

Der neue Konstantin Wecker überrascht. Denn im Tragen von Konsequenzen und im Einlösen von Verantwortung war er bis jetzt noch nie ein großer Held. Schon als Kleinkind drückte er sich gerne. »Einmal kam ich mit vollgeschissener Hose nach Hause und hatte Angst, daß meine Mama mich schimpft. Ich sagte, mit dem unschuldigsten Blick, der mir möglich war: Ich war's nicht.«

Wenn er etwas unter Beweis gestellt hat, dann war das immer der Mut des Stürmers und Drängers. Wecker ist ein Kurzstreckenläufer, oft sogar waghalsig bis zur Selbstgefährdung. Wer, außer ihm, könnte soviel Chuzpe aufbringen, um seinem Richter beim Haftprüfungstermin, bei dem es um vorläufige Freiheit oder Knast geht, etwas vorzusingen?

Wecker singt. Im Amtszimmer. Beim Haftprüfungstermin. Und so schön wie möglich. Er singt ein Lied, das er im Gefängnis geschrieben hat. Und das später, am 23. Dezember 1995, seine öffentliche Uraufführung erfährt. Ein Lied mit dem Titel »Zueignung«:

Nun, Freunde, ihr habt es euch ja gedacht,
Es waren schreckliche Stunden.
Getrennt von den Tönen, von Feinden verlacht
Und dennoch von eurer Liebe bewacht,
Hab' ich mich im Kerker geschunden.

Und jetzt habt ihr natürlich das Recht zu erfahren:
Ich geb' immer nur selbst mir die Schuld.

Wer – manchmal auch stinkend – so reif mit den Jahren,
Oftmals auch eins mit dem Wunderbaren,
Der weiß von der Pflicht zur Geduld.

Leider hatt' ich vergessen, daß neben dem Mut
Auch immer der Hochmut lockt.
Und ich wähnte mich oft schon vollendet und gut
Und machte mich wild in künstlerischer Wut,
Und hab' manches Jahr so verzockt.

Im Sinne des Wortes: ich hab' es verraucht,
Nicht nur das eigene Lieben.
Euer Sehnen und Hoffen und daß ihr mich braucht,
Bin vor euren Warnungen weggetaucht
Und nicht mehr bei mir geblieben.

Nur auf der Bühne, das schwör' ich beim Herrn,
Auch wenn ich noch so am Hund war,
War jeder Schrei ehrlich, da brüllte mein Kern,
Da hielt ich mich fest an meinem Stern,
Der einstmals mein innigster Grund war.

Und jetzt, im Niemandsland, ward mein Gemüt
Meiner Heimstatt wieder nah.
Ach, eure Botschaften haben geglüht
Und sind unter Tränen zu Rosen erblüht,
Und ich weiß es: ich bin wieder da.

Oft hab' ich mich mit euren Briefen entdeckt,
Auf den Knien vor eurer Liebe.
Doch ich hab' niemand den Arsch geleckt
Und hab' weiter die Zunge weit rausgestreckt
Dem üblichen Weltgetriebe.

Das sei nun, in Kürze, mein Teil-Testament,
Und ich hoffe auf fruchtbare Zeiten.
Ich hab' viele Stunden oft wachend verpennt,
Doch Freunde, da ist eine Seele, die brennt,
Und die will sich liebend noch weiten.

Ergriffenheit im Publikum und minutenlanger Beifall. Bei der eigentlichen Uraufführung, im Amtszimmer des oben erwähnten Richters, gibt es nur ein unbewegliches Gesicht desselben und eine Aktennotiz im Protokoll: »W. hat ein Lied gesungen.«

»Da ist eine Seele, die brennt, und die will sich liebend noch weiten.« Liebe, nicht nur zur Welt, nicht nur zu den Fans. Liebe, auch ganz privat und intim, auch auf der Wiese der Lust: Wecker und die Liebe, Wecker und der Sex, Wecker und die Frauen. Seine Lieben und zahllosen Affären zum Beispiel hat er nie ganz ausgelebt. Da ist er auch nicht durchgegangen, mit allen Konsequenzen, sondern hat sich im Zweifelsfall, wenn sich Schwierigkeiten ankündigten, zurückgezogen. Zumindest innerlich. Denn rausgeschmissen hat er nie eine Freundin, durch sein Verhalten aber dafür gesorgt, daß sie von selbst ging. Und da flogen auch gelegentlich die Fetzen. Doch eine Aufarbeitung der jeweiligen Beziehung findet so gut wie nie statt – stets steht schon die nächste Anwärterin auf der Matte.

»Das Schlimmste, was er je gemacht hat«, schimpft seine Mutter, »ist, daß er nicht mal zur Beerdigung von der Tine gegangen ist. Klammheimlich hat er sich verdrückt, ist in die Toskana abgehauen! Das hat niemand von uns verstanden.« Wahrscheinlich war es aber gut, daß er nicht hingegangen ist. Denn Tines Eltern und Freunde sahen in Konstantin Wecker den Schuldigen, den Bösen. Wecker: »Es wäre bestimmt zu häßlichen Szenen vor dem offenen Grab gekommen.«

»Die Tine«, das ist seine 19jährige Freundin Christine Wagner. Am 22. März 1984 bringen alle Zeitungen auf der Titelseite die

Meldung von ihrem Selbstmord. Innerhalb kürzester Zeit ist klar, daß es sich wohl nicht um einen geplanten Selbstmord, sondern um einen Unfall handelt. Wecker: »Sie wollte mich nur erschrecken.« Aber der Liedermacher empfindet ein bohrendes Verantwortungsgefühl und tiefe Reue. »Da habe ich das erste Mal in meinem Leben richtig geweint. Aber nicht so, wie Männer weinen, wenn sie in den Arm genommen werden wollen, diese komischen Krokodilstränen. Frauen stehen ja auf so was, empfinden dieses oberflächliche Weinen als Beweis für einen sensiblen Charakter des Mannes. Aber dieses Weinen hätte keiner Frau gefallen: es war mehr ein Schreien und Brüllen.«

Die Beziehung zwischen Christine Wagner und Konstantin Wecker hat viele dunkle Seiten. »Ich war einfach zu ehrlich zu ihr, in jeder Beziehung.« Mehr will Wecker dazu nicht sagen. »Die Zeit ist noch nicht reif.«

Einmal war er sogar verheiratet. Mit Carline Seiser. Sieben Jahre sind sie insgesamt zusammen, vier davon mit Brief und Siegel. Carline hält Weckers wildes Leben, seine vielen Affären, schließlich nicht mehr aus und reicht die Scheidung ein.

Dagegen plätschert die Beziehung mit seiner letzten Langzeitfreundin Kerstin Groß ganz gemütlich ihrem Endpunkt entgegen. Sechs Jahre sind trotzdem eine lange und wichtige Zeit. »Das hielt aber nur deswegen so lang, weil jeder von uns sein eigenes Leben führte, weil wir nicht ständig aufeinanderhockten und auch über längere Zeitabschnitte getrennte Wege gingen.« Kerstin hat ihren Reitsport und ihren Pferdestall; Konstantin seine Tourneen und seine Groupies. Ihre Versuche, den wilden Konstantin etwas zu zähmen, sind also von vornherein zum Scheitern verurteilt.

Auch Daniela Böhm, die Tochter des Schauspielers Karlheinz Böhm, versucht es immer wieder mal mit Wecker. Doch mehr als Versuche kommen dabei nicht raus; die Basis für eine dauerhafte Beziehung kann einfach nicht hergestellt werden.

Sieben Jahre ein Paar, dann geschieden: Wecker und seine erste Ehefrau Carline.

Wecker wollte sein Herz nämlich immer für sich behalten. Bis hierher und nicht weiter, my darling, sonst gibt's Probleme. Er hat diese Haltung mehr als deutlich in seinem Lied »Von Herzen« verewigt: »Doch wie es aussieht, soll man gut bedenken, das eine Herz auf einmal zu verschenken. Am Ende wär'n wir beide ziemlich herzlos, und dann, mein Schatz, dann geht der große Schmerz los.«

Der Schmerz geht immer wieder auch wegen der zahlreichen Affären Weckers los. Eindeutige Angebote von Frauen gibt's für den erfolgreichen Liedermacher mehr als genug. Doch Wecker braucht zu Beginn seiner Karriere seine Zeit, bis er das Spiel der weiblichen Fans durchschaut. Sie kommen immer irgendwoher, quasi aus dem Nichts, obwohl der Raum hinter der Bühne eigentlich abgesperrt und für normale Konzertbesucher nicht zugänglich ist. Aber es gibt immer Wege, die an den Ordnern vorbeiführen; und es gibt auch immer jemanden, der jemanden mitbringt. »Am Anfang war ich ganz schön naiv. Aber dann hab ich's genossen. Warum auch nicht?« Wecker macht nicht einmal den Versuch, Bilanz zu ziehen. »Spielt es wirklich eine Rolle, mit vielen Frauen ich intim war? Sagen wir mal so: Wenige waren es bestimmt nicht.« Und in einem Zeitungsinterview nach seinem Lieblingsbuch befragt, kommt ziemlich spontan: »Alles von Henry Miller.«

»Der Konstantin hat ja ein wahnsinnig schlechtes Gedächtnis«, weiß die Mutter. »Wenn's um Musik geht, da erinnert er sich an jeden Ton, an jede Interpretation. Aber wenn's um Personen geht, dann beißt's ganz gewaltig aus. Da kommt zum Beispiel eine Frau daher, bei einem Konzert oder bei einer Party, und begrüßt ihn mit Umarmung und Bussi. Wenn sie dann wieder weg ist, schaut er mich fragend an: ›Sag mal, Mama, war ich mit der schon mal im Bett?‹ Zuerst habe ich das für einen Witz gehalten, auch für Koketterie. Bis ich kapiert habe, daß er wirklich den Überblick verloren hat ...«

Wecker, der eigentlich lustfeindlich erzogen wurde, schlägt voll in die entgegengesetzte Richtung. »Da gab es Zeiten«, erinnern sich die Kumpels, »da hat er alle gepackt, die bei drei nicht auf'm Baum waren.« Genug ist halt nie genug.

Eine seiner kurzzeitigen Bekanntschaften plaudert aus dem Nähkästchen: »Ich weiß ja nicht, wie's heute ist, aber damals galt: der Konstantin bumst genauso, wie er Klavier spielt: wie ein Holzhacker!« Ein Zeugnis, das dem Liedermacher bestimmt nicht gefällt. Aber wahrscheinlich mehr wegen des Hinweises aufs angeblich unsensible Klavierspiel.

Wecker macht immer wieder mal Pause von seinem Dasein als Macho. 1980 hat er sich in der Toskana ein Haus mit Tonstudio eingerichtet; und dort finden immer wieder sogenannte »Männer-Wochenenden« statt. Zutritt für Frauen verboten. »Es geht dabei eigentlich nur darum, daß man sich als Mann wieder mal ganz natürlich bewegen kann. Denn kaum ist eine Frau in der Nähe, egal wie hübsch oder häßlich, wie jung oder alt, fängt der Mann unbewußt das Balzen an. Und ein Wochenende Pause davon – das ist doch sehr erholsam.« Es ranken sich viele Gerüchte um diese Männer-Wochenenden, doch nichts Genaues weiß man nicht. »Oft waren es nichts weiter als sinnlose Besäufnisse.« Wecker kriegt heute noch Kopfweh, wenn er daran denkt.

Geholfen haben diese Supervisionen nicht. Wecker ist, zumindest bis kurz vor seiner Verhaftung Ende November 1995, immer noch der eitle Gockel, der krankhaft eifersüchtig über seine Henne(n) wacht, sich selbst aber alle Freiheiten rausnimmt. Seine meist um viele Jahre jüngeren Partnerinnen spielen das Spiel mehr oder weniger geduldig mit. Soweit der Stand der Dinge bis kurz vor seiner Verhaftung.

Die Frauen stehen trotzdem Schlange. Obwohl alle ernsthaften Anwärterinnen für eine dauerhafte Beziehung zunächst einen Einführungskurs über sich ergehen lassen müssen. Einen Einführungskurs, gehalten von Mutter Dorothea Wecker. »Ich sage den jungen Frauen, was auf sie zukommt. Daß sie den Konstantin nie für sich alleine haben werden, daß er ein unsteter Zwilling ist, daß er sie bestimmt nicht heiraten, geschweige denn eine Familie gründen wird.« Bloß helfen tut er nichts, dieser Einführungskurs. Zumindest funktioniert er nicht als Abschreckung. Denn diese Mischung aus Romantiker und ganzem Mann, die hat's anscheinend in sich.

Es tut sich ja auch was in Konstantin Weckers grauen Zellen. Er ist mit seiner Rolle als Gockel und Macho schon länger unzufrieden. So sagte er fünf Tage vor seiner Verhaftung: »Ich habe endlich verstanden, daß einem das hohe Gut der Liebe nicht geschenkt wird. Verliebtheit und Geilheit, diese beiden Gefühle gibt's gratis, das ist ein Spiel der Hormone. Aber die richtige Liebe, die muß man erlernen. Und genau das habe ich mir für die nächste Zeit fest vorgenommen!«

Am 3. Januar 1996 verkündet ein Sprecher aus dem Team Musicon, daß der Liedermacher am 3. Februar in der Münchner Lukaskirche seine 21jährige Freundin Annik Berlin heiraten wird. Annik kommt aus Bassum, Nähe Bremen. Sie studiert Germanistik und Kommunikationswissenschaften, gönnt sich aber Anfang 1996 eine Pause in Sachen Studium. Zuviel ist auf sie eingestürmt, nicht zuletzt der ganze Medienrummel nach der Verhaftung. Wecker und seine Freundin kennen sich noch nicht allzulang, erst seit November 1995. »Sie saß in einem meiner Konzerte in der ersten Reihe. Und ich wußte sofort, das ist die Frau fürs Leben.« Kurz darauf ziehen Annik und Konstantin zusammen, in Weckers neues Haus in Münchens Nobelviertel Grünwald. Wecker zu seinem Freund Rudolf Scharping am Telefon, Mitte Januar 1996, also nach seiner Freilassung auf Kaution: »Mir geht es gut wie noch nie. Ich bin Hals über Kopf verliebt.«

Annik Berlin hat liberale Eltern, »ein Traum-Elternhaus«, wie Wecker sich ausdrückt. Aber kein Wolkenkuckucksheim. Als die Tochter den Musiker zum Kennenlernen mit nach Hause bringt, gibt's keinerlei Probleme. »Ich hab' das örtliche Telefonbuch vertont, aus dem Stegreif. Sofort war jedes Eis, sollte es je vorhanden gewesen sein, geschmolzen.« Anniks Vater hat außerdem einen Running Gag auf Lager. Schon lange bevor Konstantin im Leben seiner Tochter auftaucht. »Du kannst jeden mit nach Hause bringen, auch einen 90jährigen. Wir werden deine Entscheidung immer akzeptieren. Nur vor diesem Hintze, dem CDU-Generalsekretär, verschone uns bitte!«

Wie auch immer: Mutter Weckers Einführungskurs für werdende Langzeitgefährtinnen scheint sich erst mal überlebt zu haben.

Die neue Frau fürs Leben: Der Liedermacher und Annik wenige Tage vor ihrer Hochzeit.

Annik und Konstantin schneiden die Hochzeitstorte an.

17.

Der aufrechte Gang

»Cherchez la femme.« Wo ist die Frau, die hinter allem steckt? Hinter Wecker, dem Genie, dem Macho, dem Lebemann, dem liebenswerten Chaoten, und hinter Wecker, dem straffällig gewordenen Kokser? Noch gar nicht lang ist's her, da gab diese Frau die Antwort selbst. In einem Interview des Österreichischen Rundfunks: »Alle reden immer nur von Konstantin Wecker, dem begnadeten Künstler. Vielleicht wäre es ja auch mal an der Zeit, ein bißchen über die Mutter zu sprechen, die diesen begnadeten Künstler geboren und erzogen hat, über mich.«

Dorothea Wecker, genannt Dorle, inzwischen Mitte 70, ist eine quirlige, hochintelligente Person und das, was man sympathisch nennt. Drahtig-schlank, kurzes graues Haar. Sie redet wie ein Maschinengewehr, ohne Punkt und Komma, und am liebsten über Konstantin, ihren einzigen Sohn, ihr einziges Kind. »Er ist mein ein und alles. Ich bin sein größter Fan. Was aber noch lange nicht bedeutet, daß ich mit allem einverstanden bin, was er tut.« Und der Liedermacher: »Sie ist nicht nur mein größter Fan, sie war auch mein erster. Sie hat mir immer Mut gemacht, hat mich immer motiviert.«

Vater Alexander Wecker, Kunstmaler, tritt bescheiden in den Hintergrund. Zumindest im Beisein seiner Frau. Konstantin lacht, wenn er von Freunden erzählt, die ganz erstaunt sind, wie dieser Alexander witzig, spritzig und unterhaltend sein kann. Aber nur dann, wenn seine Frau Dorothea nicht in der Nähe ist. »Die sagen dann immer, soviel Humor hätte ich deinem Vater ja nie zugetraut, das ist ja eine ganz neue Seite an ihm. Ich finde das bezeichnend für ihn. Er wird von meiner Mutter an den Rand gedrängt. Sie meint's ja gar nicht böse. Aber sie ist halt, wie sie ist.«

Der Vater war immer so etwas wie ein Vorbild für den Sohn. Wecker beschreibt ihn als großzügigen, toleranten und sensiblen Menschen. Als Kind hat er oft mit ihm zusammen gesungen. Und die Aufrichtigkeit des Vaters, in allen Dingen des Lebens, auch im Nicht-Geld-Haben, die imponiert ihm besonders. »So wie meinen Vater, so habe ich mir als Kind immer den lieben Gott vorgestellt ...«

Sein Verhältnis zum Vater hat Konstantin ausdrucksstark in einem Lied beschrieben. Es ist ein Dankeslied an einen Mann, der viel gesehen und viel mit sich selbst ausgemacht hat. Um andere zu schonen. Dieses Lied heißt einfach »Vater«. Und zu ganz seltenen Anlässen, wenn Vater Alexander auch im Konzert im Publikum sitzt, spielt Konstantin dieses Lied. Die Fans sind zu Tränen gerührt. »Mein Vater ist so ganz anders als ich: still und publikumsscheu. Für ihn sind acht Leute schon eine Masse. Drum zieht er das zurückgezogene Leben vor.«

Für die Mutter gibt es noch kein Lied. Aber ein Gedicht. Ein Versöhnungsgedicht nach langer Funkstille zwischen den beiden. So fängt es an: »Oft schnürte mir die Strenge deiner Liebe wie eine Last den Hals. Die Tür fiel zu ...«

»Ich habe meine Mutter getötet, symbolisch. Ich mußte so handeln, es blieb kein Ausweg.« Irgendwas ist vorgefallen zwischen Mutter und Sohn, über das sie nicht sprechen wollen. Als Konsequenz aus diesem dubiosen Vorfall resultiert das, was Wecker poetisch mit »Tötung« und »Mord« umschreibt, eine zweijährige Kontaktsperre. »Das war für mich die Hölle«, so die Mutter, »daß ich mit dem wichtigsten Menschen, den ich auf der Welt habe, nicht mehr beinander sein konnte. Gott sei Dank ist diese Zeit jetzt vorbei. Ich hätte das auch nimmer länger ausgehalten!«

Freunde haben sich eh schon gewundert, wie Wecker mit dem Klammergriff seiner Mutter klarkommt. Wann immer es möglich ist, sitzt sie bei den Konzerten ihres Sohnes ganz vorne. Danach hat sie regelmäßig ihren großen Auftritt bei den anschließenden Partys. Und für neugierige Journalisten ist sie stets der beste Ansprechpartner. Ganz einfach, weil sie nur so sprudelt, wenn's um ihren Konstantin geht. Sonst übrigens auch. »Ich habe gelernt, daß ich ganz schnell und ohne Pausen reden muß, wenn mir jemand ein Mikrophon vor die Nase hält. Damit diese Radio- und Presseleute keine Chance haben, irgendwo mit der Schnittschere dazwischenzugehen, irgendwas rauszunehmen, was meine Aussage verfälschen könnte.« Es besteht der begründete Verdacht, daß sie diese Fähigkeit nicht erst erlernen mußte.

Wecker wirft oft einen schmerzvollen Blick auf seine Mama, wenn er sie wieder mal im fröhlichen Geplauder mit einem Partygast sieht, ob Journalist, Veranstalter oder Plattenfirmen-Partner. In solchen Momenten würde er sie am liebsten in der Luft zerreißen, das sieht man ihm deutlich an. Aber er begnügt sich meistens damit, sie mit Nichtachtung zu strafen. Manchmal kommt so was wie ein verzweifeltes »Ach, laß doch, Mama« aus seinem Mund, doch meistens zu spät und ohnehin fruchtlos. Nur der grundsätzlichen Sympathie der Medienmenschen Wecker gegenüber ist es zu verdanken, daß Dorle davor bewahrt wird, ins offene Messer zu rennen.

»Ich wäre gern wie die Großmutter gewesen«, so Dorothea Wecker, »denn sie war eine selbstlose Mutter, die alles gibt und nichts dafür fordert. Aber ich will schon was.«

Leicht war's nicht für sie, als sie mit Konstantin schwanger ging, das weiß sie noch ganz genau. Denn erstens hat sie während der Schwangerschaft eine Rippenfellentzündung gehabt; und zweitens war da auch noch das Getuschel aus der Verwandtschaft. Denn jeder, der rechnen konnte, kam auf den Trichter, daß das Kind außerehelich gezeugt sein mußte. »Wir waren damals zwar schon verlobt, der Alexander und ich, aber trotzdem kam Konstantin nach bürgerlichen Maßstäben zwei Monate zu früh.«

Ein zweites Kind wollten die Weckers nicht haben, schon wegen der etwas unsicheren Einkommenssituation. »Mein Mann ist Zwilling, wie mein Sohn, ein Künstler noch dazu. Da weiß man nie genau, ob morgen noch Geld auf dem Konto ist.« Aber trotzdem tut ihr dieses Nein zu einem Geschwisterlein in Nachhinein leid: »Am liebsten hätte ich zum Ausgleich für diesen Sohn noch eine ganz normale, vielleicht sogar unbegabte Tochter.« Worauf Vater Alexander, der sich sonst ab und zu mal gern als Atheist outet, mit einem biblisch inspirierten »Versündige dich nicht!« reagiert.

Der Liedermacher blickt zurück: »Meine Mutter hat mich oft genervt, hat mir oft das Leben schwergemacht. Aber eines verdanke ich ihr, und daran gibt es nichts zu rütteln: den aufrechten Gang. Trotzdem saß sie mir bis zu meinem 46. Lebensjahr so im Nacken, daß ich keinen Schritt tun konnte, ohne daran zu denken, was meine Mutter wohl dazu sagen könnte.« Und wie sieht das die Mama? »Das kann ich mir schon vorstellen, daß er es mit mir nicht leicht hatte und hat. Denn ich bin sein permanentes schlechtes Gewissen.«

Als Konstantin Wecker am 15. Dezember 1995 gegen Kaution auf freien Fuß gesetzt wird, diktiert er noch vor dem Gefängnistor den wartenden Reportern in den Block: »Am meisten freue ich mich darauf, endlich wieder meine Mutter in die Arme schließen zu können.«

Lebensdaten – Werke – Ehrungen

1947: Konstantin Wecker kommt am 1. Juni in München zur Welt, Eltern: Dorothea und Alexander Wecker
1952: Klavierunterricht mit fünf,
 drei Jahre später spielt er Geige,
 mit 14 Gitarre
1955–60: im Rudolf-Lamy-Kinderchor
 (Solist bei einer Plattenaufnahme)
1966: vier Monate Untersuchungshaft in der JVA München-Stadelheim wg. Diebstahl, anschl. Verhandlung mit Bewährungsstrafe
1969: Abitur am Theresien-Gymnasium, München
1970 ff.: Universität München, immatrikuliert für acht Semester (aber kaum ernsthaft studiert!)
 – erste Auftritte in Kleinkunstkneipen,
 – musikalischer Mentor für die ersten drei Bühnenstücke des Theaterkollektivs »Rote Rübe«,
 ungefähr dreieinhalb Jahre lang Mitglied bei der noch heute bestehenden Funkrock-Gruppe *Zauberberg*
1972: ein halbes Jahr in »Jesus Christ Superstar« als Judas
1973: bei der Lach- und Schießgesellschaft
1974: Gründung des Team Musicon (Künstlerkollektiv)
1979: erste große Deutschlandtournee
1980: Bau eines Tonstudios und Übersiedlung in die Toskana
1980: Heirat mit Carline Seiser (Trennung 1984)
1980: Konzerte in Holland und Skandinavien
1981: große Tournee durch Deutschland und Österreich

1984:	Eröffnung des Musiklokals »Kaffee Giesing« in München
1984:	Tod seiner Freundin Christine Wagner
1985:	kurze und jäh beendete Beziehung mit Daniela Böhm, Tochter von Karlheinz Böhm
1988:	Tournee »Drei Stimmen« mit Joan Baez und Mercedes Sosa
1989:	Konzert zur 200-Jahr-Feier des Englischen Gartens in München, ca. 150 000 Zuschauer
1995:	Zusammenarbeit mit der Dreamking GmbH für ein Musical über Märchenkönig Ludwig II., mit Planung eines eigenen Festspielhauses. Aufgrund verschiedenster Differenzen mit der Betreiberfirma, u. a. aber auch wegen der Proteste von Naturschützern (der Bau des Theaterhauses war in einem Naturschutzgebiet geplant!), wird das Projekt abgeblasen.
1995:	Am 29. November wird Konstantin Wecker festgenommen. Einen Tag später ergeht Haftbefehl. Das Delikt: Besitz und Gebrauch von Kokain. Am 15. Dezember wird er gegen Hinterlegung einer Kaution von 300 000 Mark und mit zehn weiteren Auflagen (eine davon: Drogentherapie) vorläufig auf freien Fuß gesetzt.
1996:	Am 3. Februar heiratet Wecker in der Münchner Lukaskirche seine Freundin Annik Berlin.

Schallplatten/CDs:

1972: »Die sadopoetischen Gesänge des Konstantin Amadeus Wecker«
1974: »Ich lebe immer am Strand«
1975: »Weckerleuchten«
1977: »Genug ist nicht genug« (mit »Willy«!)
1977: »Liederbuch« (Doppel-LP)
1978: »Eine ganze Menge Leben«
1979: »Konstantin Wecker Live« (Doppel-LP)
1981: »Liebesflug«
1981: »Konstantin Wecker live in München« (3er LP-Set)
1982: »Das macht mir Mut«
1983: »Filmmusiken« (mit Gutenbach 82, Die weiße Rose, Pepper mit Frieden, Schwestern oder die Balance des Glücks u. a.)
1983: »Im Namen des Wahnsinns«
1984: »Inwendig warm«
1985: »Jetzt eine Insel finden«
1986: »Wieder dahoam« (mit »Bayernpower«)
1987: »Live in Austria« (Doppel-LP)
1988: »Ganz schön Wecker«
1989: »Stilles Glück – trautes Heim«
1990: »Konzert 90«
1991: »Konstantin Wecker Classics« (Doppel-CD)
1993: »Uferlos«
1994: »Wenn Du fort bist – Lieder von der Liebe und vom Tod«
1996: »Gamsig« (geplant)

Filmmusiken:

1979: »Schwestern oder die Balance des Glücks«
1983: »Peppermint Frieden«, »Die weiße Rose«, »Gutenbach 82«

1987:	»Blutbuche und Rabenrache« (ZDF)
1990:	»Der Bierkönig«, »Tatort«-Titelmelodie »Blue Lady«, »Schtonk«
1991:	»Kir Royal«, »1945«
1992:	»Lilien in der Bank«
1993:	»Ein Mann für jede Tonart«
1994:	»Ärzte« (ARD-Serie), »Dr. Schwarz und Dr. Martin« (SAT 1)
1995:	»Kriminaltango« (SAT 1)

Bühnenmusiken:

1971:	Musik für die ersten drei Bühnenstücke des Theaterkollektivs »Rote Rübe«
1988:	»Faust I« (Bremer Theater)
1989:	»Liebeskonzil« (Schillertheater Berlin)
1989:	»Die Jungfrau von New Orleans« (Wiener Volkstheater)
1991:	»Die Räuber« (Schauspielhaus Köln)

Filmrollen:

1969:	»Die Autozentauren«
1970 ff.:	»Beim Jodeln juckt die Lederhose«, »Unterm Dirndl wird gejodelt«, »Oh mei, haben die Ostfriesen Riesen« und andere Sexfilmchen
1979:	»Schwestern oder die Balance des Glücks«
1983:	»Peppermint Frieden«
1984:	»Is was, Kanzler?«
1990:	»Tatort«
1992:	»Lilien in der Bank«
1993:	»Babylon-Projekt«, »1945«
1994:	»Ärzte« (ARD-Serie)
1995:	»Kriminaltango« (SAT 1-Serie)

Bücher:

1978:	»Ich will noch eine ganze Menge Leben«
1980:	»Man muß den Flüssen trauen«
1981:	»Lieder und Gedichte«
1981:	»Konstantin Wecker. Im Gespräch mit Bernd Schroeder«
1981:	»Und die Seele nach außen kehren. Uns ist kein Einzelnes bestimmt. Ketzerbriefe eines Süchtigen; Neun Elegien«
1983:	»Im Namen des Wahnsinns«
1986:	»Jetzt eine Insel finden«
1987:	»Wieder dahoam. Wo München mir gehört«
1989:	»Das macht mir Mut« (Herausgeber: F.-J. Kopka)
1990:	»Stilles Glück – trautes Heim«
1992:	»Uferlos« (Roman)
1993:	»Sage nein! Politische Lieder 1977–1992«
1994:	»Schon Schweigen ist Betrug«

Preise und Auszeichnungen:

1977:	Deutscher Kleinkunstpreis
1977:	Liederpfennig am Rundy Ring
1978:	Deutscher Schallplattenpreis
1978:	»Stern des Jahres« der Münchner *Abendzeitung*
1985:	Südwestfunk-Liederpreis
1990:	Südwestfunk-Liederpreis (ein zweites Mal!)
1992:	Kritikerpreis für »Classics«
1995:	Tucholsky-Preis

Angaben zum Autor

Arno Frank Eser
Jahrgang 1953, Ausbildung zum Werbegrafiker, 1978–1984 Herausgabe einer eigenen alternativen Stadtzeitung, Spezialist für junge Musik, von der Liedermacher-Zunft bis hin zu Rock und Pop, 1985–1990 Moderator und Redakteur bei diversen Radiosendern, u. a. Bayern 3, Radio 7, Radio Xanadu; schreibt als freier Journalist u. a. für die *Abendzeitung* München, für Musikmagazine und Zeitschriften.

Fotonachweis
Umschlag: Thomas H. Himmler
Seite 2: privat
Kapitel 1: privat (2), Andreas Häfner (1)
Kapitel 2: privat (2)
Kapitel 3: Arno F. Eser, Andreas Häfner
Kapitel 4: privat (2)
Kapitel 5: Renate Bökenkamp
Kapitel 7: privat
Kapitel 8: Ronald Zimmermann (2)
Kapitel 10: Verleih
Kapitel 12: privat
Kapitel 14: Ronald Zimmermann
Kapitel 16: Franz Hug (1), Arno F. Eser (2)

Franz Kotteder
Georg Ringsgwandl
Rock vom Doc

Tagsüber am Operationstisch, abends in Konzerthallen. Mit schrillen, exzentrischen Rocksongs in ebenso schriller Kostümierung machte Georg Ringsgwandl als »singender Oberarzt« von sich reden. Mit anarchistischen, lakonischen Texten sezierte er die Schickeria und den Papst, die bayerische Regierungspartei wie die »smarten, angepaßten Streber-Kollegen«. Mittlerweile hat Georg Ringsgwandl das Skalpell beiseite gelegt, schreibt Theaterstücke und Romane. Seine Musik ist nachdenklicher geworden, geblieben ist seine messerscharfe Analyse der gegenwärtigen Gesellschaft. Franz Kotteder reiht Ringsgwandl in die Gilde der Songpoeten ein: »Er ist auf dem Weg, ein bayerischer Bob Dylan oder Leonard Cohen zu werden.«

120 Seiten, Broschur, 12 x 19 cm
mit zahlreichen Fotos
19,90 DM/sFr.; 147,00 öS
ISBN 3-86153-105-4

Klaus Kamolz
Hermes Phettberg
Die Krücke als Zepter

Hermes Phettberg, geboren 1952, wuchs als Josef Fenz in *Unternalb* (*Nieder*österreich) auf. Nach seiner Ansicht erniedrigten ihn schon die Ortsbezeichnungen zum minderwertigen Dasein. Doch Hermes Phettberg wurde ein Star. In diesem ersten Porträt der »relativ peinlichen Existenz«, als die er sich sieht, zeichnet Klaus Kamolz Phettbergs Weg vom begeisterten Ministranten bis zum bekennenden Schwulen, Sadomasochisten, dröhnenden Schauspieler und Aktionisten, provokanten Kolumnisten und emphatisch-liebenswerten Talkmaster. Nicht nur die Wiener Off-Kulturszene betrachtet ihn heute als Messias, der über die trostlose österreichische Medienlandschaft gekommen ist. Phettbergs Lebensmotto: »Jede Krücke kann zum Zepter werden.«

120 Seiten, Broschur, 12 x 19 cm
mit zahlreichen Fotos
19,90 DM/sFr.; 147,00 öS
ISBN 3-86153-106-2

Heinz Rudolf Kunze
Nicht daß ich wüßte
Lieder und Texte 1992–1995

Heinz Rudolf Kunze ist seit Jahren einer der erfolgreichsten deutschen Rocksänger. Dabei sind seine Lieder alles andere als Unterhaltungs-Fastfood aus gefälligen Texten und eingängiger Musik.

Kunze hält sein Publikum für »belastbar und neugierig«, und es goutiert seine skurrilen und wortwitzigen literarischen Exkurse ebenso wie die zarten, schwermütigen Balladen oder die provokanten und scharfzüngigen Persiflagen deutscher Befindlichkeiten. Mit ihren überraschenden Gedankenläufen und ihrer Hintergründigkeit fordern Kunzes Texte geradezu zum Nachlesen heraus.

»Leben ohne Wiederholung« heißt eines seiner Lieder aus den letzten Jahren. Das gilt auch für Kunzes künstlerische Arbeit. Er bleibt unterwegs, auf der Suche nach neuen Stoffen und unerprobten Ausdrucksformen.

208 Seiten
Klappenbroschur, 12,5 x 20,5 cm
29,80 DM/sFr.; 233,00 öS
ISBN 3-86153-091-0

Herman van Veen
Ein zärtliches Gefühl
Liedtexte aus 25 Jahren

Herman van Veens Karriere als Komponist, Texter, Sänger, Clown, Geiger, Mime und Filmemacher begann vor mehr als 25 Jahren. Er ist heute ein international gefragter Künstler und hat mehr als 60 CDs in vier Sprachen produziert.

Sowohl im Umgang mit seinen Themen wie auch in seiner musikalischen Ausdrucksweise ist van Veen von schier unerschöpflicher Phantasie. Er bedient sich unterschiedlichster Genres, spielt mit Worten und Texten ebenso wie mit musikalischen Sequenzen. Seine Songs persiflieren den Zeitgeist, dessen Paradoxien er immer wieder ironisch und witzig nachspürt.

Van Veens Lieder nehmen aber auch die leisen, nachdenklichen Töne in unserem Leben wahr und verschaffen jenen Menschen Gehör, deren Stimmen in einer lärmenden und selbstgefälligen Welt unterzugehen drohen.

Erstmalig liegt mit diesem Band eine Auswahl von 125 der interessantesten und populärsten Liedtexte aus van Veens Gesamtschaffen vor.

262 Seiten
Klappenbroschur, 12,5 x 20,5 cm
29,80 DM/sFr.;233,00 öS
ISBN 3-86153-086-4

UNTER DER HAUT

Eine literarische Reise
durch unseren Körper

Aus dem Englischen von
Klaus Berr, Ingo Herzke und
Nathalie Lemmens

GOLDMANN

Die Originalausgabe erschien 2018 unter dem Titel
»Beneath The Skin« bei Profile Books Ltd, London.

Die Autoren und der Verlag weisen darauf hin, dass Eigennamen
zum Schutz der Persönlichkeitsrechte verändert wurden.

Sollte diese Publikation Links auf Webseiten Dritter enthalten,
so übernehmen wir für deren Inhalte keine Haftung,
da wir uns diese nicht zu eigen machen, sondern lediglich auf
deren Stand zum Zeitpunkt der Erstveröffentlichung verweisen.

Dieses Buch ist auch als E-Book erhältlich.

Verlagsgruppe Random House FSC® N001967

1. Auflage
Copyright © der deutschsprachigen Ausgabe 2019
by Wilhelm Goldmann Verlag, München,
in der Verlagsgruppe Random House GmbH,
Neumarkter Str. 28, 81673 München
Originalverlag: Profile Books, London, in association with
Wellcome Collection, London
Das Copyright der einzelnen Beiträge liegt bei den Autoren
Umschlaggestaltung: UNO Werbeagentur, München
Umschlagmotiv: Vizerskaya/getty images
Illustrationen im Innenteil: siehe Bildnachweis
Redaktion: Regina Carstensen
Satz: Uhl + Massopust, Aalen
Druck und Bindung: Friedrich Pustet, Regensburg
Printed in Germany
ISBN 978-3-442-31517-8
www.goldmann-verlag.de

Besuchen Sie den Goldmann Verlag im Netz

Inhalt

Einleitung * Thomas Lynch 7

Verdauungstrakt * Naomi Alderman 11

Haut * Christina Patterson 25

Nase * A. L. Kennedy 37

Blinddarm * Ned Beauman 51

Auge * Abi Curtis 63

Blut * Kayo Chingonyi 77

Gallenblase * Mark Ravenhill 87

Darm * William Fiennes 101

Niere * Annie Freud 113

Gehirn * Philip Kerr 125

Lunge * Daljit Nagra 137

Ohr * Patrick McGuinness 149

Schilddrüse * Chibundu Onuzo 161

Leber * Imtiaz Dharker 175

Gebärmutter * Thomas Lynch 189

Zitat-Nachweis 201

Bildnachweis 203

Über die AutorInnen 205

Einleitung
Thomas Lynch

»Einen Körper zu haben, heißt leiden lernen«, schrieb Michael Heffernan in seinem Gedicht »In Praise of It«. Das ist die erste Zeile des vorletzten Gedichts im ersten seiner inzwischen vielen Gedichtbände – ein Werk, das, wie viele schmale Lyrikbücher, auf fünf Kontinenten ignoriert wird, von einem Autor, der international unbekannt ist, der aber nichtsdestotrotz wie zufällig auf eine Wahrheit gestoßen ist, und zwar: Nur im Körper wohnen unsere Sehnsüchte, unsere Sorgen, unsere Freuden. Wenn das Herz gebrochen ist, versteckt es sich unter dem Brustbein, gut verpackt im Herzbeutel pocht es seine jambische Melodie. Vorwiegend in den Knochen lechzen wir nach der Umarmung durch einen unserer Art oder spüren die Überbleibsel uralter Wunden, früherer Schäden, längst gewonnener oder verlorener Kriege. Und nur durch die Körperteile schleicht sich die Sterblichkeit in unseren Niedergang – der Krebs oder der Herzstillstand, der Infarkt, das Aneurysma oder die Embolie. Wir sind eine fleischgewordene Art, Verkörperungen, ins Leben gebracht durch die Interaktion anderer Körper, ihrer Teile und Erscheinungen, Bindungen und Durchdringungen, dem Funktionieren ihrer geheimnisvollen Bestandteile und Vereinigungen.

Sogar das Wort, behaupten wir im Glauben, kann Fleisch werden.

Und obwohl wir Männer und Frauen aus Teilen sind, so sind wir auch, in unserem eigenen Fleisch, einzigartige Unternehmungen, Unikate des Strebens. »Drei Kubikfuß Knochen und Blut und Fleisch«, wie Loudon Wainwright in seinem Song »One Man Guy« für seinen Sohn Rufus schrieb, der damit das neue Jahrhundert besang.

Diese Essaysammlung möchte also einiges zum Verständnis des Menschseins beitragen, indem sie seine körperlichen Einzelteile untersucht. Was an den Eingeweiden oder der Hirnschale macht uns zu dem, was wir sind?

War es die schlechte Herzklappe oder der Klumpfuß, die verkrebste Blase oder die hohen Wangenknochen, die den reichen inneren Verlauf unserer persönlichen Erzählung geformt haben? Wir können nur raten. Die Augen unserer Mutter. Der Haaransatz unseres Vaters. Die Sommersprossen, die Füße, das Herzversagen? Wer kann wissen, wie wir wurden, wer wir sind.

Wir haben ein kleines Verzeichnis der üblichen Verdächtigen angelegt, die gemeinsamen Systeme der größeren und einiger kleinerer Kreaturen: Gedärm und Lunge, Gallenblase und Haut, innere Organe und äußere Teile, in der Hoffnung, dass wir, indem wir die Teile kennenlernen, mehr über die Gesamtheit unseres Dilemmas und unseres Zustands erfahren.

Wie kann es sein, dass die Teile, die aktiv sind, wenn ein präsidialer Tweet losgeschickt wird, am nächsten Abend Rachmaninows zweites Klavierkonzert darbringen können? Und wenn das Herz eine wohlfeile Metapher für Liebe und Sehnsucht, für Leid und Trauer, für den Kern des Seins ist, was können wir dann für die Zeichenhaftigkeit der Hirnanhangdrüse ins Feld führen? Oder wenn – zumindest im Englischen – der Mut im Gedärm verortet wird und die Seele vielleicht im Kleinhirn, was repräsentiert dann, so könnten wir uns fragen, der erste Teil des Dünndarms, der Zwölffingerdarm, das Duodenum? Dient er vielleicht dazu, unser Interesse für Etymologie zu fördern? Das Mittellatein, aus dem der Name stammt – *duodeni* bedeutet »je zwölf« –, verweist auf die Tatsache, dass, soweit es den Dünndarm betrifft, die Größe wichtig ist: Die Breite von zwölf Fingern entspricht in etwa der Länge des Duodenums.

Wir sind Ganze und Teile, einer von einer Art, und *einer* von einer Art. Trotzdem ist der Körper die Entität, in der ein Teil etwas Wesentliches über das Ganze verrät, und das ist der Grund, warum Schriftsteller und Leser, ebenso wie Mediziner und Anatomen danach streben sollten, die Details unserer Verwirrung und unseres Seins zu verstehen.

Michel de Montaigne, der Vater des modernen Essays, empfahl in seinem Bemühen, seinesgleichen zu verstehen, die Methode des Prüfens und Messens, wie er in seinem meisterhaften Essay *Von der Reue* schrieb: »Jeder Mensch trägt die ganze Gestalt des Menschseins in sich.« Hoch oben in der Bibliothek seines Solitariums studierte er seinen Körper, seine Sinne und Geräusche, Gase und Gelüste, Sehnsüchte, Wünsche. In diesem Geiste sind hier also einige Kleinigkeiten, geringe Gewichte, ein Versuch, die Menschheit zu verstehen, indem man sich das menschliche Wesen anschaut, dieses weise Wesen, das sich Mensch nennt, durch die Betrachtung seiner Teile zu begreifen.

Verdauungstrakt
Naomi Alderman

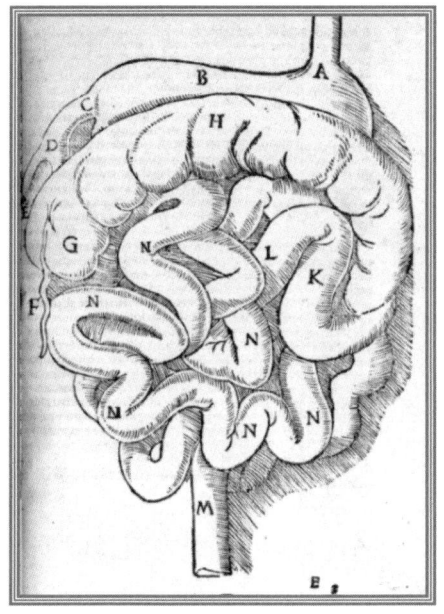

In der räumlichen Nähe von Anus und Genitalien liegt Freud zufolge der Ursprung vieler, wenn nicht gar aller menschlichen Neurosen. Heutzutage ist es modern, sich von Freud zu distanzieren. »So weit würde ich nicht gehen«, heißt es dann und »Natürlich war Freud von Sex besessen«. Aber ich würde so weit gehen, und die meisten Menschen sind von Sex besessen.

Ehrlich gesagt, der Verdauungstrakt ist ein Problem. Was dort geschieht, ist nicht nur rätselhaft und verwirrend – wie größtenteils alles, was unsere inneren Organe tun –, sondern für uns auch schwer zu ertragen. Und wenn wir erst einmal anfangen, uns mit der Symbolik des Darms zu beschäftigen, könnten wir eine Ahnung davon bekommen, was Freud gemeint hat.

Am oberen Ende des Verdauungstrakts befindet sich der Mund – ein herrlicher Ort vielfältiger Freuden. Und am unteren der Anus. Hier werden Fürze produziert, die den Gestank von Verwesung, Fäulnis und Gift verbreiten. Genauso eklig riecht der Kot, den er absondert, ein klebriger, stinkender brauner Schadstoff voller Krankheitserreger. Der aus uns herauskommt! Und zwar nicht irgendwo aus unserem Körper, sondern aus einer Öffnung *unmittelbar neben* jenen Körperteilen, die uns so großes Vergnügen bereiten, deren Entwicklung Erwachsensein bedeutet, die fähig sind, neues Leben zu erschaffen. Es erscheint wie ein grausamer Witz der menschlichen Biologie, uns von den Höhen in die Tiefen hinabzustürzen und uns in Erinnerung zu rufen, dass wir, ganz gleich, welche Ekstase wir auch erleben mögen, im Wesentlichen und zu jeder Zeit voller Scheiße sind. Deswegen ist Kot auch so lustig. Deswegen müssen wir darüber lachen. Wenn wir nicht lachten, würden wir weinen.

Für Ernest Becker, Autor des mit dem Pulitzer-Preis ausgezeichneten Werks *Dynamik des Todes*, sind der Anus und der Kot, den er hervorbringt, mehr als nur ein Witz – sie sind Auslöser von Furcht und Schrecken. Ein Sinnbild für die Zersetzung des Fleisches, jenes Schicksal, das uns allen bevorsteht. »Was bin ich?«, könnte ein Kind sich fragen. »Ich bin etwas, was schöne, glänzende, gesunde, köstliche, farbenfrohe, herrliche Lebensmittel zu sich nimmt. Und was passiert dann? Ich verwandle sie in Scheiße.« Das ist die Unausweichlichkeit des Zerfalls im Kleinen, Alltäglichen. Es ist die Unausweichlichkeit des Todes. »Der Anus und sein unbegreifliches, ekelhaftes Produkt illustrieren nicht nur den physischen Determinismus und das Gefesseltsein, sondern das Schicksal alles Leiblichen: Es muss verfallen und sterben.«

Die dreijährige Tochter einer Freundin fragte einmal ihre Mutter, was mit der Nahrung geschehe, die sie zu sich nimmt. »Dein Körper gewinnt daraus Energie, und dann verwandelst du sie in Kacka«, antwortete ihre Mutter. Die Tochter brach in Tränen aus und ließ sich nicht mehr beruhigen. »Nein, Mami, nein, nein«, wiederholte sie unentwegt. »Nein, nein, nein.« Derselbe Aufschrei wie in Julian

Barnes' *Nichts, was man fürchten müsste*, wo der Autor seine Thanatophobie – seine Angst vor dem Tod – schildert, als er nachts aufwacht, »allein, mutterseelenallein, drosch ich mit der Faust auf das Kissen ein und schrie ein endlos jammerndes ›O nein o nein O NEIN‹«. Scheiße ist Tod. Der Tod ist eine ernsthafte Sache. Wir müssen über Scheiße lachen. Wir dürfen sie nicht ernst nehmen, weil sie so ungeheuer ernst ist.

Mund, Anus und dazwischen die Gedärme, die Schönheit in Fäulnis und Genuss in Abscheu verwandeln. Hier kommt es hart auf hart in unserer Beziehung zu unserem Körper – hier werden wir jeden Tag aufs Neue mit jenem Zerfall, jener Verwesung konfrontiert, die unsere letzte Bestimmung sind. Körper sind geheimnisvoll, wir sind uns selbst ein Rätsel. Aber hier im Darm tritt das augenfällige Mysterium am offensichtlichsten zutage. Wenn ich fähig bin, Lebensmitteln so etwas anzutun, was um Himmels willen bin ich dann?

Als ich Anfang zwanzig war, wurde meine Mutter, damals Mitte fünfzig, mit einer Darmruptur ins Krankenhaus gebracht. Der Grund für den Riss in ihrer Darmwand konnte nie ganz geklärt werden. Vielleicht lag es an einer infizierten Darmfissur. Vielleicht an einer Schwachstelle, hervorgerufen durch den Kaiserschnitt, mit dem ich Jahre zuvor auf die Welt geholt worden war. Vielleicht aber auch an etwas ganz anderem. Achtzehn Monate lang musste sie einen Kolostomiebeutel tragen, während ihr Darm heilte. Eine solche Erfahrung führt einer Familie die Funktionsweise des Darms unmittelbar vor Augen. Die Mutter meiner Mutter erlitt ebenfalls mit Mitte fünfzig eine Form von Darmruptur. Und so blicke ich auf meinen Bauch und frage mich, was er wohl für mich bereithält.

Aber damit nicht genug. Hätte ein Romancier die Geschichte meiner Familie geschrieben, könnte man bemängeln, dass die Symbolik rund um Magen, Darm und den Verdauungsprozess ein klein wenig übertrieben, eine Spur zu plump geraten wäre. Ein naher Verwandter von mir wurde mit einer Pylorusstenose geboren – einer der Schließmuskel seines Magens öffnete sich nicht –, und seine ersten Lebenstage waren eine endlose Abfolge langer, dramatischer schwallartiger Brechanfälle, während seine Mutter den Arzt davon zu überzeugen versuchte, dass mit ihm wirklich etwas nicht in Ordnung war. Er musste operiert werden, als er kaum ein paar Tage alt war, ein winziges Baby mit einer langen, breiten Narbe quer über dem Unterleib.

Und dieser widerspenstige Magen ist nur die eine Seite der Medaille. Es gibt auch die anderen Mägen, die nur allzu aufnahmefreudigen, allzu effizienten, die bereitwillig jedes Nahrungsmittel willkommen heißen. Ich bin dick. Mein Vater ist dick. Meine Großmutter war dick. Meine Tante war dick, bevor sie ein Weight-Watchers-Coach wurde. Die Erzählungen unserer Familie kreisen alle in einem dichten Geflecht um Essen und Nicht-Essen, um Verdauen und Nicht-Verdauen, um die Frage, wie Nahrungsmittel dazu gebracht werden können, den Körper zu passieren oder darin zu verbleiben.

Aber das, scheint mir, ist nicht allein auf meine Familie beschränkt. Unsere Kultur ist besessen von Ernährung und Diäten. Wir erschaffen immer üppigere Machwerke aus Fett und Zucker – hat vielleicht jemand Appetit auf einen Cronut, ein Gebilde aus buttrigem Croissantteig, der ausgebacken wird wie ein Donut? Und gleichzeitig ersinnen wir immer strengere Ernährungsvorschriften, von zwei Fastentagen pro Woche bis hin zum Aufschneiden gesunder Bäuche, weil Fettleibigkeit heutzutage als vollkommen inakzeptabel gilt. Wir sehen Promiköchen dabei zu, wie sie im Fernsehen Schokoladensoße, Honig oder Butter auf ihre Speisen träufeln, und dank Jamie Olivers keckem Naked Chef, Nigella Lawsons verführerischem Auftreten oder Gordon Ramsay, der sich im Intro seiner Show *The F Word* die Kleider vom Leib reißt, assoziieren wir Nahrung mit Sex. Zugleich verzeichnen wir immer mehr Essstörungen, und das gesellschaftliche Schönheitsideal wird dünner und dünner, befeuert durch Photoshop, das einspringt, wenn echte Körper nicht mehr dünn genug aussehen. Allein im vergangenen Jahr ist die Zahl junger Menschen, die in Großbritannien mit Essstörungen ins Krankenhaus eingeliefert wurden, um acht Prozent gestiegen.

Unablässig sorgen wir uns um Essen, Verdauung und unsere Mägen. Der Darm steht im Zentrum unserer Ängste; und diese Ängste verraten so einiges über uns. Sich wegen einer Sache zu ängstigen, heißt, von ihr besessen zu sein. Wenn Ihre Gedanken ständig um ein bestimmtes Thema kreisen, bedeutet das, auf einer gewissen Ebene genießen Sie es, daran zu denken. Aber was haben Lebensmittel und Nahrungsaufnahme an sich, dass uns der Gedanke daran so sehr befriedigt?

Ich vermute, es hat etwas mit Thanatos zu tun. Schon früher wurde darauf hingewiesen, dass die Menschen des Viktorianischen Zeitalters vom Tod besessen waren, es jedoch nicht ertrugen, über Sex zu reden, und bei uns ist es genau umgekehrt. Zufluss, Abfluss. Wir reden über Essen, Jugend und Sex. Den Beginn der Dinge. Wir leben in diesen Anfängen, als könnte der erste Frühlingstag ewig dauern. Wenn wir uns nur auf die Nahrungsaufnahme konzentrieren – Esse ich genug oder zu viel, und sind es auch die richtigen Lebensmittel? –, können wir unsere Exkremente einfach mit einem sauberen Wasserschwall wegspülen, ohne jemals wieder daran zu denken – oder an das, was sie verkörpern. Wenn wir unser Augenmerk ausschließlich auf die Jugend richten, können wir unsere Alten in Heime stecken und brauchen sie nicht mehr zu sehen oder uns Gedanken über sie zu machen. Wenn wir ständig über Sex reden, den Anfang allen Seins, bleibt kein Raum mehr für den Tod: das Ende von allem.

Ist es also möglich, in Exkrementen etwas Wunderbares zu sehen? Und würde es uns als Gesellschaft und als Individuen besser gehen, wenn wir herausfänden, wie das zu bewerkstelligen wäre? Ich glaube schon, und ich vermute, eine umfassende Würdigung der Funktionsweise unserer furchteinflößenden körpereigenen Kotmaschine, des Darms, wäre in dieser Hinsicht ein Schritt in die richtige Richtung.

Natürlich kann Kot etwas Wunderbares sein, wie jeder bestätigen wird, der schon einmal an Verstopfung gelitten hat. Mein Bruder und seine Frau haben kürzlich eine Tochter bekommen und mich dadurch zum ersten Mal zur Tante gemacht. Nicht nur sie, wir alle waren begeistert, als die Kleine zum ersten Mal ausgiebig gesunden Kot ausgeschieden hat. Kot produzieren, bedeutet, dass alles richtig funktioniert. Rein, raus. Kot produzieren bedeutet: Genau so soll es ablaufen. Und natürlich gilt das Gleiche auch für den Tod, zumindest wenn er am Ende eines langen, sinnvollen Lebens erfolgt. Es könnte sein, dass die Natur weiß, was sie tut, es könnte sein, dass jener Prozess des Verfalls, der unserem Einwirken völlig entzogen ist, eine gewisse Schönheit in sich birgt.

Diese Betrachtungen über die wunderbaren Dinge, die die »Natur« weiß und von denen wir selbst nicht die geringste Ahnung haben, sind vielleicht der passende Moment, um auf die Neuronen in Ihrem Bauch und die zahllosen Bakterien zu sprechen zu kommen, die jetzt in diesem Augenblick Ihren Darm bevölkern. Wussten Sie, dass Sie Hirnzellen in Ihrem Bauch haben? Sie kleiden Ihre Darmwand aus. In Ihrem Verdauungstrakt gibt es genauso viele Neuronen wie im Kopf einer Katze. Und jetzt stellen Sie sich nur einmal vor, was eine Katze so alles weiß: Was gut und was schlecht für sie ist, wem sie vertrauen kann und wem sie besser aus dem Weg geht, wo leckeres Futter herkommt und wie sie es jagt. Solche Dinge könnte auch Ihr Bauch wissen. Kein Wunder also, dass wir beim Instinkt von »Bauchgefühl« sprechen.

Die Nervenzellen im Darm sind über den Nervus vagus direkt mit dem Gehirn verbunden, in das dieser unmittelbar neben jenen Arealen eintritt, die für die Emotionen zuständig sind. Und so scheint unser Bauch Dinge zu wissen, die uns selbst verborgen bleiben. Man hat Experimente durchgeführt bei Menschen, die über eine Sonde ernährt wurden – sie konnten ihr Essen weder schmecken noch riechen oder kauen, aber sobald ihre Lieblingsspeisen ihren Magen erreichten, fühlten sie sich voraussehbar glücklicher, als es bei einem gleichermaßen nahrhaften flüssigen Brei der Fall war. Ihr Bauch weiß so einiges. Sie haben Schmetterlinge im Bauch, weil die Neuronen da unten eine recht gute Vorstellung davon haben, was mit uns los ist.

Es gibt Bereiche von »uns« – vielleicht sogar den allergrößten Teil von »uns« –, zu denen wir keinen Zugang haben. In ihren Erinnerungen *Die zitternde Frau* schreibt Siri Hustvedt über eine befremdliche Dualität, die sie während eines Zitteranfalls erlebte. Sie verspürte »ein starkes Gefühl von einem ›Ich‹ und einem unkontrollierbaren Anderen«. Unser intelligenzbegabter Körper, unser mit Neuronen bestückter Bauch sind in gewisser Weise eigenständige »Ichs« in unserem Inneren, sie kommunizieren mit dem Gehirn, ohne vollständig Teil davon zu sein.

Aber es gibt ein noch realeres »unkontrollierbares Anderes« in unserem Darm. Wir halten uns für ein einziges, einheitliches Ganzes im Inneren dieser fleischlichen Hülle, alles innerhalb der Konturen unserer Haut ist »wir«. Doch weit gefehlt. Ihr Darm enthält ein Mikrobiom – ein Ökosystem aus Mikroorganismen. Das sind die in der Werbung für probiotischen Joghurt so beliebten »guten Bakterien«. Die Zellen unserer Darmflora sind viel kleiner als unsere eigenen Gewebezellen – und zwar so viel kleiner, dass »wir« tatsächlich *mehr* Darmflora-Zellen enthalten als menschliche Körperzellen. Sollte ich innerhalb meiner Haut ein Referendum abhalten, bei dem jede Zelle eine Stimme erhält, hätte ich nicht die geringste Chance, jemals ein Amt anzutreten.

Und diese Analogie ist gar nicht so lächerlich, wie sie klingt: Die Darmflora kann Stimmung und Gesundheit beeinflussen. Von Depressionen bis hin zu rheumatoider Arthritis können sämtliche Erkrankungen positiv beeinflusst werden, indem man die Artenvielfalt der Darmflora steigert (unser Darm ist offenbar Verfechter einer Regierungsbildung per Verhältniswahlrecht; je vielfältiger, desto besser). Unsere Darmflora ist in der Lage, Hormone auszuschütten, die uns dazu bringen, mehr von den Nahrungsmitteln zu uns zu nehmen, die *sie* mag. Außerdem ist es uns bisher bei lediglich *fünf Prozent* unserer Darmflora gelungen, sie im Labor zu kultivieren. Worum es sich bei den restlichen *fünfundneunzig Prozent* handelt, entzieht sich völlig unserer Kenntnis. In Ihren probiotischen Getränken stecken also nicht mehr als diese kümmerlichen fünf Prozent – auf den Rest müssen Sie warten, bis die Entschlüsselung des Erbguts der fehlenden Darmflora abgeschlossen ist. Im Notfall könnten Sie natürlich auch über eine Stuhltransplantation nachdenken, und ja, das ist genau das, was Sie sich gerade darunter vorstellen. Es kam zu regelrechten Wunderheilungen, nachdem der Kot eines Menschen mit »goldenem Stuhl« mithilfe einer Sonde oder eines Einlaufs in den Darm einer anderen Person übertragen wurde. Die neuen Bakterienkolonien gediehen, und die Empfänger der Transplantation fühlten sich allmählich besser – funktioniert hat das bei einer Vielzahl von Beschwerden, unter anderem bei rheumatoider Arthritis und dem Killerbakterium Clostridium difficile. Aber bitte, probieren Sie das nicht zu Hause aus.

Worauf ich hinauswill, ist, dass das, was in unserem Darm vor sich geht, rätselhaft, verblüffend und sehr viel komplexer und intelligenter ist, als wir ahnen, wenn wir unseren stinkenden Kot betrachten und uns fragen: »Wie konnte *das* bloß aus *mir* herauskommen?« Das wunderschöne verschlungene Darmlabyrinth im Zentrum unseres Körpers verfügt über ein Gehirn, unsere inneren Nachbarn haben eigene Wünsche.

Und das ist auch im Hinblick auf unser wichtigstes Thema, Thanatos, beruhigend. Ich weiß nicht, wie man Nahrung verdaut, aber mein Darm übernimmt das für mich – genau wie ein paar Überlegungen dazu, wie ängstlich gewisse Situationen und Menschen ihn machen. Ich weiß vielleicht nicht, wie man stirbt, aber mein Körper übernimmt das für mich.

Der französische Denker Montaigne, der Erfinder ebendieser Essayform, stürzte eines Tages vom Pferd und wäre an den Folgen seiner schweren Verletzungen beinahe gestorben. Während seine Freunde entsetzt zusahen, wie er die Finger in seine Kleidung krallte und offenbar im Sterben lag, erlebte er selbst ein seliges Gefühl der Leichtigkeit. Nach seiner Genesung schrieb er über seine Begegnung mit dem Tod: »Falls ihr nicht zu sterben versteht – keine Angst! Die Natur wird euch, wenn es so weit ist, schon genau sagen, was ihr zu tun habt, und die Führung der Sache voll und ganz für euch übernehmen; grübelt also nicht darüber nach.«

Aus unseren kulturellen Ernährungsneurosen können wir lernen, dass wir von Anfängen besessen sind, nicht von Enden. Dass uns die scheinbare Grenzenlosigkeit unserer durch den Konsumkapitalismus befeuerten Wünsche verstört. Und dass wir, obwohl wir wissen, dass wir letztlich alles in Kot verwandeln, nicht darüber nachdenken wollen. Vielleicht aber brauchen wir gerade das, worüber in den modernen westlichen Gesellschaften so wenig gesprochen wird – ein wenig Vertrauen. Wir mögen nicht wissen, wie wir unseren Kot produzieren, aber unser Bauch weiß es. Wir mögen nicht viel vom Sterben verstehen, aber unser Körper wird das für uns übernehmen. Wir wissen mehr, als wir glauben. Und »wir« müssen es gar nicht wissen, um es zu wissen.

Haut
Christina Patterson

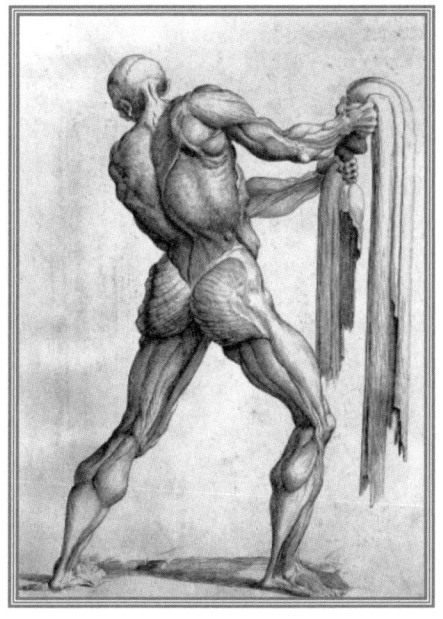

»Sie ist zart wie ein Pfirsich«, sagte mein Vater. Er hatte gerade meine Wange gestreichelt. Und das war das erste Mal, dass ich dieser Membran, die mich von der Welt trennte, überhaupt einen Gedanken widmete.

Ich wusste, dass es sich gut anfühlte, Eiscreme von Fingern abzulecken, auf Zehenspitzen durch den Sand zu laufen und das Plätschern von Wasser an Schienbeinen zu spüren. Ich wusste, als ich im Kindergarten zu schnell die Rutsche hinuntergesaust und mit dem Gesicht an einer kalten Metallkante gelandet war, hatte plötzlich eine Wunde geklafft, wo zuvor eine glatte Stelle gewesen war. Als meine Mutter das Pflaster abzog, stockte ihr der Atem. Sie sagte, hoffentlich werde keine Narbe zurückbleiben, doch das tat es, bis heute. Aber selbst nach diesem Unfall oder wenn ich sah, dass sich auf meinen von Stacheldraht aufgerissenen Knien braune, an die Flügeldecken von Käfern erinnernde Krusten bildeten und meine gegen Backstein geschrammten Ellbogen sich von Weiß zu geflecktem Rot verfärbten, machte ich mir immer noch keine Gedanken über dieses Etwas, das die Grenze zwischen außen und innen markierte.

Später gab es Gebilde namens Warzen, die man sich beim Schwimmen holte und derentwegen man in eine spezielle Klinik musste, wo versucht wurde, sie wegzubrennen. Man bekam Pusteln, wenn man an Brennnesseln vorbeistrich oder beim Toben in den Wellen die falschen Quallen berührte. Es gab so vieles, was kratzen, schneiden oder stechen konnte. Aber erst als mein Vater meine Wange streichelte und von Pfirsichen redete, wurde mir wirklich bewusst, dass ich dieses Etwas namens Haut besaß, das mein Vater so schön fand.

Ich wusste damals noch nicht, dass Kinderhaut anders ist als die Haut einer Frau oder eines Mannes. Ich wusste nicht, dass sie zarter und glatter ist und sich angenehmer anfühlt, weil sich mehr Fettgewebe darunter befindet und die äußere Schicht noch dick ist. Ich verstand nicht, dass etwas, was weich und glatt und mit einem zarten Haarflaum bedeckt ist, einen Erwachsenen sowohl glücklich als auch traurig machen kann. Dass es das Herz des Erwachsenen vor Freude und Beschützerdrang hüpfen lassen, es jedoch auch mit Angst erfüllen kann. Als Kind weiß man nicht, dass es etwas gibt, was die Erwachsenen »Unschuld« nennen, ein Zustand, dem das Leben unweigerlich ein Ende setzen wird.

Als Kind begreift man nicht, dass frische junge Haut als schön gilt, weil Jugend als schön gilt, und was schön ist, wird wertgeschätzt. Was man jedoch lernt, ist, dass das Hässliche es nicht wird. Vielleicht hört man die biblischen Geschichten über Aussätzige. Man hört von dem Mann, der als Messias gefeiert wurde und der einen Aussätzigen berührte und ihn aufforderte, »rein« zu werden. Er forderte ihn auf, »rein« zu werden, weil die Menschen einen für schmutzig halten, wenn man an dieser Krankheit leidet, die die Haut schuppig werden lässt und die Gestalt der Finger und Zehen verändert. Leprakranke, so erfährt man, lebten außerhalb der Gemeinschaft, und manchmal mussten sie eine Glocke läuten, um die anderen vor ihrem Kommen zu warnen.

Wenn Sie Geschichten aus der Bibel kennen, haben Sie sicher auch von Hiob gehört. Hiob, so erzählt es das Alte Testament, wurde von Gott geprüft. Gott erlaubte Satan, Hiobs Rinder zu töten, seine Kamele, seine Esel und seine Schafe. Gott erlaubte Satan, Hiobs Söhne und Töchter zu töten, und zuletzt erlaubte er ihm, ihn mit Beulen zu »plagen«. Hiobs Geschwüre entstellten ihn so sehr, dass seine drei besten Freunde ihn zunächst nicht erkannten. Als sie es schließlich taten, waren sie so schockiert, dass sie eine Woche lang nicht sprachen.

Aus der Bibel lernen wir, dass eine Hautkrankheit etwas ist, für das man sich schämen sollte. Und wenn man gerade darüber nachzudenken beginnt, wie gern man die Haut eines anderen berühren würde, wie gern man seine Lippen auf den eigenen spüren möchte, zu einer Zeit also, in der die Hormone, die durch Ihre Adern rasen, Sie davon überzeugen, dass es nichts auf der Welt gibt, was Sie sich mehr wünschen, als Ihren nackten Körper an den nackten Körper eines anderen zu pressen, da schauen Sie in den Spiegel und sehen die ersten Pickel.

Wenn Sie Glück haben, sind es nur ein paar leichte Pickelchen, obwohl auch kleine Pickel das fragile Selbstvertrauen eines Menschen anknacksen können, der gerade an der Schwelle zwischen Kindheit und Jugend schwankt. Genau in dem Moment, in dem Sie ohnehin darüber nachgrübeln, dass all Ihre Freundinnen wunderschön aussehen und Sie selbst zu dick oder zu dünn oder zu groß oder zu klein sind, kann sich Ihr Gesicht unversehens mit winzigen, eitrigen Pusteln überziehen. Die Leute reden darüber, als sei das witzig. Bücher, Filme und Fernsehserien scheinen der Ansicht zu sein, dass Teenagerpickel tatsächlich witzig *sind*. Aber es kommt einem längst nicht so witzig vor, wenn man sich derart hässlich fühlt, dass man am liebsten nicht mehr vor die Tür gehen würde.

Und wenn die Teenagerjahre vorüber sind, die Pickel aber bleiben, ist es ganz und gar nicht mehr witzig. Ich weiß das, weil es mir so ergangen ist. Die Pickel waren schon schlimm genug, aber was in meinem Gesicht geschah, als ich dreiundzwanzig war, erinnerte eher an einen Krieg. Was in meinem Gesicht geschah, war so schlimm, dass der behandelnde Arzt in der Hautklinik, die ich aufsuchte, eine Gruppe Studenten hinzuholte, um mich anzugaffen. Der Arzt verordnete mir eine sogenannte PUVA-Therapie, was bedeutete, dass ich jeden Tag ins Krankenhaus musste, wo ich in einem Metallkasten, der wie ein aufrecht stehender Sarg anmutete, mit einer speziellen Form von ultraviolettem Licht beschossen wurde. Nach ein paar Wochen hatte das Licht die meisten Pickel weggebrannt und dazu noch mehrere Schichten Haut. Aber nicht die Narben.

Während mein Gesicht tobte und nässte und mit pochenden tiefroten Pusteln übersät war, die nur darauf warteten, ihre dicken gelben Köpfe auszubilden, und ich in die Seitenspiegel von Autos spähte und mir von dem, was ich darin sah, regelrecht übel wurde, da dachte ich, schlimmer könne es nicht kommen. Heute weiß ich, dass die Akne, unter der ich damals litt und die schwer genug war, dass ich an den führenden Aknespezialisten des Landes überwiesen wurde, mir nur eine erste leise Ahnung davon vermittelte, was alles mit der Haut geschehen kann.

Im Londoner Gordon Museum of Pathology beispielsweise findet man Gesichter, Arme und Beine, die kaum noch wie Gesichter, Arme und Beine aussehen, weil sie vollständig mit Schuppen, Geschwülsten oder Beulen bedeckt sind oder große fleischige, an Hörner erinnernde Wucherungen aufweisen. Manche davon *sind* tatsächlich Hörner. »Hauthörner«, dem Kurator zufolge. Sie bestünden, erzählte er mir ganz beiläufig, aus »weichem Gewebe«. In gläsernen Behältern sind dort Karzinome und Melanome ausgestellt und menschliche Haut, die eher an Echsenhaut erinnert. In einem Glas sieht man den Kopf einer Frau. Obwohl sie alt ist, hat sie flammend rotes Haar, aber noch schockierender als ihr Haar ist die riesige schuppige Wucherung, die aus ihrer Stirn herauswächst.

Dächte man zu lange über die Geschichten nach, die in der Sammlung des Museums aufbewahrt werden, könnte man verrückt werden. Über den Mann etwa, dessen riesiger geschwollener Fuß wie der Fuß von etwas aussah, was nicht menschlich gewesen war – »Grabenfuß«, sagte der Kurator, aber in all den Geschichten und Gedichten aus dem Ersten Weltkrieg hatte »Grabenfuß« doch immer noch nach etwas geklungen, worunter man sich zumindest etwas Fußähnliches vorstellen konnte. Oder über die chinesischen Patienten, die vor der Operation ein Porträt von sich hatten anfertigen lassen und deren gewaltige

Tumore darauf wie zusätzliche Schultern oder ein zusätzlicher Rücken aussahen. Man hatte sie ihnen ohne Betäubung abgeschnitten, und wie durch ein Wunder hatten sie alle überlebt.

Und dann ist da noch das Baby. Ein »Harlekinbaby« nennen sie es. Bei dem Wort »Harlekin« denkt man erst einmal an einen Clown. Aber wenn Sie dieses in seinem Glas zusammengekrümmte Baby sehen, ist Komik das Allerletzte, was Ihnen in den Sinn kommt. Beim Anblick der diamantförmigen Schuppen, die seinen Körper bedecken, wo die Haut gesprungen und gerissen ist, denken Sie an die Mutter, die dieses Baby ausgetragen hat, und daran, was sie wohl empfunden haben mag, als sie es, ganz kurz nur, in ihren Armen hielt.

Als ich von einem Dermatologen zum nächsten pilgerte und sämtliche Lotionen und Medikamente ausprobierte, die ihnen einfielen, wusste ich noch nichts von den furchtbaren Dingen, die der Haut zustoßen können. Aber ich lernte eine Menge darüber, wie die Haut funktioniert. Ich kaufte Bücher mit Titeln wie *The Acne Cure* oder *Super Skin*. Und ich besaß ein Buch mit dem schlichten Titel *Akne*. »Akne«, stand da in der ersten Zeile, »ist eine Hautkrankheit, die uns noch viele Rätsel aufgibt.« Mit anderen Worten: eine Krankheit, gegen die es noch kein Heilmittel gibt. In dem Buch waren Diagramme abgebildet, die die »harte, äußere Schicht« der Haut zeigten, das sogenannte Stratum corneum, das als »schützender Mantel« fungiert. Darunter die Epidermis, die Zellen erzeugt, welche nach oben in die Hornschicht wandern, und schließlich die Dermis, die Lederhaut, die Blutgefäße und Nerven enthält. »Im Durchschnitt dauert es 28 Tage«, stand in dem Buch, »bis eine solche Zelle aus dem unteren Teil der Epidermis nach oben gewandert und eine Hornhautzelle geworden ist.« Anders ausgedrückt: Die Haut braucht achtundzwanzig Tage, um sich zu erneuern. Neue Haut, ein neues Ich in nicht einmal einem Monat.

Das Problem ist nur, dass die meisten Hautkrankheiten nicht innerhalb eines Monats verschwinden. Mein Dermatologe hatte eine Akne-Selbsthilfegruppe gegründet, und man braucht keine Selbsthilfegruppen für Dinge, die sich in weniger als einem Monat erledigt haben. Ein weiteres Buch, das ich kaufte, hieß *Learning to live with Skin Disorders* (*Mit Hautproblemen leben lernen*). Und darin stand nicht, dass man eine Packung öffnen und eine Tablette nehmen solle, wenn die Haut schuppt, abblättert und sich schält. Hautprobleme begleiten viele Menschen ein Leben lang. »Warum habe ich so jung geheiratet?«, fragte der Romancier John Updike, der seit dem Alter von sechs Jahren an Schuppenflechte litt. »Weil ich, kaum dass ich eine hübsche Frau gefunden hatte, die mir meine Haut verzieh, nicht riskieren wollte, sie zu verlieren und mir eine andere suchen zu müssen.« Er schrieb dies in seinem Buch *Selbst-Bewußtsein*, in einem Essay mit dem Titel »Im Krieg mit meiner Haut«.

Aber die Wissenschaft macht Fortschritte. Am Zentrum für Stammzellforschung und Regenerative Medizin des Londoner King's College etwa untersuchen Biologen, wie unsere Hautzellen auf die Umwelt reagieren und welche Rolle Stammzellen dabei spielen können. Haut, Epidermis, Haarfollikel und Talgdrüsen enthalten alle ihre jeweils eigenen Stammzellen. Wenn Sie eine Wunde haben, beginnen Stammzellen Dinge zu tun, die sie normalerweise nicht tun würden. Stammzellen könnten tatsächlich unsere Rettung sein. Und wer von uns Hautpatienten hat noch nicht von Rettung geträumt.

Ich weiß nicht, was den Krieg mit meiner Haut gewonnen hat. Letzten Endes war es vielleicht die Zeit. Aber was ich in all den Jahren fehlgeschlagener medizinischer Behandlungen und erfolgloser Besuche bei Homöopathen, Naturheilpraktikern, Akupunkteuren und Pflanzenheilkundlern gelernt habe, ist, dass die Haut oft spricht, wenn wir selbst dazu nicht in der Lage sind. Wenn wir traurig sind, wütend, einsam und verloren, dann bildet unsere Haut Blasen, juckt und nässt. Wir können Pillen schlucken und uns mit Tinkturen einreiben, aber jemandem den Mund zuzuhalten, verhindert lediglich, dass die Worte gehört werden. Welche Worte das sind, wissen wir oft genug selbst nicht. Womöglich wissen wir es in den seltensten Fällen. Wir wissen nur, dass etwas an dem, wie wir unser Leben leben – unsere Arbeit, unsere Familie, unser Zuhause, unsere Psyche –, unsere Haut kribbeln lässt.

Falls Sie daran zweifeln, dass die Psyche konkrete Auswirkungen auf Ihre Haut haben kann, werfen Sie einen Blick auf die Forschung. In einer japanischen Studie zum allergischen Kontaktekzem etwa berührte man alle Teilnehmer mit harmlosen Blättern. Den Probanden jedoch wurde gesagt, sie seien mit Blättern in Kontakt gekommen, die die gleiche Wirkung hätten wie Giftsumach. Und sie alle zeigten eine Reaktion auf die in Wahrheit völlig unschädlichen Blätter. Darüber hinaus ist durch zahlreiche Untersuchungen belegt, dass bei Menschen ein Ausschlag auftreten kann, wenn jemand stirbt, den sie lieben. »Hautprobleme«, so der britische Psychoanalytiker Darian Leader, »sind häufig symbolischer Natur, und doch sind sie mit Gewebeveränderungen verbunden.« In seinem Buch *Why Do People Get Ill?* (*Warum werden Menschen krank?*) beschreibt er den Fall eines jungen Soldaten, dessen Ausschlag an Striemen erinnerte, wie man sie nach Peitschenhieben zurückbehält. Und tatsächlich war der Junge im Alter von neun Jahren mit der Peitsche bestraft worden, nachdem er durch das Fenster eines Mädchenschlafsaals gespäht hatte. Zehn Jahre später bekam er den Ausschlag, nachdem man ihn dabei erwischt hatte, wie er sich vor dem Schwesternwohnheim auf seinem Militärstützpunkt herumtrieb. Er hatte gehofft, eine bestimmte Krankenschwester zu sehen, doch dann wurde er von einem Offizier aufgehalten und zurechtgewiesen. Schon eine Stunde später zeigte sich auf seiner Haut der striemenförmige Ausschlag.

Die Haut ist dazu bestimmt, uns vor der Welt zu schützen. Kein Wunder, dass wir oft das Gefühl haben, sie sei nicht dick genug. Wir müssen uns ein dickeres Fell zulegen, sagen wir. Wir wollen uns in unserer Haut wohlfühlen, sagen wir. Was wir nicht wollen, ist, dass uns unsere Traurigkeit oder unsere Angst ins Gesicht geschrieben steht.

Und vielleicht besteht das eigentliche Wunder ja auch darin, dass das normalerweise nicht der Fall ist. Bei den meisten von uns ist dieses größte Organ unseres Körpers für gewöhnlich nicht mit Ausschlägen oder nässenden Wunden bedeckt. Bei den meisten von uns macht die Haut für gewöhnlich das, wozu sie bestimmt ist. Sie hält alles zusammen. Sie wahrt die Temperatur, die Ihr Körper zum Überleben braucht. Sie dehnt sich und zieht sich zusammen, wie es gerade erforderlich ist, sie beschützt Sie vor Gefahren und warnt Sie vor Schmerz. Und sie ermöglicht es Ihnen, die wärmenden Sonnenstrahlen oder das erregende Knistern der Berührung eines Geliebten zu spüren.

Die Sonne geht auf und unter, der Mond nimmt zu und wieder ab, die Jahreszeiten wechseln, und währenddessen pumpt unsere Haut unablässig neue Zellen in ihre Hornschicht. Was auch immer in unserem Leben geschieht, sie erzeugt stets weitere Zellen. Wenn Sie eine Wunde haben, heilt sie. Vielleicht behalten Sie eine Narbe zurück, aber die Wunde heilt. Was zurückbleibt, mag auch nicht mehr aussehen wie ein Pfirsich. Wenn Sie eine Weile gelebt haben, sieht Ihre Haut nicht mehr aus wie ein Pfirsich. Wenn Sie eine Weile gelebt haben, trägt diese elastische Barriere zwischen Ihnen und der Welt die Spuren so mancher Kämpfe, die Sie ausgefochten und gewonnen haben. Wir sollten die Schönheit in diesen Narben erkennen.

Nase

A. L. Kennedy

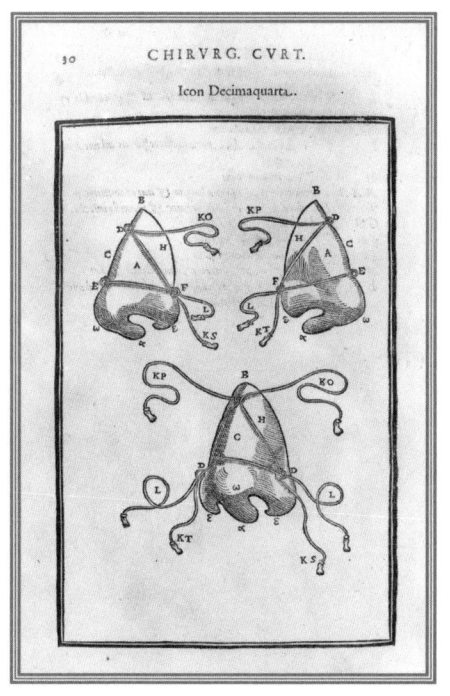

In Nikolai Gogols Erzählung »Die Nase« wacht ein Beamter namens Kowaljow eines Morgens auf und entdeckt, dass ihm die Nase fehlt; an ihrer Stelle findet sich nur noch eine glatte Fläche. Ohne Nase, so stellt Kowaljow fest, kann er nicht arbeiten, nicht essen, er wagt nicht einmal mehr, aus dem Haus zu gehen. Was seine Freundinnen angeht – nun, er muss erkennen, dass Nasenverlust nicht nur eine Art von Gesichtsverlust ist, sondern auch andere, tiefer sitzende Defizite mit sich bringt. Schlimmer noch: Seine Nase, von Kowaljow befreit, treibt sich in St. Petersburg herum, elegant und eindrucksvoll gekleidet in »einen goldbestickten Uniformrock mit hohem Stehkragen und Beinkleider aus Sämischleder« sowie einen »mit Federn geschmückten Hut«.

Gogol selbst war für seine großzügige Nase berühmt – doch die Geschichte ist weniger ein persönliches Bekenntnis als eher eine absurde Satire auf den Statuswahn im zaristischen Russland. Dennoch findet sich darin eine Menge nasenbezogener Erkenntnisse. Menschen sind vielleicht darauf programmiert, kindliche Gesichtszüge zu lieben und zu beschützen – also große Augen, hohe, runde Stirn und nicht viel Nase –, dennoch haben wir alle zahlreiche Gründe, unsere Nasen wertzuschätzen. Sie gehen uns im Leben tapfer voran, hängen trotzdem sanft herab und wachsen anscheinend mit zunehmendem Lebensalter, vielleicht um Reife und Erfindungsgabe anzuzeigen. Die Nase hilft uns bei Gesichtsausdrücken, und unsere Züge wirken so fremd und seltsam, wenn wir sie verlieren oder beschädigen, dass kosmetische Ersatznasen schon eine sehr lange Geschichte haben. Tycho Brahe, der Astronom aus dem sechzehnten Jahrhundert, hatte eine aus Messing. Im Ersten Weltkrieg bedachte man verstümmelte britische Soldaten mit sorgfältig bemalten Blechnasen und rudimentären Hauttransplantationen. Die erste historisch verbürgte Transplantation – die Ersetzung einer Nasenspitze – gelang um 1795 in Indien. Plastische Chirurgie kann unsere Nasen heute weitgehend rekonstruieren oder neu bilden. Die enorme Beliebtheit freiwilliger Nasenkorrekturen – »sich die Nase machen lassen« – ist ein Hinweis darauf, wie wichtig die vermeintliche Vollkommenheit dieses öffentlichsten aller Organe für unser Selbstwertgefühl ist.

Der Geruchssinn, den unsere Nase uns schenkt, beschwört Erinnerungen rascher herauf als bewusste Gedanken und verleiht unseren Mahlzeiten Aroma. Vieles, was wir schmecken, wird tatsächlich über den Geruch wahrgenommen. Versuchen Sie mal einen Apfel zu essen, während Sie gleichzeitig Benzin riechen, wenn Sie mir nicht glauben. Patienten, die unter Anosmie leiden, also dem Verlust des Geruchssinns durch Verletzung oder Erkrankung, berichten üblicherweise von verringertem Appetit und freudlosen Speisen. Geruch kann Gedanken verändern. Studien haben gezeigt, dass das Riechen von Müll moralische Beurteilungen beeinflusst und Menschen politisch konservativer denken lässt. Lässt ein raffinierter Makler Sie bei einer Wohnungsbesichtigung angewärmte Vanille riechen, denken Sie womöglich: »Mmh, ich muss diese Wohnung kaufen – sie riecht nach Kuchen und glücklicher Kindheit.« Jedes Einatmen schenkt uns Luft zum Sprechen, Singen, Fluchen, Leben. Unser Riechkolben – der Teil des Gehirns, in dem die Riechnerven enden – registriert endlose Mengen chemischer Komponenten, damit unser Hirn alles Mögliche genießen kann – von den Isomeren des Rosenoxids in einem Blumenstrauß bis zu den Hunderten von Verbindungen im Kaffeeduft.

Wir haben tatsächlich vier Nasenlöcher, die beiden äußeren und zwei innere, die im hinteren Teil der Nasenhöhle am Anfang des Rachenraums liegen. Diese Nasenlöcher wechseln sich oszillierend in ihrer Tätigkeit ab, um komplizierte Gerüche besser erkennen und lokalisieren zu können. Die äußeren Nasenlöcher sind mit jeweils etwa tausend Härchen ausgestattet. Die Härchen heißen Vibrissen – das waren früher unsere Tasthaare. Sie reinigen die Luft bei jedem Einatmen im Zusammenspiel mit dem Nasenschleim. Dieses Sekret wird durch mikroskopisch kleine Zellfortsätze, Zilien genannt, auf der Nasenschleimhaut fortbewegt und enthält Chemikalien, die Krankheitserreger bekämpfen und Pollen abwehren. Und den ganzen Tag lang befeuchtet unsere Nase bis zu 14 000 Liter Luft, damit wir sie leichter und bequemer einatmen können. Kowaljow hatte ganz recht mit seiner Befürchtung, dass es riskant sei, das Haus ohne Nase zu verlassen.

Draußen in der Welt verlasse ich mich auf meine Nase,

um soziale Katastrophen zu vermeiden. Ich bin jämmerlich schlecht im Gesichter-Erkennen, doch ein kurzer Geruchseindruck von einem Menschen genügt, um ihn mir jahrelang ins Gedächtnis zu brennen. Aber indem ich meine Einschränkung immer wieder erklärt habe, ist mir bewusst geworden, dass jedes Gespräch über Geruch an sich schon zu sozialen Katastrophen führen kann. Geruch ist sehr persönlich, animalisch, grundsätzlich. Schon die bloße Erwähnung kann unsicheres Lachen, wenn nicht gar Hysterie hervorrufen. Und nicht selten werden unsere komplexen, hilfreichen, wundervollen Nasen für Pointen missbraucht.

Wir lachen über Nasen. An einem Clown ist einzig die rote Nase nicht gruselig. Selbst ohne den Rest der Verkleidung kann sie sofort für Heiterkeit sorgen. Das ist womöglich ein formalisiertes Sich-lustig-machen über die dunkelroten Nasen mit geplatzten Äderchen, die man mit gewohnheitsmäßigem Trinken, Obdachlosigkeit oder harter Arbeit im Freien assoziiert. Clowns können bedrohlich wirken, und das mag daran liegen, dass sie im Grunde die aufsässigen Armen sind, die uns an den Kragen wollen.

Die Marx Brothers waren ungeheuer talentierte Komiker, aber ihre imposanten Zinken gaben ihnen auch eine Nasenlänge Vorsprung. Scherzartikelläden verkaufen heute noch Groucho-Brillen mit angehängter Plastiknase: Eine legendäre Nase hat ihren Besitzer überlebt. Einstein war ein Genie und ein großartiger Kommunikator – doch liegt sein dauerhafter Ruhm nur in der faszinierenden Anziehungskraft theoretischer Physik begründet? Finden wir seine Konzepte, die den Menschen klein machen und die Vorstellungskraft strapazieren, nicht auch wegen seiner liebens- und bemerkenswerten Nase ein klein wenig warm und erinnerungswürdig? Cyrano de Bergerac, der obskure Autor der ersten Science-Fiction-Romane der Welt, hatte, soweit wir wissen, eine überdurchschnittliche Nase und pflügte sich damit durch Duelle, Debatten und Fantastereien. Edmond Rostands gleichnamiges Versdrama vergrößert Cyranos Nase und schafft einen unvergesslichen Helden. Cyranos Geschichte ist hier unsagbar tragisch, zum Teil auch, damit wir nicht zu sehr über die Nase lachen – so wie wir lachen, wenn wir Jimmy Durante ein zärtliches Liebeslied singen sehen, oder wie Woody Allen in seiner futuristischen Komödie *Der Schläfer* die Pistole auf das richtet, was von einem Diktator noch übrig ist – die Nase.

Und wir spotten nicht nur über Nasen – anscheinend können wir sie auch hassen. Ihre Prominenz beleidigt uns offenbar. Unanständige Neugier *steckt sie in fremde Angelegenheiten*. Schwüle Fernsehdramen schlagen Kapital aus den attraktiven Augen der Darsteller, indem sie ihre unromantischen Nasen mit OP-Masken verhüllen. Das Klischee der verlockend verschleierten weiblichen Schönheit funktioniert nach ähnlichen Regeln. Wir können verächtlich die Nase rümpfen oder sie hoch tragen. Oder wir können einfach dumm und blind der Nase nachgehen.

Unsere ersten Worte für Geruch hängen zwar mit ganz kreatürlicher Intimität zusammen (Haut und Haar unserer Mutter), doch häufiger noch gelten sie unwillkürlich unangenehmen Gerüchen – die wir sehr wahrscheinlich selbst verursacht haben. Sigmund Freud hielt den Geruchssinn für primitiv und untrennbar mit der analen Entwicklungsphase verbunden. Selbst neutrale Ausdrücke für die Eigenschaft, einen Duft zu besitzen – zu riechen –, sind gar nicht so neutral. Wie Sie feststellen werden, wenn Sie zu Ihrem geliebten Gegenüber sagen: »Liebling, du riechst.« Und selbst wenn dieser Satz mit den Worten »… nach Süßigkeiten und dem Paradies« fortgesetzt wird, kann der Einstieg eine zart knospende Beziehung schon nachhaltig erschüttert haben. Menschen sind Tiere, wollen aber nicht wie welche riechen. Milliardenschwere Industriezweige existieren nur, um uns vor Körpergeruch, Fußgeruch, Mundgeruch und Schweißgeruch zu bewahren. Bevor wir wussten, was Mikroben sind, wurden sogar ansteckende Krankheiten schlechten Gerüchen zugeschrieben – dem »Miasma« oder Pesthauch. Und neutrale Ausdrücke für Geruch gibt es zwar nur in sehr begrenzter Zahl, doch Worte für schlechten Geruch sind offenbar unbegrenzt: Gestank, Mief, Muff, Dunst, Moder, Odeur, Fäulnis – *it stinks, eso apesta, ça pue, это воняет.*

Es gibt einen neurologischen Grund für unsere Einseitigkeit. Gerüche, die mit Ekel assoziiert werden, nehmen die Abkürzung durch die Amygdala – einen Teil des sehr affektbetonten, wenig nuancierten limbischen Systems. Sie erreichen uns also auf einer sehr grundlegenden, animalischen Ebene. Angenehmere oder neutrale Düfte werden in der Hirnrinde verarbeitet – in jener schlauen, raffiniert entwickelten Schicht, die uns erlaubt, Sprühkäse und Deodorant zu erfinden und uns über die emotionale

Reaktion auf Aromen zu erheben. Evolutionär gesprochen geht es bei schlechten Gerüchen um Gefahr, Verwesung, Angst, Schmerz, Flucht, Kampf – es ist wichtig, sie zu entdecken und schnell zu reagieren. Über etwas moralisch Widerwärtiges sagen wir vielleicht, dass es stinkt oder dass ihm ein Ruch anhaftet, was darauf hindeutet, dass unsere Gehirne metaphorischen Ekel ebenso verarbeiten wie realen. Verstörende Gerüche bekommen also Vorzugsbehandlung, falls sie uns umbringen wollen – aber alles andere? Der Geruchssinn ist so überlebenswichtig, dass er viele Verbindungen zu den Teilen des Gehirns aufweist, die sich frühzeitig entwickelt haben: dem limbischen System und dem Stammhirn. Vielleicht behandeln wir Geruch deshalb wie einen unwillkommenen Eindringling, weil er so tief in uns arbeitet, unterhalb unserer Kontrolle über die Gedanken. Die Geruchsnerven haben auch relativ wenige Verbindungen zum linken Neocortex, in dem wir unsere Worte aufbewahren. Daher sind unsere Möglichkeiten, nicht potenziell tödliche Gerüche zu beschreiben, relativ beschränkt. Die orchestrale Mixtur komplexer Düfte in einem frühmorgendlichen Wald ist ... schön? Ländlich? Waldig? Schokolade riecht – *nach Schokolade*. Gerüche haben kein eigenes Vokabular, nicht einmal für kultivierte Duftexperten; die Nasen, die ihr Geld mit der Beurteilung von Weinen und Parfümen verdienen, beschreiben Düfte und Aromen mithilfe anderer Dinge: Anklänge von Sandelholz und Eierschale, im Abgang etwas Asphalt und so weiter. Wir können Schärfe, Süße, Säure festmachen, viel mehr aber nicht. Nur einige wenige geruchsempfindliche Kulturen – die sich oft in lichtarmer Umwelt entwickelt haben – besitzen ein breiteres Spektrum weiterer Geruchsbegriffe. Stämme auf den Andamanen, in Papua-Neuguinea und in der Amazonasregion verwenden Ausdrücke für auf subtile Weise verbundene Geruchsgruppen. Für sie erinnert ein Duft aus einer bestimmten Gruppe eindeutig an die anderen dieser Gruppe, so wie ein blauer Himmel, ein blauer Streifenwagen und blaue Babystrampler alle unterschiedlich, aber eindeutig blau sind. Manche Forscher sind der Ansicht, die geruchszentrierte Entwicklung sei eine frühe Eigenschaft, die von unseren Denisova-Vorfahren stammt und in manchen menschlichen Erbanlagen immer noch vorhanden ist. Ich persönlich sehne mich nach einer Welt, wo Gerüche sich zu Paletten zusammenstellen können, zu Familien, zu stolzen Wörterbüchern der Aromen. Viele Sprachen haben immerhin ein Wort für einen komplexen Duft, der so universell und zweckdienlich ist, dass er uns geblieben ist, vielleicht aus unseren Tagen als Jäger und Sammler. Auf Englisch lautet der Ausdruck *petrichor*, und auch im Deutschen ist das Wort Petrichor immerhin als Fachbegriff bekannt: *Regengeruch* – der Geruch also, der uns verrät, dass es bald regnen wird.

Natürlich haben Akademiker die These aufgestellt, dass Völker, bei denen ein »primitiver« Sinn Priorität genießt, selbst besonders primitiv sein müssen, aber daraus könnte auch nur die verbreitete Voreingenommenheit gegen den Geruch sprechen. Schnüffeln, wittern, einen Schwall von Informationen einströmen lassen, die ohne Worte zu uns sprechen – das ist nicht nach jedermanns Geschmack. Man mag meinen, es passe eher zu Hunden oder zumindest zu haarigeren Primaten als dem Homo sapiens. Durch die Jahrtausende haben die Reichen immer Wert darauf gelegt, nicht so zu riechen wie die Armen und ihre Paläste nicht in Windrichtung von ihnen zu errichten. Zivilisation wurde durchweg mit dem Fehlen von Geruch verbunden, oder jedenfalls dem Fehlen von natürlichem Geruch. Der hartnäckig vergeistigte und moderate Plato fand, die Verwendung von Parfüm führe zu Verweiblichung und Verderbtheit. Selbst Kant bezog Stellung gegen den Geruch. Die Nase ist mit allem in Verbindung gebracht worden, was unanständig und schmutzig ist – sogar auf hilflose Art sexy –, und zur Strafe haben wir sie ausgelacht.

Natürlich hätten wir ihr eigentlich danken sollen. Als Neurowissenschaftler am Anfang des zwanzigsten Jahrhunderts die Struktur des Gehirns zu verstehen versuchten, sezierten sie Ratten und bemerkten die riesigen Riechkolben, mit denen die Ratten noch kurz zuvor die Neurowissenschaftler zu verstehen versucht hatten. Eng verbunden war mit dieser Nervenschwellung ein Bereich des Rattenhirns, der zunächst Rhinencephalon getauft wurde – das Nasenhirn, das heute als olfaktorischer Cortex bezeichnet und zum limbischen System von Ratten und Menschen gerechnet wird. Es ist nicht bloß dazu da, Alarm auszulösen, Erregung anzufachen und Gefühle zu verarbeiten; es hilft auch, unsere Erinnerungen zu erschaffen. Darum sind bestimmte Gerüche auch nicht bloß animalische Eindringlinge: Sie sind Zeitreisen, sind Freude, sind Zuhause, sind Herzenskummer.

Ich werde nie vergessen, wie ich Jahre nach dem Tod

meines Großvaters auf der Straße an einem Mann vorüberging, der sein Rasierwasser trug. Einen tief empfundenen Augenblick lang konnte ich diese Stimme, dieses Gesicht, diese mich umfangenden Arme heraufbeschwören. Ein Geschenk der Nase.

Ich gebe allerdings zu, dass einige ihrer Geschenke verstören können. Es ist in Ordnung, wenn Frau Ratte am Duft erkennen kann, dass es jetzt Zeit wird, mit diesem Rattenherrn da drüben Rattenbabys zu machen, oder dass sie ihre Verwandten, inklusive besagter Rattenbabys, ebenso identifiziert. Frau Ratte kann sogar ihren Fortpflanzungszyklus mit ihren nächsten Rattennachbarinnen koordinieren, weil sie alle gegenseitig ihre Pheromone inhalieren. Wir Menschen (sogar ich) verlassen uns in erster Linie auf das Sehvermögen – den coolen, kultivierten Modefotografen unter den Sinnen. Doch auch Menschen erkennen Verwandte am und wählen Partner nach dem Geruch. Sie können damit Fruchtbarkeit und sogar ganz spezifische Gene ermitteln. Wir finden ein Gesicht womöglich attraktiver oder abstoßender, je nachdem, wie es riecht, und wir neigen dazu, Parfüm zu verwenden, das unsere eigene natürliche Duftmelange verstärkt. Wir geben ein Vermögen dafür aus, unser naturgegebenes Aroma auszulöschen, doch Pheromone beeinflussen immer noch unsere Stimmungen, unsere Konzentration und unsere gegenseitige Wahrnehmung, und sie können den weiblichen Menstruationszyklus synchronisieren. Über Jahrhunderte haben phallische Masken und schlüpfriger Nasenhumor uns geholfen, mit dem gewissen Etwas der Nase umzugehen, das so seltsam sexy ist. Jetzt wissen wir, dass Geruch uns bereit macht für Intimität und sie aufrechterhält – die Nase enthält sogar Schwellkörpergewebe... Und die Menschen, mit denen wir uns paaren, mit denen wir Beziehungen eingehen? Wir lieben ihre Düfte aus der Nähe; unsere Körper setzen einander mit jedem Atemzug fort. Kein Wunder, dass die kunstvoll wilde und leidenschaftliche Romantik den Duft so begeistert feierte.

Unsere Nasen schenken uns Atem, Leben: das Parfüm der Haut unserer Kinder oder der Zärtlichkeit unseres Geliebten, den Flurgeruch des Zuhauseseins, den Genuss in jedem Bissen, die Macht, das Rad der Zeit zurückzudrehen. Also keine Witze mehr, kein Bloßstellen – wir wollen unsere Nasen stolz vor uns hertragen.

Blinddarm
Ned Beauman

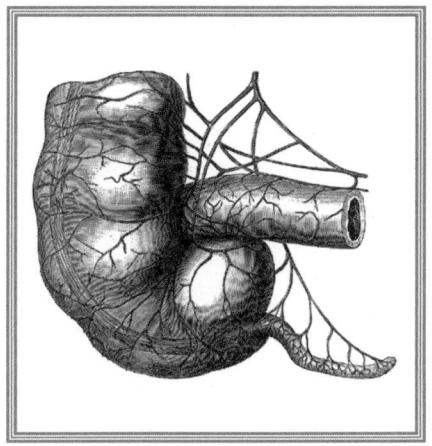

In den letzten Jahren habe ich viel Zeit in Amerika verbracht, theoretisch, um die amerikanischen Ausgaben meiner Romane zu bewerben, praktisch aber, um Tacos zu essen und Bourbon zu trinken. Viele der Leute, die ich dort kennengelernt habe, sind Freiberufler oder Künstler der einen oder der anderen Art, und sie alle sind eher ziemlich besorgt darüber, dass Präsident Trump den Affordable Care Act, besser bekannt als Obamacare, abschaffen will, um es durch »etwas Fantastisches« aus der eigenen Feder zu ersetzen. Amerikaner mit Angestelltenjobs werden von ihren Arbeitgebern versichert. Vor Obamacare war eine Versicherung so gut wie unerschwinglich, wenn man keinen Arbeitgeber hatte, nicht in einer Gewerkschaft war und keinen Anspruch auf irgendein Regierungsprogramm hatte – wenn man also zum Beispiel ein um Anerkennung kämpfender Romanautor in Brooklyn war. Das US-amerikanische Gesundheitsvorsorgesystem ist das teuerste der Welt, und es wird jedes Jahr um etwa fünf Prozent teurer. Das heißt, wenn man ernsthaft erkrankt, wenn man eine Krankenhausbehandlung braucht und keine Versicherung hat, können die Rechnungen einen in den Ruin treiben.

Aber weil ich nicht dauerhaft in den USA lebe, habe ich keinen Anspruch auf Obamacare, wenn ich also als Tourist drüben bin, schließe ich eine Reiseversicherung ab. Aber diesen Reiseversicherungen habe ich nie so recht getraut, denn wenn man seinen Anbieter anruft, ist es so gut wie unmöglich, im Voraus die Bestätigung zu erhalten, dass man bei diesem oder jenem Missgeschick versichert ist. In einem Notfall muss man alle Ausgaben im Voraus selbst bezahlen und kann dann nur hoffen, dass im Kleingedruckten nicht irgendeine Sonderklausel steht, die den Anbieter von der nachträglichen Rückerstattung entbindet. Als britischer Steuerzahler tröstet mich zumindest das Wissen, dass ich, wenn ich eine chronische Krankheit wie Krebs bekomme, sofort nach London zurückfliegen und in die weit offenen Arme des National Health Service sinken kann. Aber natürlich kann man manchmal nicht einfach in ein Flugzeug steigen. Immer wenn ich in New York bin, habe ich zwei neurotische Ängste im Hinterkopf. Die eine ist, dass ich von einem Taxi angefahren werde. Die zweite, dass mein Blinddarm platzt.

Bevor ich mit der Recherche zu diesem Essay anfing, hatte ich gewisse feste Ansichten über den Blinddarm, als da wären: Er ist ein rudimentärer und funktionsloser Teil des Körpers, wie Weisheitszähne oder Gänsehaut oder mein geschuppter Greifschwanz. Dass er zu jeder Zeit ohne Grund und ohne Vorwarnung platzen kann, worauf man heftigste Schmerzen in der Flanke verspürt und sofort in ein Krankenhaus muss. Und, wenn es ein Krankenhaus in den USA ist, man nach der Operation aufwacht und in dem parfümierten Umschlag auf einem Silbertablett eine Rechnung über 100 000 Dollar findet.

Ich habe inzwischen gelernt, dass nichts von alledem

wahr ist. Ich gehe die Punkte in umgekehrter Reihenfolge durch. Nach einer Schätzung betragen die Durchschnittskosten für eine Blinddarmoperation in den USA etwa 14 000 Dollar oder 10 000 Pfund. Das ist immer noch viel Geld, aber bei Weitem nicht so viel, wie ich befürchtet habe. Ich habe keine Ahnung, woher ich diesen Betrag von 100 000 Dollar habe. Außerdem deckt angeblich die Reiseversicherung die Operation ab. Vielleicht werde ich es eines Tages auf die eine oder die andere Art herausfinden, aber diese Information wird, wie vieles von dem praktischen Wissen, das wir als Erwachsene ansammeln, ein kleines bisschen zu spät kommen, um mir noch zu nützen, denn ich werde mir kaum ein zweites Mal den Blinddarm entfernen lassen – außer es zeigt sich, dass ich ein medizinisches Wunder bin und mir der Blinddarm neu wächst oder ich mit drei Blinddärmen geboren bin.

Einer meine Lieblingsfilme ist *Lohn der Angst*, Henri-Georges Clouzots Meisterwerk von 1953, in dem vier verzweifelte Männer Lastwagen voller Nitroglycerin über südamerikanische Bergstraßen fahren und wissen, dass sie nur eine Überlebenschance von fünfzig Prozent haben, weil ihre Fracht jeden Augenblick explodieren kann. Genauso habe ich meinen Blinddarm betrachtet. Ich weiß jetzt, dass *Lohn der Angst* eben keine exakte Parallele darstellt. Der Blinddarm, ein kleiner Beutel, der einem knochenlosen Finger ähnelt, hängt am Ende des Dickdarms auf der rechten, unteren Seite des Körpers, und er platzt nicht so einfach. Eine Blinddarmentzündung ist ein stufenweiser Prozess und etwas ganz anderes als ein Blinddarmbruch, bei dem Gift in die Bauchhöhle einsickert.

Lange bevor der Blinddarm aufplatzt, sollte man spüren, wie er anschwillt, und das gibt einem genug Zeit, für eine Behandlung ins Krankenhaus zu fahren. In einigen Fällen braucht man nicht einmal eine Operation, nur Antibiotika, in anderen jedoch muss der Blinddarm chirurgisch entfernt werden, bevor er einen mit einer Blutvergiftung tötet. Vielleicht wussten das alle anderen bereits, nur ich nicht. Eine bessere Parallele für den Blinddarm ist die Jungfräulichkeit. Als Junge im Teenageralter hatte ich das Gefühl, dass meine Jungfräulichkeit, wenn sie nicht schnellstmöglich entfernt wird, immer größer und größer wird, bis in meinem Körper kein Platz mehr ist für irgendetwas anderes und ich unter Qualen sterben werde. Dies mag die freudsche Basis für meinen tief sitzenden Neid auf Amerikaner mit einer ordentlichen Krankenversicherung liefern, die diese wichtige Entfernung im Handumdrehen haben können und nicht erst verspätet und mit beträchtlichen persönlichen Kosten.

Die dritte meiner Fehlannahmen über den Blinddarm war, dass er eine veraltete Technologie ist – dass er, um einen passenden Ausdruck aus dem amerikanischen Süden zu leihen, so nutzlos wie Titten an einem Eber ist. Die meisten von uns lernen in der Schule, dass der Blinddarm beim Menschen keine Funktion hat. Sogar Medizinstudenten lernen das noch. Ein Lehrbuch aus den Achtzigern behauptet, dass »seine wichtigste Bedeutung in der finanziellen Unterstützung des Chirurgenberufs besteht«.

Aber das stimmt einfach nicht. Als ich auf Zehenspitzen durch die Lower East Side schlich und mich fühlte, als hätte ich Nitroglycerin im Bauch, wäre ich nie auf den

Gedanken gekommen, dass ich eines Tages den Blinddarm verteidigen würde, denn in Wahrheit wurde dieses Organ verleumdet. Die weite Verbreitung dieser Verleumdung hat vielleicht etwas mit unserer verständlichen Hochachtung für die Autorität von Charles Darwin zu tun. In *Die Abstammung des Menschen* argumentiert er sehr einflussreich, dass der Wurmfortsatz des Zökums ein »Rudiment« sei, ein Organ, »das den offenbaren Stempel der Nutzlosigkeit trägt«, den wir nur am Hals haben, weil unsere Vorfahren niedere Säugetiere waren, die ihn vielleicht gebraucht haben, um Blätter und Gras zu verdauen. Heute thematisieren Evolutionisten den Blinddarm noch immer in Streitgesprächen mit den Kreationisten, denn wenn Gott den Menschen wirklich aus dem Nichts und von Grund auf erschaffen hat, ist es ziemlich schwer zu erklären, warum er Platz gelassen hat für diesen kleinen Mistkerl, der den ganzen Tag nur herumsitzt und sich überlegt, wie er seinen Besitzer mit Krankenhausrechnungen ruinieren kann.

Wie auch immer, binnen zwanzig Jahren nach Darwins Tod fanden Ärzte heraus, dass der Blinddarm randvoll ist mit Lymphgewebe. Ein schottischer Anatom, Dr. Richard J. A. Berry, nutzte dies als Beweis für seine entschiedene Behauptung, dass »der Wurmfortsatz des Menschen keine... rudimentäre Struktur ist. Er ist im Gegenteil ein spezialisierter Teil des Verdauungstrakts.« Und das war im Jahr 1900, lange bevor so viele von uns in der Schule in die Irre geführt wurden. Weil Lymphgewebe wichtig ist für unser Immunsystem, spekulierten nachfolgende Biologen, dass der Blinddarm irgendeine Immunfunktion haben könnte. Schließlich veröffentlichten Dr. William Parker und eine Gruppe von Forschern an der Duke University in North Carolina 2017 einen Aufsatz, der dem Blinddarm endlich zu seinem Recht verholfen haben dürfte.

Heutzutage wissen wir alle aus der Joghurtwerbung, dass sehr viele Bakterien im Körper gutartig oder sogar wichtig für unsere Gesundheit sind. Jeder von uns trägt hundert Billionen Mikroorganismen in den Eingeweiden; diese Population nennt man das Mikrobiom. Wenn man eine Infektion bekommt, die schweren Durchfall verursacht, passiert im Körper nichts anderes, als dass alle diese Bakterien in einer Art nuklearer Option aus dem Darm gespült werden. Danach ist man die bösen Bakterien los, hat aber auch die guten vertrieben. Parker suggeriert, dass der Blinddarm wie eine Arche Noah funktioniert, aus der heraus die guten Bakterien nach dem Zurückweichen der Fluten den Körper wieder besiedeln können. Dies erklärt die Menge an Lymphgewebe: Im Blinddarm hält das Immunsystem Biofilme genannte Strukturen vor, die Zufluchtsorte für Bakterien sind.

Wenn Parker recht hat, dann dürften Menschen, die ihren Blinddarm noch haben, sich schneller von ernsten Darminfektionen erholen als solche, denen der Blinddarm entfernt wurde. Das ist nicht leicht zu überprüfen, weil in der entwickelten Welt nicht mehr viele Menschen an Cholera erkranken. Jedoch betrachtete eine neuere Studie in einem New Yorker Krankenhaus Patienten mit Clostridium-difficile-Kolitis, einer üblen Infektion, die man bekommen kann, wenn die Darmflora durch eine Antibiotikabehandlung weggefegt wurde. Die

Studie fand heraus, dass Leute ohne Blinddarm ein viermal höheres Risiko eines Rezidivs von C. difficile haben. Nach Parkers Modell ist das so, weil diese Personen keine Möglichkeit hatten, ihre Mikrobiome schnell genug wiederaufzubauen, um die nächste Attacke abzuwehren.

Als ich mit Dr. Parker sprach, erzählte er mir noch eine andere, faszinierende Sache über den Blinddarm. Bis etwa zur Zeit Darwins war die Blinddarmentzündung sehr selten oder nicht existent. Medizinische Autoren aus griechischer und römischer Zeit erwähnen niemanden, der an etwas gestorben sein könnte, was wir heute als Blinddarmentzündung erkennen. Auch jetzt noch müssen sich präindustrielle Gesellschaften in Afrika und Südamerika keine Sorgen wegen dieser Erkrankung machen. Wir wissen nicht sicher, warum das so ist, aber Dr. Parker argumentiert, dass die Blinddarmentzündung eine moderne Fehlfunktion des Immunsystems ist, ähnlich wie Asthma und Allergien, die die Menschen in den Entwicklungsländern so gut wie nicht bekommen. In der entwickelten Welt gibt es jede Menge heißes Wasser und Seife, und wir leben in relativ sterilen Umgebungen. Als Folge davon wird unser Immunsystem, um eine Metapher von Dr. Parker zu leihen, wie ein gelangweilter Teenager: Da es nichts zu tun hat, heckt es irgendeinen Unsinn aus, was in diesem Fall eine völlig grundlose Entzündung des Blinddarms ist.

Das heißt, der Blinddarm hat in den Entwicklungsländern einen völlig anderen Status, aus zwei Gründen, die beide mit Hygiene zu tun haben. Erstens ist es sehr viel wahrscheinlicher, dass man dort eine Darmentzündung bekommt, was bedeutet, der Blinddarm wird sehr viel eher in Erscheinung treten müssen, um die Bakterienpopulation wiederaufzubauen. Zweitens ist es sehr viel unwahrscheinlicher, dass das Immunsystem dort von Langeweile geplagt ist, und das bedeutet, es ist sehr viel unwahrscheinlicher, dass der Blinddarm anschwillt, bis er den Betroffenen entweder tötet oder in den Bankrott treibt.

Anscheinend gab es in der Medizin den Lehrsatz, dass rudimentäre Strukturen besonders anfällig für Krankheiten sind, was beinahe wie ein moralisches Urteil über den nichtsnutzigen Blinddarm klingt. Aber in den Entwicklungsländern ist der Blinddarm weder rudimentär noch krankheitsanfällig. Nur in der entwickelten Welt ist er das eine oder das andere oder beides. Für mich erscheint er wie eine tragische Figur, wie ein aus der Zeit gefallener Grenzbewohner. Ich erinnere mich an Michael Bays Actionfilm *The Rock – Fels der Entscheidung* von 1996, in dem eine Gruppe von US-Marines, die tapfer im Ausland gekämpft haben, um ihre Heimat zu verteidigen, abtrünnig werden und die Gefängnisinsel Alcatraz unter ihre Kontrolle bringen, nachdem sie aus dem Krieg zurückgekehrt sind, um zu erkennen, dass unsere selbstgefällige Welt keinen Respekt mehr hat für ihr Opfer. *The Rock* ist eine viel bessere Analogie für den Blinddarm als *Lohn der Angst* oder meine Jungfräulichkeit.

Wenn mir früher die Vorstellung eines platzenden Blinddarms in den Sinn kam, dann meistens in den ersten zwanzig Minuten einer vielversprechenden ersten Verabredung. Doch es gibt wesentlich schlimmere Orte dafür.

1960 segelte ein Schiff von der Sowjetunion in die Antarktis, um auf der Schirmacher-Oase eine neue Polarstation zu errichten. Die Crew hatte den Job eben erledigt, als der Winter hereinbrach und das Meer zufror. Wochen später erkrankte der Arzt der Basis, ein Siebenundzwanzigjähriger aus Leningrad mit dem Namen Leonid Ivanovič Rogozov. Er erkannte, dass er eine akute Blinddarmentzündung hatte, doch auf der Basis gab es außer ihm niemanden, der die Operation durchführen konnte. Also entfernte er, nur unter örtlicher Betäubung und fast ausschließlich auf seinen Tastsinn vertrauend, weil er sich ja nicht selber in die Bauchhöhle schauen konnte, in einer fast zweistündigen Operation seinen Blinddarm. Er überlebte die Operation und meldete sich nach zwei Wochen wieder zum Dienst.

Ich kann mir vorstellen, dass Leonid Rogozov sich wohl gefragt hatte, warum sein Blinddarm sich gerade diesen Monat seines Lebens ausgesucht hatte, um seine Rebellion vom Zaun zu brechen. Ich kann mir vorstellen, dass er von da an einen tiefen Glauben an Sods Gesetz hatte, daran, was Jerome K. Jerome »die Tücke des Objekts« nannte. Daran glaube ich auch, und deshalb glaubte ich auch früher, es sei unvermeidlich, dass mein Blinddarm sich im ungünstigsten Augenblick und im teuersten Land verabschieden würde. Wenn dieses Organ, das ich ja überhaupt nie gewollt hatte, dieses Organ, das für mich rein gar nichts getan hatte, wenn dieses tote Gewicht, dieser überflüssige Schnörkel genau das Organ sein würde, das die ernstesten Auswirkungen auf mein Leben hatte, dann hätte das eine Qualität des Komischen, des Willkürlichen, des Sinnlosen, des Gehässigen, die für mich in Einklang steht mit dem, wie das Universum die meiste Zeit funktioniert. Aber jetzt, da ich weiß, dass der Blinddarm nicht rudimentär ist, dass er ein ganz normales, alltägliches Organ ist wie alle anderen, bin ich viel eher bereit, der ganz normalen, alltäglichen Statistik zu glauben, dass etwa sieben Prozent der britischen Bevölkerung im Verlauf ihres Lebens eine Blinddarmentzündung bekommen. Ja, der Blinddarm ist ein Relikt und eine Belastung – aber nur in dem Maße wie jeder andere Zentimeter der watschelnden, schuppenden, leckenden, pulsierenden Verkettung von Relikten und Belastungen, die ich stolz meinen sterblichen Körper nenne.

Auge
Abi Curtis

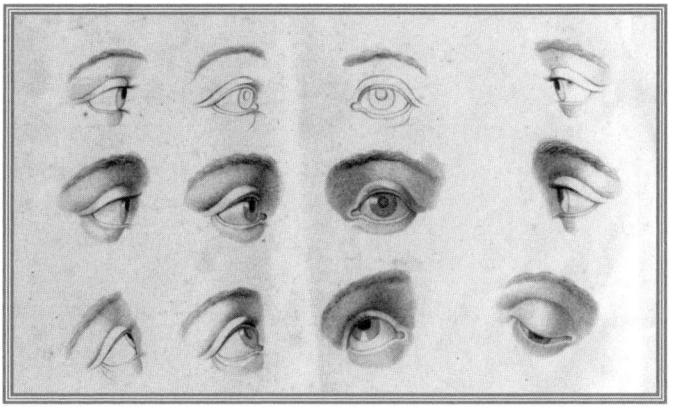

und der Welt, die uns umgibt, und doch verkörpern sie zugleich eine seltsame Einsamkeit, wie sie da in unserem Schädel stecken und von der Singularität unseres Gehirns aus hinausblicken: Was wir sehen, ist für jeden von uns einzigartig. In gewisser Weise hatte Lowell jedoch tatsächlich recht: In mancherlei Hinsicht ist das Auge der Ort, an dem Gemeinschaft begründet wird, durch jene Fähigkeit nämlich, Verbindung mit anderen aufzunehmen, die das Sehen ermöglicht. Und so erinnern mich meine Augen an meine Isoliertheit, während ich durch bloße Bildschirme auf das schaue, was vor mir geschieht.

Die antiken Griechen glaubten an eine »Emissionstheorie« des Sehens. Ihrer Ansicht nach beruhte dieses darauf, dass die Augen Lichtstrahlen aussenden, um ihre Umgebung zu erleuchten, sie zu »berühren«. Aber wieso können wir dann im Dunkeln nicht sehen? Später wurde diese Theorie von der entgegengesetzten Vorstellung einer »Immission« abgelöst, und in seinem vor tausend Jahren verfassten Buch *Schatz der Optik* erklärt der arabische Gelehrte Alhazen, wie das Auge Licht auffängt. Das Auge zieht die Welt zu sich hin.

Auf Reisen mache ich sehr gerne Fotos mit einer großen Spiegelreflexkamera, ihr veränderbares Objektiv benutze ich dabei als Erweiterung meiner eigenen nachlassenden Sehkraft. Und aus diesem Grund gefällt mir auch der Gedankengang von Johannes Kepler, der im frühen siebzehnten Jahrhundert erklärte, unsere Augen seien wie eine Camera obscura – eine unheimliche, durchscheinende Apparatur zur Aufzeichnung der Welt. Ein Optiker hat mir einmal eine Aufnahme meines Augeninneren gezeigt. Was ich dort sah, war ausgesprochen planetarisch: ein betörender rötlicher Globus, in dem ein Netz von Äderchen pulsierte. Vielleicht ist es nicht verwunderlich, dass Kepler gleichzeitig auch Astronom war und die Geheimnisse der Himmelskörper zu ergründen suchte. Linse, Netzhaut, Pupille, Stroma – eine organische Camera obscura, durch die Fasern des Sehnervs mit dem Gehirn verbunden: die feudale Dunkelkammer, die ihre Bilder in einem Sekundenbruchteil entwickelt. Doch bei aller verblüffenden Komplexität weist das Auge einen irritierenden »Konstruktionsfehler« auf: den durch die Struktur des Sehnervs bedingten blinden Fleck – das *punctum caecum*. Wir alle haben eine blinde Stelle, von der wir nichts ahnen.

Wenn wir »Augenkontakt« herstellen, bietet das Organ einen herrlichen Anblick, die Iriden blau, grün, braun, grünbraun, grau – all diese Farbstränge, die wie ein aufziehender Sturm oder frisch gepflügte Ackerfurchen auf das schwarze Loch der Pupille zustreben. Ich verschönere meine Augen gern mit glitzerndem Lidschatten, Wimperntusche und Kajal, rahme jene Öffnungen in meinem Schädel ein, aus denen ich blicke. Ein gut sehendes Auge ist wie eine Kugel geformt, aber da ich kurzsichtig bin, sind meine Augen ein wenig abgeflacht wie eine Scheibe. Bei Weitsichtigen hingegen haben die Augen eher die Form eines Torpedos oder einer Zitrone. Dieser leichte Makel hüllt meine Morgen in verschwommenen Nebel, aber dank der modernen Wissenschaft führe ich ein ganz normales Leben. Ich weiß noch, wie man mir mit fünfzehn erlaubte, die dicke Brille gegen leichte Plastiklinsen einzutauschen, die direkt auf meinen Augen lagen. Ich lebte damals in Hongkong, und als ich den Laden des Optikers verließ, ohne dass ein Teil meines Gesichtsfelds verdunkelt war, verdrehte ich staunend den Kopf in Richtung der heißen, verspiegelten Wolkenkratzer: Die Welt war wieder einmal neu.

Aber ich kann nicht über das Auge nachdenken, ohne mich zugleich mit Blindheit zu befassen. Tief berührt hat mich die Geschichte des Theologen John Hull, der in den Achtzigerjahren erblindete. Ich saß in meinem Büro, während die Abenddämmerung hereinbrach, lauschte Hulls aufgezeichneten Worten und stellte mir vor, wie er an seinem eigenen Schreibtisch saß und leise in das Aufnahmegerät sprach. Seine Reise in die Blindheit ist gleichzeitig eine Auseinandersetzung mit Trauer und einem sich wandelnden Blick auf das Selbst. Hull fragt sich, in welchem Ausmaß insbesondere der Verlust des eigenen Gesichts die Verbindung zum inneren Selbst antastet. Und seine Frau Marilyn reflektiert: »Ich kann ihm nicht mehr in die Augen sehen und dabei selbst gesehen werden. Es gibt... kein Erblicken mehr in dem Sinn, dass er mich mit seinem Blick erfasst... Wenn man jemandem sehr nahesteht, ist das ein unermesslicher Verlust.« Die Blindheit betrifft nicht nur den Blinden selbst, sondern auch den geliebten Menschen, der nicht länger *gesehen werden* kann. Ich stelle mir vor, wie es wäre, wenn ich mein Kind nicht mehr sehen könnte, wie es aufwächst, wie sich seine Züge verändern. Ich stelle mir vor, wie es wäre, wenn mein Mann nicht mehr von mir gesehen würde und in meinem Gesicht nach Zeichen des Erkennens suchte. Es zerreißt mir das Herz, als Hull von einem Traum erzählt, in dem er das Gesicht eines seiner Kinder erblickt, das nach seiner Erblindung geboren wurde – ein Gesicht, das er niemals sehen wird, aber das sein Unterbewusstsein sich für ihn vorgestellt hat.

Letztlich beginnt Hull seine Blindheit als ein »dunkles, paradoxes Geschenk« zu akzeptieren. Er liefert eine wunderschöne Betrachtung darüber, wie der Regen die Umrisse der Außenwelt erhellt, und denkt: »Wenn es etwas Vergleichbares geben könnte zu Regen, der im Inneren eines Hauses fällt, dann würde ein ganzer Raum Form und Dimension gewinnen.« Regen als eine Möglichkeit zu sehen. Da begriff ich, dass es auch andere Formen des Sehens und Erkennens gibt. Hulls Schilderungen beschreiben einen Paradigmenwechsel, bei dem die Intimität des Blindseins das Bewusstsein des Menschen verändert.

Ich ging in unser örtliches Lehrkrankenhaus und traf mich dort mit einem Pflegehelfer, der auf der ophthalmologischen Station arbeitet und den ich hier »Greg« nennen möchte. Greg kam im geschäftigen Warteraum auf mich zu und schüttelte mir, ohne zu zögern, die Hand. Für einen Moment fragte ich mich, ob ich der richtigen Person gegenüberstand. Greg hat vor zwanzig Jahren durch einen Schlaganfall das Sehvermögen nahezu vollständig verloren. Geblieben ist ihm nur das periphere Sehen. Wie er mir erklärte, sind Gesichter für ihn völlig verschwommen, so wie in Polizeidokumentationen, in denen die Identität der Betroffenen unkenntlich gemacht wird. Ich dachte darüber nach, während wir uns unterhielten. Für ihn war mein Gesicht eine leere Scheibe – ich war verkleidet. Bei diesem Gespräch blieb ich ungesehen. Dennoch merkte man Greg nicht an, dass er blind ist, und so ist es ihm auch am liebsten. Er räumte ein, dass es in den ersten Jahren seiner Blindheit Phasen von Zorn und Groll gegeben habe, eine Reaktion, die stark nach Trauern klang. Er hatte sich geweigert, den weißen Stock zu benutzen, den man ihm gab, und sagte wehmütig, in Merseyside, wo er damals gewohnt habe, wäre so etwas einer Einladung gleichgekommen, ihn zu überfallen. Greg kann die körperlichen und emotionalen Erfahrungen seiner Patienten aus eigenem Erleben nachvollziehen. Er hat sein »dunkles, paradoxes Geschenk« akzeptiert, wenn auch nicht ohne eine Trauer- und Abschiedsphase. Er erzählte mir von einem Patienten, dem er einmal begegnet sei: einem Mann in den Dreißigern, der von Geburt an blind war und sagte, er wolle sein Sehvermögen niemals zurück. Für Greg, der davon träumt, dass der wissenschaftliche Fortschritt ihm eines Tages sein Augenlicht wiedergeben wird, eine kaum nachvollziehbare Haltung. Wie John Hull sagt: Die Sehenden leben in einer Welt, die eine Projektion ihres sehenden Körpers ist. Es ist nicht *die* Welt, es ist eine Welt. Mehr und mehr wurde ich mir der Komplexität und Verletzlichkeit des Auges bewusst. So vieles kann passieren, diese schönen, wurzelartigen Blutgefäße sind unglaublich empfindlich. In ihrem Bemühen zu heilen wuchern sie wie Schlingpflanzen, sie platzen, Blut sickert heraus. Wie ein anatomisches Breitbandkabel überträgt der Sehnerv Bilder an den visuellen Cortex, das mit roten Vorhängen ausgestattete Kino unseres Gehirns. Wird dieser Nerv durch eine Unterbrechung der Blutzufuhr beschädigt, ist die Blindheit im Allgemeinen irreversibel.

Falls jedoch der Sehnerv nicht beschädigt wurde, sondern Katarakte für die Blindheit verantwortlich sind, gibt es andere Optionen. Katarakte sind Stellen, an denen sich die Augenlinse trübt. Dem Wort »Katarakt« liegt eine seltsam poetische Etymologie zugrunde. Es leitet sich ab von der griechischen Bezeichnung für »Fallgitter« oder »Tor«, aber der Begriff umfasst noch eine weitere Bedeutung, nämlich »Wasserfall« und den dynamischen Aspekt des »Herabstürzens«. Die in *König Lear* erwähnten »Katarakte« sind scheinbar Teil des tosenden Sturms, aber man kann sie auch als wortspielerischen Verweis auf Lears moralische Blindheit interpretieren: »Blast, Wind', und sprengt die Backen! Wütet, Blast! – Ihr Katarakt' und Wolkenbrüche.« Diese andere, wasserbezogene Bedeutung des Wortes fasziniert mich. Denn obwohl Katarakte für ihren Träger tatsächlich ein Fallgitter sind, eine Schranke, die ihm den Blick auf die Welt versperrt, erscheinen sie von außen betrachtet wie die Tiefen eines wirbelnden Wasserfalls.

Katarakte können mit einer einfachen, scheinbar wundersamen Operation behoben werden. Einige der Krankenhausangestellten erzählten mir, Zeuge dieses Wunders zu werden, habe sie dazu inspiriert, im Bereich der Augenheilkunde zu arbeiten. Aber lässt sich die Erfahrung, die eigene Sehkraft wiederzuerlangen, tatsächlich so leicht verarbeiten? Die Beziehung zwischen Auge und Gehirn ist komplex. 1688 fragte sich der irische Wissenschaftler William Molyneux, dessen Frau blind war, was wohl geschehen würde, wenn jemand, der blind zur Welt gekommen war, plötzlich sehen könnte. Wie würde er Formen und Gestalten erkennen, die das Gehirn nie zuvor hatte interpretieren müssen? Wie würde er den Tastsinn mit dem Sehsinn in Verbindung bringen, nachdem die beiden sich unabhängig voneinander entwickelt hatten? Die bekannte Welt ist nicht notwendigerweise die sichtbare Welt. Der Neurologe Oliver Sacks schildert den Fall von »Virgil«, der seit seiner Kindheit blind war und in mittlerem Alter durch eine Kataraktoperation das Sehvermögen wiedererlangt. Virgils Erfahrung ist nicht frei von Hindernissen. Die neuen Formen und Linien vor ihm fügen sich nicht zu Strukturen, Gebäuden oder Wegen, auf denen er sich zurechtfinden kann. Er hat keinen Sinn für Perspektiven. Er weiß zwar, was Stufen sind, doch er kann sie nicht hinauf- oder hinuntergehen. Es ist, als versuchte er, im Paradox eines Escher-Bildes zu leben.

Bei meinem Besuch im Krankenhaus dachte ich über die Empfindsamkeit des weichen Augapfels nach, darüber, wie die Patienten sich überwinden müssen, um zuzulassen, dass jemand anders ihn berührt, untersucht oder etwas hineininjiziert. Während des Zweiten Weltkriegs behandelte der Ophthalmologe Sir Harold Ridley verwundete Piloten, in deren Augen Bruchstücke zersprungener Frontscheiben steckten. Er erkannte, dass die Acrylscherben, anders als Glas, vom Auge nicht abgestoßen wurden. Dies führte zu der Entdeckung, dass getrübte Linsen im Rahmen einer Operation, die mittlerweile zu einem Routineeingriff geworden ist, durch Kunststofflinsen ersetzt werden können. Der Schriftsteller John Berger beschreibt die Entfernung seiner Katarakte als »die Entfernung einer besonderen Form von Vergessen ... eine Wiedergeburt des Sehens«. Erfahrungen, von denen Berger nicht einmal wusste, dass er sie vergessen hatte, kehren zurück: »All dies geschieht, weil die Details – das besondere Grau in jener Himmelsrichtung, das Einknicken des Fingerknöchels beim Entspannen der Hand, die Neigung der Wiese hinter einem Haus – ihre vergessene Bedeutung wieder offenbaren.« Diese Form der Blindheit ist so leicht zu beheben, aber es bleibt ein Wunder für Privilegierte mit Zugang zu Chirurgen. Die meisten von uns nehmen unser Sehvermögen als Selbstverständlichkeit hin, und unser damit verknüpftes Verständnis dafür, wer wir sind, entwickelt sich fast beiläufig, verstohlen. Blindheit, vor allem, wenn sie einen Menschen später als in früher Kindheit ereilt, kann sich anfangs wie ein schmerzlicher Verlust anfühlen, wie eine eigentümliche, intime Falle: ein Verlies, in das man hinabgestoßen wird. Diejenigen, denen so etwas widerfährt, müssen ihr gesamtes Selbstbild neu formen.

Ein Teil unseres heutigen Sehens ist virtuell – und tatsächlich kann die virtuelle Realität uns Bilder des Hyperrealen zeigen, einer Landschaft etwa, die in der Wirklichkeit so nicht existiert, und das Auge akzeptiert die Illusion. Wie so viele andere blicke ich Tag für Tag auf zahllose Bildschirme, während die reale Welt manchmal ungesehen vorbeizieht. Für meinen inzwischen zweijährigen Sohn ist die sichtbare Welt eine kontinuierliche Überraschung. Gemeinsam haben wir den Alltag umbenannt: Der Vollmond ist ein »Wolfsmond«, der zunehmende

Mond ein »Geschichtenmond«. Die Wahrnehmung meines Kleinkinds ermöglicht mir, die Welt mit frischem Blick zu sehen. Ich denke an Greg, der nur die äußeren Umrisse der Dinge erkennt, und erinnere mich selbst daran, von Zeit zu Zeit aufzuschauen und die vorbeiziehenden Wolken zu betrachten, die Oberfläche der Blätter auf dem Weg, die zarten Farben der Iriden, die mich ansehen, blau, mit Grün und Grau gesprenkelt, von stürmischem Licht erfüllt.

Quellen:

Berger, John (2014), *Vom Wunder des Sehens*, Unionsverlag

Francis, Gavin (2015), *Adventures in Human Being*, Wellcome Collection

Hull, John (2018), *Im Dunkeln sehen. Erfahrungen eines Blinden*, C.H. Beck

Middleton, Pete & Spinney, James (2016), *Notes on Blindness*, Artificial Eye (Film)

Sacks, Oliver (1995), *Eine Anthropologin auf dem Mars*, Rowohlt

Sheehan, William (2003), Venus Spokes: An Explanation at Last? In: *Sky & Telescope: The Essential Guide to Astronomy*, http://www.skyandtelescope.com/astronomy-news/venus-spokes-an-explanation-at-last/; abgerufen am 12. Dezember 2017

The Vision Eye Institute, The amazing World War II discovery that led to modern cataract surgery, https://visioneyeinstitute.com.au/eyematters/amazing-worldwar-ii-discovery-led-modern-cataract-surgery/; abgerufen am 12. Dezember 2017.

Blut
Kayo Chingonyi

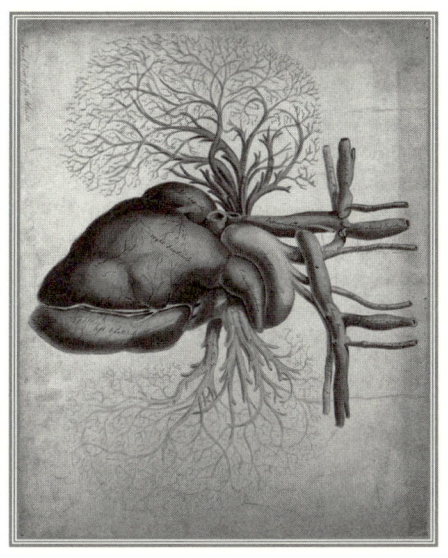

Wenn ich jemanden neu kennenlerne, bei einer Dinnerparty zum Beispiel, und diese Person nach meiner Familie oder meiner Kindheit fragt, dann probiere ich immer aus, ob man mich davonkommen lässt, möglichst nichts zu sagen. Das funktioniert ausgesprochen gut, wenn ich neben einer extrovertierten, gesprächigen Person sitze, die, wenn ich von Zeit zu Zeit die richtigen Geräusche mache, sehr gern die Lücken füllt. »Ich habe gehört, Sie sind Dichter; das muss ziemlich schwer sein. Ich meine, wie kann irgendjemand damit Geld verdienen? Aber ich höre, Sie haben ein Buch veröffentlicht, und es geht Ihnen wirklich gut, also müssen Sie doch was richtig machen?« Es ist faszinierend festzustellen, wie einseitig so ein Austausch sein kann, wie wenige Wörter man sprechen und trotzdem in einer Unterhaltung mit jemandem sein kann. Wenn ich besonders boshaft drauf bin, denke ich mir Sachen aus. Das Wichtigste dabei ist, sich immer einen neutralen Gesichtsausdruck zu bewahren. Mit einem neutralen Gesicht lassen sich sogar die ungläubigsten Skeptiker kurzfristig hinters Licht führen.

Manchmal muss ich mir gar nichts ausdenken; irgendjemand stellt eine These übers Leben auf, und ich widerspreche einfach nicht. Und wenn sie fragen, wo ich aufgewachsen bin, und ich es ihnen sage und sie sich dann vorstellen, wie ich dort mit meinen Eltern gelebt habe, ist es einfacher, sich an das zu halten, was sie für wahr halten, als weiter ins Detail zu gehen. Ein erstes Gespräch mit jemandem ist selten der richtige Augenblick, um über die schmerzhaften Fakten des Lebens zu reden. Aber die Sachen, die zur Sprache kommen, wenn Menschen versuchen, sich kennenzulernen, wenn beide Beteiligten heiter und gelassen wirken wollen, darüber zu reden fällt mir sehr schwer. Wenn ich die Wahrheit sage, ist es mir unmöglich, diese Wahrheit *leicht* klingen zu lassen. Wenn jemand nach meiner Mum und meinem Dad fragt, kann ich ihnen nicht sagen: »Sie sind beide gestorben, als ich noch ein kleiner Junge war.« Oder genauer, ich kann es zwar, aber wenn ich es tue, gibt das der Unterhaltung automatisch eine bestimmte Richtung. Eltern sollen nicht so früh im Leben ihrer Kinder sterben, und wenn ich ihnen also eine der grundlegendsten Tatsachen meines Lebens mitteile, bereite ich ihnen Unbehagen. »Wie sind sie gestorben?« ist eine natürliche Folgefrage, aber niemand fragt mich das, zumindest in Großbritannien nicht, in diesem Land, in dem Zurückhaltung eine Kunstform ist, auch wenn es der Gesichtsausdruck meines Gegenübers manchmal tut. Wenn ich vor der Entscheidung stehe, jemanden, den ich nicht kenne, glauben zu lassen, ich hätte ein Leben gelebt, das ich nicht gelebt habe, oder die Veränderung ihrer Gesichter zu sehen, während sie sich krampfhaft überlegen, was sie sagen oder tun sollen, greife ich eher zu einer Lüge.

Es ist diese Frage, wie meine Eltern gestorben sind, die mich auf das Thema Blut bringt. Wenn ich mitteilsam bin und jemand mich direkt fragt: »Wie sind deine Eltern gestorben?«, muss ich abschätzen, ob ich in meiner Antwort wirklich die ganze Wahrheit sagen kann. Ich könnte sagen, dass meine Eltern an »einer Blutkrankheit« gestorben sind, was die wichtigsten Punkte abdeckt, aber gnädig ungenau ist. Was ich sehr selten sage, ist, dass meine Eltern an einer Bronchopneumonie gestorben sind, weil sie HIV hatten. Ich gehe nie ins Detail und sage, dass HIV die Funktion der weißen Blutkörperchen beeinträchtigt, Zellen, die dem Körper helfen, sich selbst zu schützen.[1] Ich erkläre auch nicht, dass in Sambia, wo ich geboren bin, die Häufigkeit von HIV unter Erwachsenen, abhängig von der Region, auf zwölf bis zwanzig Prozent geschätzt wird.[2] Ich sage nicht, dass Sambia ein Land ist, in dem über eine halbe Million Kinder ein Elternteil oder beide an das Virus verloren haben.[3] Der Grund, warum ich es nicht tue, ist Scham. Es herrschen eine starke Stigmatisierung, die häufig auf sehr problematische Art rassifiziert wird, und ein großer Mangel an Wissen über HIV, sodass es mir unmöglich ist, die Wahrheit zu sagen, ohne vorschnelle Urteile auf mich zu ziehen.

Vielleicht ist meine Angst vor diesen vorschnellen Urteilen etwas, das man hinterfragen sollte. Vielleicht sind Menschen verständnisvoller, als die allgemeine Kultur uns glauben macht. Aber das Risiko, das man eingeht, wenn man über diese Angst hinausgeht, erscheint mir be-

---

1 Terrence Higgins Trust: The Immune System and HIV
2 UNAIDS (2015): Zambia HIV and AIDS estimates
3 Ebd.

trächtlich. Ich habe lange gebraucht, bis ich auch nur den mir am nächsten Stehenden von den Auswirkungen erzählt habe, die HIV auf den Verlauf meines Lebens hatte. Ich wusste, dass mein Vater das Virus hatte und als Folge davon starb, weil meine Mum es mir erklärte, als sie den Eindruck hatte, ich sei alt genug, um es zu verstehen. Als meine Mum anfing, krank zu werden, war mir nicht klar, dass es dasselbe Virus war; sie erklärte mir nie, warum sie so stark an Gewicht verlor oder warum sie so viele Tests brauchte, wenn ich mit ihr ins Krankenhaus ging. So wie ich es jetzt verstehe, akzeptierte sie ihre Krankheit einfach nicht. Sie verweigerte Behandlungen, die sie vielleicht am Leben gehalten hätten. Hat sie es aus Scham getan? Sie ist nicht hier, um mir diese Frage zu beantworten, und ich kann nur vermuten, was sie, in einer Zeit, die für sie äußerst schmerzhaft gewesen sein muss, gefühlt hat. Aber wenn Scham einer der Gründe ist, warum sie Behandlungen verweigerte, dann muss ich Scham über den Haufen werfen.

Was meine Mum mir nicht sagen konnte, während sie langsam aus dem Leben schwand, überließ sie meiner Tante und meinem Onkel. Nachdem sie mir Zeit gelassen hatten, damit ich mich anpassen, trauern konnte, nahm meine Tante mich eines Tages beiseite und fragte mich, ob ich nicht neugierig sei, wie meine Mum gestorben war. Mit der Art, wie sie die Frage formulierte, ließ sie mir den Raum, nein zu sagen, tatsächlich aber sagte ich, dass ich neugierig sei; ich hatte ja wirklich viele Fragen. Jetzt, beim Schreiben, verblüfft mich die Fähigkeit meiner Tante, ein Gespräch bis zum richtigen Zeitpunkt aufzuschieben, aufs Neue. Damals schaute sie mich mit demselben ruhigen Gesichtsausdruck an, den sie auch gehabt hatte, als sie mir früher eine schwierige Wahrheit gesagt hatte; kurz nach meinem dreizehnten Geburtstag setzte sie sich vor Schulbeginn zu mir und sagte mir, dass die Lunge meiner Mum in den frühen Stunden jenes Morgens kollabiert sei und die Ärzte sie nicht mehr hätten wiederbeleben können.

Nach der zweiten, detaillierteren Unterhaltung mit meiner Tante war ich besessen von dem Gedanken, dass auch ich HIV haben könnte. Es war möglich, dass das Virus von der Mutter aufs Kind weitergegeben wird, durch das Blut, traf das vielleicht bei mir zu? Was, wenn es die ganze Zeit unbehandelt geblieben war? Ich erkenne jetzt, dass diese Fixierung mein erster Versuch war, damit zurechtzukommen, wie es mir mit der Art, wie meine Eltern gestorben waren, ging und darüber hinaus, wie es mir damit ging, dass das Einzige, was viele Leute über Sambia wissen, wenn sie überhaupt etwas wissen, die Tatsache ist, dass es eine der höchsten HIV-Infektionsraten der Welt hat. Ich war wütend, dass meine Familie keine Ausnahme zu dieser Statistik darstellte, dass nicht nur meine Eltern, sondern auch ihre Freunde, Nachbarn und Familienangehörige betroffen waren. Wie konnte ich so viel Scham in meinem Körper vereinigen? Ich musste herausfinden, ob auch ich das Virus hatte, und die Fragen, die mir durch den Kopf gingen, ruhen lassen.

Soweit ich zurückdenken kann, hatte ich immer schon Angst vor Nadeln. Wenn ich Angst sage, dann meine ich, dass mein Körper manchmal unerwartet zuckt, wenn der

Gedanke an Nadeln uneingeladen in meinem Kopf aufblitzt. Wenn ich Angst sage, meine ich, dass ich, als ich mit vielleicht vier oder fünf Jahren wegen Auffrischungsimpfungen zu einem Arzt gebracht wurde, die Nadel, die für den Kontakt mit meinem Fleisch vorbereitet wurde, nur einmal anschaute und dann davonrannte: aus dem Zimmer und aus dem medizinischen Zentrum und ein gutes Stück die Straße hinunter, bevor irgendjemand mich einholen konnte. Erst als ich mir an einer Stelle überlegte, ob es schlau war, die Straße allein zu überqueren, wurde ich wieder eingefangen.

Als ich schließlich den Mut aufbrachte, mich auf HIV testen zu lassen, war ich bereits Student der Englischen Literatur. Die Universität ließ uns mit großem Pflichtbewusstsein wissen, dass sie einen kostenlosen, gut erreichbaren, vertraulichen, sexuellen Gesundheitsdienst ohne Terminverpflichtung habe. Eines frühen Morgens ging ich dorthin, setzte mich ins Wartezimmer und versuchte, niemanden anzustarren und nicht zu spekulieren, warum die anderen hier waren. Wenn ich es nicht mit ihnen tat, so dachte ich, würden sie es auch nicht mit mir tun. Nach einer Weile wurde mein Name aufgerufen, und ich wurde in einen Raum geführt, in dem ein Arzt mir einige Fragen stellte. Ob ich sexuell aktiv sei? War ich nicht. Was habe mich dann hierhergeführt? Ich erklärte es ihm. Zum ersten Mal sprach ich es laut einem anderen gegenüber aus. Ich erfuhr, es sei möglich, dass ich mir das Virus nicht zugezogen hatte – man könne nicht mehr feststellen, ob meine Mum während der Schwangerschaft HIV-positiv gewesen sei, und die Mutter-Kind-Übertragungsrate

(»ohne medizinische Intervention«) rangiere zwischen fünfzehn und vierzig Prozent.[4] Sie nahmen mir Blut ab und schickten es zum Testen.

Auf dem Nachhauseweg dachte ich darüber nach, was es für mich bedeuten würde, wenn ich die Ergebnisse bekam. Ich wusste, dass der Arzt recht und ich wahrscheinlich kein HIV hatte, aber was würde ich tun, wenn doch? Würde ich es jemandem sagen? Ich ging den langen Weg zu Fuß nach Hause, und als ich endlich wieder in meinem Zimmer war, setzte ich mich an die Wand – mit einer Raufasertapete in einer Variation von Weiß, die als Herberge einer Ameisenkolonie diente. Ich saß also an der ameisenverseuchten Wand und wartete darauf, dass mein Telefon klingelte. Als Zeitvertreib spielte ich alle möglichen Ausgänge in einer fruchtlosen Schleife in meinem Kopf durch. Ich erzählte niemandem, was los war, weil ich es nicht erklären konnte. Also saß ich alleine in meinem Zimmer und führte meine unwissenschaftliche Studie über die Zeit und ihre relative Geschwindigkeit durch. Nach einer Spanne, die sich wie mehrere Stunden anfühlte, wahrscheinlich aber nur neunzig Minuten betrug, rief jemand an, um mit mir über die Ergebnisse zu sprechen.

Ich war nicht HIV-positiv.

Diese Bestätigung zu bekommen, gab mir eine Perspektive. Den Test zu machen, war ein erster Schritt, der es mir ermöglichte, darüber zu reden, wie HIV mein Leben beeinflusst hatte. Seit dem Tag sind beinahe drei-

---

4 World Health Organization: Mother-to-child transmission

zehn Jahre vergangen, und erst jetzt dämmert mir langsam, dass das, was ich eine »Blutkrankheit« genannt habe, nichts ist, wofür man sich schämen muss, dass das Loslassen dieser Scham, die ich deswegen hatte, eine schwere Last von meinem Leben hebt. Wenn, und nur wenn, ich akzeptieren kann, dass diese Dinge passiert sind, kann ich wirklich anwesend sein; und wenn jemand mich nach meinen Eltern fragt, dann kann ich demjenigen sagen, dass sie sich an der Universität kennengelernt haben; dass sie sich ineinander verliebten; dass sie starben, als ich noch ein kleiner Junge war; dass es jeden Tag noch ein wenig schmerzt, dass ich trotz dieses Schmerzes noch immer da bin, und dass ich, solange ich es bin, versuchen werde, diesen Schmerz nicht alles sein zu lassen, was ich empfinde.

Gallenblase
Mark Ravenhill

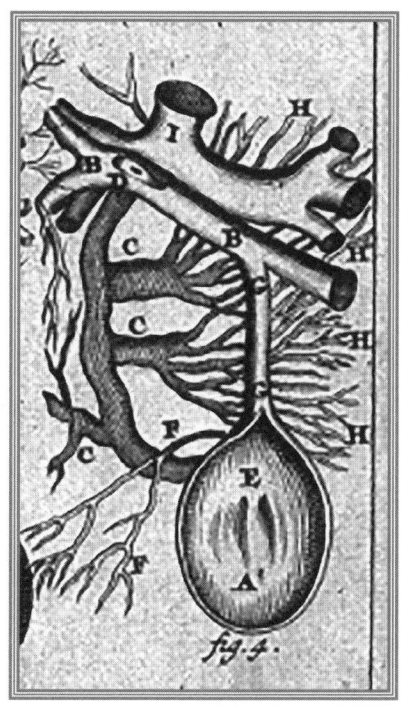

In dieser ersten Nacht in Warschau vor zwei Jahren spürte ich einen starken Druck unter meinem Brustbein, der nicht vergehen wollte. Ich drehte mich im Bett hin und her, ging im Zimmer auf und ab, versuchte, so tief zu atmen, wie es ging. Doch eine unsichtbare Faust drückte weiter gegen meine Brust. Ich ächzte und stöhnte und konnte nicht schlafen. Ich litt, wie ich vermutete, an schwerer Verstopfung.

Am nächsten Tag unterrichtete ich eine Gruppe junger, polnischer Dramatiker. Der Schmerz war verschwunden, aber ich hatte nur ungefähr fünfundvierzig Minuten geschlafen. Deshalb war ich ein bisschen langsam im Denken und im Reden, aber ich war froh, den Schmerz hinter mir zu haben, und freute mich auf eine Woche des Arbeitens mit den aufstrebenden Talenten des polnischen Theaters.

Aber in dieser Nacht in meinem Hotelzimmer kehrte der Schmerz ebenso heftig wieder zurück. Die ganze Woche suchte er mich, ein unwillkommener Besucher, Nacht für Nacht heim. Ein tiefes, konstantes Drücken, das vielleicht für ein paar Minuten etwas nachließ, manchmal sogar genug, um mich eindösen zu lassen, das jedoch immer mit der derselben erbarmungslosen Beharrlichkeit zurückkehrte. Gott sei Dank waren die Tage aus unerfindlichen

Gründen immer schmerzlos. Doch im Verlauf der Woche unterrichtete ich in einem Zustand beinahe halluzinogenen Schlafentzugs und gab das Essen völlig auf, weil ich hoffte, dass ohne Essen keine Verdauung stattfinden würde.

An meinem letzten Morgen in Warschau starrten mir aus dem Spiegel gelbe Augäpfel entgegen. Und auf meinem ganzen Körper entdeckte ich eine leichte Gelbfärbung der Haut. Mein Urin war fast braun, mein Stuhl kalkig-weiß. Ich hatte eine Gelbsucht. Eine kurze Google-Recherche überzeugte mich davon, dass ich meine Selbstdiagnose von Verstopfung zu Krebs im fortgeschrittenen Stadium hochschrauben musste. Ein Fahrer kam, um mich von dem Hotel in Warschau abzuholen. Hatte er meine fortschreitende Gelbfärbung bemerkt, fragte ich mich. Ich beobachtete ihn genau, konnte es aber nicht sagen. Während wir fuhren, begann es zu schneien. Kein halbherziges Graupeln, sondern große, dicke Flocken, bis daraus, als wir den Flughafen erreichten, ein Schneesturm geworden war – wenn man die Hand bis zur vollen Länge des Arms ausstreckte, konnte man sie nicht mehr sehen.

Ich stürzte zum Check-in-Schalter und fragte ängstlich (mit der heimlichen Angst, dass ich jetzt vielleicht in ein Warschauer Krankenhaus gehen müsste): »Besteht noch die Chance, dass die Maschine fliegt?« Die Frau von der polnischen Fluggesellschaft schnaubte, wahrscheinlich weil sie Gerüchte gehört hatte, englische Flughäfen würden schon beim geringsten Schneefall schließen. »Natürlich fliegt die Maschine.«

Nach der Landung in Heathrow bat ich den Taxifahrer, mich direkt zu einer Notaufnahme zu fahren.

»Es ist ein Gallenstein«, sagte der Assistenzarzt zu mir.

»Also kein Krebs?«

»O nein, eindeutig kein Krebs. Wir schicken Sie jetzt auf Station, und morgen früh wird man den Gallenstein aus Ihrer Bauchspeicheldrüse entfernen. Bis Mittag sollten Sie schon wieder draußen sein.«

»Guten Morgen, ich bin Ihr Chirurg«, sagte der Chirurg am nächsten Morgen. »Ich kümmere mich um den Gallenstein, und wenn wir gerade dabei sind, werden wir auch gleich die Gallenblase entfernen.« Er sagte: »Hat sich erst mal ein Stein gebildet und ist in den Körper gewandert, passiert das wahrscheinlich wieder. Sorgen wir lieber gleich dafür, dass es nicht mehr passiert.«

»Meine Gallenblase verlieren? Werde ich dann noch ein normales Leben führen können?«

»O ja. Die Gallenblase ist völlig nutzlos. Wenn sie Probleme macht, nimmt man sie besser raus. Ich sehe Sie später. Aber Sie werden mich nicht sehen.«

Ich griff zum Handy, um »Galle« und »Gallenblase« zu recherchieren, musste aber feststellen, dass der Akku leer war. Konnte es wirklich sein, dass die Gallenblase überflüssig ist? Hielt man die Galle früher nicht für eine wesentliche menschliche Körperflüssigkeit? War sie nicht – ich versuchte mich an eine lang zurückliegende Universitätsvorlesung über Tillyard und die elisabethanische Weltsicht zu erinnern –, war sie nicht eine der vier Säfte? Ja, das war sie. Blut, Schleim, Galle und – ähm, noch was anderes wurden früher als die vier Säfte betrachtet, die sich durch den Körper bewegten und deren Gleichgewicht grundlegend war für die körperliche und geistige Gesundheit.

Ach, der tragische Sturz der Gallenblase. Noch vor wenigen Jahrhunderten war sie verantwortlich für den Transport von einem der vier wichtigen Säfte durch den Körper. Jetzt wird sie herausgerissen in einer kurzen, mikrochirurgischen Sitzung und – wie ich vermute – irgendwo weit hinten im Krankenhaus verbrannt.

Als Vorbereitung auf diesen Essay hatte ich einen Termin mit Andrew Jenkinson, einem Chirurgen am Londoner University College Hospital. Er bot mir an, mich in seinen Operationssaal zu lassen, damit ich die Entfernung einer Gallenblase miterleben konnte. Ich war sehr erleichtert, als er mir früh an diesem Morgen in einer SMS schrieb, dass die Gallenblasenoperation auf einen anderen Tag verschoben worden sei. Ein Notfall sei dazwischengekommen. Eine Patientin, der man vor einiger Zeit ein Magenband eingesetzt hatte, hatte ernsthafte Komplikationen entwickelt. Das Band hatte sich verdreht, und im Verlauf eines Jahres war aus der stark übergewichtigen Frau eine gefährlich untergewichtige geworden, sodass man sie ganz oben auf die Operationsliste gesetzt hatte. Deshalb keine Operation, die ich hätte miterleben können.

Am Ende seines Arbeitstags traf ich Jenkinson in der Cafeteria des UCH. Während er auf einem Nikotinkaugummi kaute – »Wollen Sie auch einen?«, bot er mir an –, fertigte er für mich eine Skizze an und erklärte mir das Funktionieren des Verdauungsapparats und die Rolle der Gallenblase darin. Zuerst zeichnete er den Magen – ich war überrascht, wie weit oben im Körper er war, deutlich über der Stelle, wo ich meinen Bauch verorten würde –, dann die Leber (überraschend groß) und unter ihr, wie ein kleiner, schlaffer Ballon, die Gallenblase.

Der Körper produziert Galle (oder Gallensekret, wie wir es jetzt nennen), um fettiges Essen im Magen aufzuschließen. Die Gallenblase produziert das Sekret nicht selbst – es kommt aus der Leber –, sondern fungiert nur als Pumpe. Wenn wir zum Beispiel eine extragroße Pizza mit viel Käse essen, braucht der Körper schnell eine große Menge Gallensekret im Magen. Also springt die Gallenblase an und pumpt es in den Magen, um dort die Quattro Formaggi zu zerlegen. Aber das Sekret kann in der Gallenblase kristallisieren, wodurch Gallensteine entstehen. Diese können Beschwerden verursachen, wenn sie in der Gallenblase bleiben, aber wenn sie herauskommen, können sie in der Leber, oder, wie in meinem Fall, in der Bauchspeicheldrüse Blockaden bilden. Dann wird alles sehr unangenehm.

Bin ich jetzt also weniger in der Lage, Fette aufzuschließen, als zu der Zeit, als ich meine Gallenblase noch hatte? »Es gibt Hinweise, dass eine sehr kleine Anzahl von Patienten nach einer Entfernung der Gallenblase an Durchfall leidet«, erwiderte mir Jenkinson. »Ihre Körper können Fett nicht mehr so effektiv aufschließen. Aber das ist sehr selten.«

»Warum hat man dann so ein überflüssiges Körperteil?«, fragte ich. Ich dachte immer, die Evolution hätte dafür gesorgt, dass wir effiziente, rein zweckorientierte Körper haben. Aber, erklärte mir Jenkinson, die menschliche Zivilisation entwickle sich mit viel höherem Tempo als die Evolution. Wir haben – auf der Verdauungsebene –

die Anfänge der menschlichen Landwirtschaft vor mehreren zehntausend Jahren noch nicht eingeholt. Unser Verdauungssystem ist noch immer das eines Jägers und Sammlers.

Der Jäger und Sammler, fuhr Jenkinson fort, hatte nicht den beinahe beständigen Strom von Nahrungsmitteln zur Verfügung wie wir heute. Schlemmen oder hungern war die Regel. Vielleicht erlegte man einmal pro Woche ein Bison. Und dann wurden riesige Mengen von Proteinen und Fetten sehr schnell konsumiert, und hierzu war das Pumpen der Gallenblase wirklich sehr nützlich. Ein Festmahl aus Früchten kam vielleicht ein paar Tage später, aber dann gab es häufig eine beträchtliche Lücke, bevor der Körper wieder große Mengen Fett aufschließen und als Energie einlagern musste.

Wenn sich die medizinische Technologie so weit entwickelte, dass wir einen Knopf drücken und die Gallenblase löschen könnten, würde Jenkinson dann empfehlen, dass jeder sich die Gallenblase entfernen lassen sollte? »Wenn wir sicher sein könnten, dass es keine Komplikationen gibt«, sagte er, »dann ja.«

Jenkinson, der sich jetzt für sein Thema erwärmt hatte, zog das Blatt Papier, auf das er das menschliche Verdauungssystem gezeichnet hatte, wieder auf seine Seite des Tisches. Er kreuzte die Gallenblase aus und fing an, seine ursprüngliche Skizze des Magens zu übermalen. »Genau genommen«, sagte er, »brauchen wir auch den Magen kaum. Wir haben einen Magen, der viel zu groß ist, der dazu gedacht ist, nur sehr selten voll zu sein. Aber jetzt, da wir keine Jäger und Sammler mehr sind, ist unser

Problem, dass wir einen konstanten Zugriff auf Nahrung haben. Wir füllen uns den Magen viel öfter, als wir sollten.«

Ich rutschte unbehaglich auf meinem Stuhl hin und her, denn ich wusste, dass ich etwas erreicht hatte, was ich das Bäuchlein der mittleren Jahre nennen würde, ein Arzt aber wahrscheinlich beginnende Fettleibigkeit. Jenkinson war drahtig – wahrscheinlich ungefähr in meinem Alter, aber mit dem Körper eines Schwimmers oder Radfahrers, und eindeutig jemand, der tut, was er predigt. In diesen Körper gehen keine überschüssigen Kalorien, dachte ich reumütig, und ich versprach mir, mit einer Diät und einem Trainingsplan anzufangen.

Jenkinson schob mir das Blatt wieder zu. »Bei unserem zeitgenössischen Zugang zu Nahrung können wir regelmäßig kleinere Portionen essen«, sagte er. »Wir brauchen nur etwa zehn Prozent des Fassungsvermögens des Magens.« Ich senkte den Kopf. Er hatte eine gepunktete Linie gezeichnet, um eine dünne Röhre des Magens zu erzeugen, die er aus den überflüssigen neunzig Prozent herausgeschnitten hatte. Ich schaute ihn über den Tisch hinweg an. Ich entdeckte Aufregung in seinen Augen und stellte mir seine fast schon missionarische Begeisterung über die Möglichkeit vor, dass sich das menschliche Wesen nicht länger mit einem vorlandwirtschaftlichen Körper herumschlagen muss – dass wir etwas verändern und entfernen können, bis wir einen Körper haben, der für die Zeit, in der wir leben, geeignet ist.

Ganz offensichtlich ist diese Technologie noch in einem Anfangsstadium. Jenkinson hatte einen Großteil des Tages damit zugebracht, ein Magenband zu reparieren, das zu schrecklichen Komplikationen geführt hatte. Aber wahrscheinlich sind wir gar nicht mehr so weit von dem Punkt entfernt, ab dem wir neunzig Prozent unseres Magens entfernen können. Bäuchlein des mittleren Alters oder beginnende Fettleibigkeit werden dann kein Problem mehr sein.

Und ich muss sagen, bis jetzt habe ich meine Gallenblase noch nicht vermisst. Wenn man mich gefragt hätte, bevor sie rauskam, hätte ich gesagt, dass mein gesamter Körper ein wesentlicher Teil dessen ist, was ich bin. Na ja, vielleicht nicht das Körperfett, das ich dauernd zu verlieren versuche – das ist ein unwillkommener Fremdling, der Anspruch erhebt auf meinen von Natur aus schlanken Körper. Aber ich habe immer noch das Gefühl, dass die Haare auf meinem Kopf ein wesentlicher Teil von mir sind – obwohl ich einige schon vor zwanzig Jahren an die männliche Neigung zur Platte verloren habe. Es ist etwas Merkwürdiges und Veränderliches – dieses Gefühl von mir, dass ich mein Körper bin, von dem einige Teile wichtig und andere entbehrlich sind.

Meine Mandeln habe ich noch. Ich war nichts weiter als ein kleines bisschen zu jung, um die fast automatische Entfernung mitmachen zu müssen, die für die Generation vor mir als unerlässlich betrachtet wurde. Ich wurde in einen nominell anglikanischen Haushalt hineingeboren, deshalb besitze ich auch die Vorhaut noch. Obwohl mir mit weniger als einem Jahr der Blinddarm entfernt wurde, kann ich nicht sagen, dass ich mich je nach ihm gesehnt hätte. Ob man Teile des Körpers verliert oder nicht verliert, hängt ab von Kultur, Geschichte und Zufall. Mein Körper, das erkenne ich jetzt, ist nicht das stabile Ding, wofür ich ihn gehalten habe.

Seit 1950 ist es für australische Antarktisforscher Pflicht, sich vor ihrer Mission den Blinddarm entfernen zu lassen, um sicherzustellen, dass sie, weit weg von einem Chirurgen, keine Blinddarmentzündung bekommen. Ähnliche prophylaktische Appendektomien sind häufige, aber nicht vorgeschriebene Praxis für russische, britische, französische, chilenische und argentinische Antarktisexpeditionen.

2012 veröffentlichte das *Canadian Journal of Surgery* einen Artikel, der von einem Team von Chirurgen verfasst wurde. Da immer längere Raumfahrtmissionen geplant werden – eine Kolonie auf dem Mond oder eine bemannte Mission zum Mars sind keine Science-Fiction-Storys mehr –, sollten sich Astronauten da prophylaktischen chirurgischen Prozeduren unterziehen, bevor sie die Erdatmosphäre verlassen? Das heißt: Sollten sie unnötige Teile von sich herausschneiden lassen, nur für den Fall, dass sie weit draußen im All medizinische Komplikationen verursachen?

Der Bericht schließt mit einer so vorsichtigen Empfehlung, wie man sie von kanadischen Chirurgen erwarten würde:

Als Folge des immensen potenziellen Risikos des Verlusts der Mission und/oder menschlichen Lebens... sollte eine prophylaktische chirurgische Entfernung des Appendix eines Crewmitglieds in Erwägung gezogen werden. Dies mag auch auf eine gesunde Gallenblase zutreffen... das Vorhandensein von Gallensteinen stellt offensichtlich die größte Bedrohung dar... Die Mühelosigkeit und Sicherheit chirurgischer Prophylaxe scheint der Logistik der Behandlung von entweder akuter Appendizitis oder Cholezystitis während Langstreckenraumflügen deutlich überlegen zu sein.

Alles in allem scheint es also für den Astronauten besser zu sein, sich den Blinddarm und die Gallenblase entfernen zu lassen – nur für alle Fälle. Könnte das eines baldigen Tages auch ein Standardrat für uns alle sein?

Vor Kurzem sprach ich mit einer Freundin in den Staaten, die sich eine prophylaktische beidseitige Mastektomie überlegt. Sie hat keine Anzeichen von Brustkrebs. Doch nachdem sie die fünfzig überschritten hat und es eine familiäre Vorgeschichte von Brustkrebs gibt, glaubt sie, es sei besser, brustlos zu sein. Sie hatte mehrere Freundinnen, die sich dieser Prozedur bereits unterzogen haben. Ich unterstützte ihre Entscheidung, musste dabei jedoch den Instinkt unterdrücken, zu ihr zu sagen: »Aber sind deine Brüste nicht ein wesentlicher Teil von dir, deinem Frausein, deiner Schönheit? Kann man wirklich so einfach beschließen, sie loszuwerden, zumal kein Hinweis auf Krebs besteht?« »Sie nützen mir jetzt nichts mehr«, sagte sie mit einem traurigen Lächeln. »Da kann ich sie aus Sicherheitsgründen auch loswerden.«

Es ist relativ einfach, sich die Gallenblase oder den Blinddarm entfernen zu lassen – sie haben für uns schon längst keine symbolische oder kulturelle Bedeutung mehr.

Doch je raffinierter die medizinische Technologie wird, desto schwieriger werden die Fragen, die sich uns stellen. Welche Teile von uns sind medizinisch, psychologisch, emotional notwendig? Bin ich mein Körper? Und wie viel davon will oder brauche ich?

Darm
William Fiennes

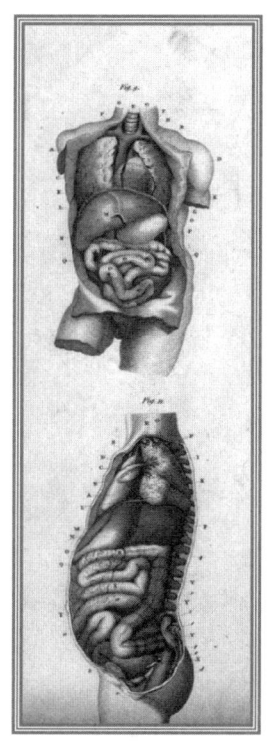

Die Schmerzen begannen, als ich achtzehn war: Krämpfe, als würde sich der Darm verdrehen, schockierende Blutspritzer in der Toilettenschüssel, die Schwäche nach zehn oder zwölf Stunden Durchfall. Ich fühlte mich porös, grässlich, wie eine Cirruswolke, als könnten Feststoffe einfach durch mich hindurchrauschen. Als Kind dachte ich, Krankheit sei etwas Vorübergehendes, schlimmstenfalls ein paar Tage im Bett, mit meiner Mutter, die Glukosepulver in frischen Orangensaft rührte und mit einem Wasserkessel das Zimmer mit Dampf füllte, und draußen wartete die Welt, bis man bereit war, sie wieder zu betreten. Aber dies war eine neue Region der Erfahrung und der Sprache: mein Unterbauch, der sich aufblähte wie ein Ballon, weil Ärzte mittels Sigmoidoskopien Luft hineinpumpten; Plastikschläuche, die durch Nase und Kehle in den Magen und in den Krummdarm führten; Liter von schwerer Kontrastmilch, die die wurstigen Windungen meiner Eingeweide an Röntgenstrahlen verrieten; das Mantra der Phlebologen, ein kratziges Geräusch, nachdem sie die Aderpresse zugezogen und einen Latexfinger auf die Vene gedrückt hatten; die Gesellschaft von Infusionsständern; der metallische Geschmack, kurz bevor man wegdämmerte; Kanülen und Endoskope; die linke Dickdarmflexur und die Transversalfalten des Rektums; Geschwür, Granulom, Morbus Crohn.

Es gibt Dinge, über die man nur nachdenkt, wenn sie nicht mehr funktionieren: der Keilriemen, die Gastherme, der Darm. Vor der Krankheit habe ich mir wahrscheinlich ein gummiartiges Gewirr hinter meinen Nabel vorgestellt, aber dann zeichneten Gastroenterologen eine Röhre, die vom Mund bis zum Anus sieben Meter lang ist, mit Luft und Licht an jedem Ende, ein geniales Leitungssystem, das aus Speiseröhre, Magen, Dünndarm, Krummdarm, Dickdarm und Rektum besteht und hundert Millionen Nervenzellen oder Neuronen enthält, mehr als das Rückenmark, sowie auch fünfundneunzig Prozent des körpereigenen Serotonins. Plötzlich spürte ich ausdrücklich die Topografie des Colons oder Dickdarms, der sich in meinem Unterbauch breitmacht – das aufsteigende Sigma und das absteigende Colon, die Biegungen bei Milz und Leber, die als splenische und hepatische Flexur bekannt sind –, ein Organ, das in gesundem Zustand eine brillante Kalebasse ist, die zehn Liter Flüssigkeit pro Tag absorbieren kann (Wasser, Speichel, Magensäure, Gallensekret, Bauchspeicheldrüsenflüssigkeit), das aber in meinem Fall zu einer schmuddeligen roten Biosphäre aus Geschwüren, Entzündungen und Narbengewebe geworden war, wie ich anhand von Aufnahmen von Dickdarmspiegelungen sehen konnte, bei denen ein winziges, mobiles Auge mit einer Kopflampe die dunklen, verschlungenen Stollen untersucht.

Dieser Blickwinkel war merkwürdig genug, aber bald würde ich meinen Darm in einem ganz neuen Licht sehen, nicht nur aus erster Hand, sondern auch neben und unter meiner Hand, weil Chirurgen über der rechten Hüfte ein Loch in meinen Bauch schnitten, eine Darmschleife herauszogen und diese aufschlitzten, damit der schleimige Brei aus teilverdautem Essen, den man Chymus nennt, vorne aus mir heraus und in einen Beutel quellen konnte. Als ich aus der Narkose erwachte, hörte ich auf der Station die alarmierenden Geräusche von Herzmonitoren und manchmal ein lauteres Piepsen, das noch besorgniserregender klang, aber nur von den Krankenschwestern kam, die Fertiggerichte in der Mikrowelle erhitzten. Ich wollte mein Stoma sehen, den künstlichen Darmausgang, die Tülle meiner Eingeweide, die über meiner Hüfte herausragte; ich wollte sie *kennenlernen*, diese neue Präsenz in meinem Leben, und schrieb ihr bereits eine autonome Persönlichkeit zu, als wäre sie überhaupt kein Teil von mir. In der Früh zog eine Schwester einen Vorhang um mein Bett und warf die Decke zurück; und ich schaute hinunter zu dem kleinen, klaren, mit Blut und gelblichem Schaum verschmierten Plastikbeutel, in dem ein Knubbel oder eine Knolle aus feuchtem, weichen rosaroten Gewebe wie Gaumen- oder Zungenfleisch ruhte. Die Schwester sah, dass ich Angst hatte, und versuchte mich zu beruhigen, sagte, da seien keine Nerven, die Schmerzen registrieren könnten, dass ich es nicht einmal spüren würde, wenn sie einen Finger hineinsteckte. Noch benommen von der Narkose stellte ich mir vor, wie sie zuerst ihren Finger und dann die ganze Hand bis zum Gelenk in die Wunde schob, bis sie die Finger um meinen Blinddarm oder die Milz schließen und beides herausziehen könnte, ohne Blut, das darauf hinweisen könnte, dass irgendetwas Ungewöhnliches passiert war.

Natürlich gewöhnt man sich an fast alles, und obwohl es bizarr erschien, dass ich mit einem grünen Plastikköfferchen voller Utensilien nach Hause gehen würde – ein Vorrat von Coloplast-, ConvaTec- und Dansac-Beuteln, Plastikclips wie Haarspangen, die Mädchen mit langen Haaren benutzen, sterile Tupfer von Peri-Prep, speziell geschwungene Scheren, um Löcher in den Kartonflansch zu schneiden –, wurde es mir bald zur Routine. Ich kniete vor der Toilettenschüssel, um den Beutel zu leeren, wusch und trocknete, stopfte die schmutzigen Sachen in einen geruchshemmenden Plastiksack, wie man ihn für Windeln und Hundehäufchen benutzt, brachte eine neue Vorrichtung am Stoma an, drückte den Flansch, um den Kleber zu erwärmen, und verschloss die Öffnung mit einem Clip. Ich hätte mir nie vorstellen können, wie interessant es sein würde, diese inneren Vorgänge genau zu überwachen, zu spüren, wie dieser Beutel, der vor meinem Bauch hing wie ein Sporran, diese Ledertasche zum Kilt, sich füllte mit Ausflüssen, die dick wie Porridge sein konnten oder wässerig wie Fruchtsaft oder eine Minestrone, in der Salatfetzen und Erbsen schwammen, ein solches Fenster zu haben in meine grundlegenden inneren Vorgänge, zu sehen, wie viel Gas (oder Flatus, wie Stomaträger es zu nennen lernen) über Nacht aus mir herauskam, sodass mein Beutel am Morgen aufgebläht war wie ein Zeppelin und am Kleber zerrte und in der Badewanne dann als Auftriebshilfe funktionierte, die meine Hüfte an die Wasseroberfläche hob.

Darüber hinaus faszinierte mich auch das Stoma selbst, Stoma nach dem griechischen Wort für »Mund«, diese rosige Zitze über meiner rechten Hüfte, die sich manchmal entspannte und verlängerte, bis sie vor meinem Bauch hing wie ein zweiter Penis. Kaum war der Beutelwechsel Routine geworden, erkannte ich, dass mein Stoma Launen hatte, eine wechselhafte Persönlichkeit – wie es sich zu einer Knospe kräuselte wie ein Nippel, der straff auf meiner Haut lag, und manchmal sich lockerte und verlängerte, den Raum außerhalb des Körpers ertastete, sodass ich an einen Aal denken musste, der sich aus seinem Loch an einem Riff wagte, oder an die Szene in *Alien*, in der die Kreatur John Hurts Bauch aufstößt, um das innere Durcheinander zu erkunden. Je nachdem, was ich zuvor gegessen hatte und wie entspannt ich war, arbeitete das Stoma, wölbte sich vor und sabberte Speisebrei in die Toilettenschüssel, und manchmal staunte ich entsetzt darüber, dass ich in der Lage war, meine eigenen inneren Funktionen so zu beobachten, die Muskelschichten, die wringend arbeiteten, um Flüssigkeit herauszupressen, peristaltische Wellen von Muskelkontraktionen, die den Fäkalienstrom durch den Darm bewegten, und das alles passierte unbewusst, gesteuert von einem autonomen Nervensystem, wie der Herzschlag…

Fasziniert, ja. Aber auch angeekelt. Manchmal löste sich der Beutel in der Nacht ab, und ich wachte auf zum Gestank und der warmen Feuchte meiner eigenen Exkremente, die sich auf meinem Bauch ausbreiteten. Manchmal starrte ich es im Spiegel an, dieses unnatürliche Ornament, diese rosige Darmknospe auf meiner Seite, diesen

Beutel Jauche, den ich durch die Tage trug. Ich stellte mir einen Mythos vor, in dem die Götter einen Mann nach irgendeiner Übertretung oder einem Verbrechen zwangen, seine Schande in einem Beutel herumzutragen, der ihm auf den Bauch oder in die Seite genäht war. Ich betrachtete mein Stoma und seine Paraphernalien als Negation der Sinnlichkeit, ein Stigma, das mir den Zugang zu einem erotischen Leben verwehrte. Ich konnte mir nicht vorstellen, mich vor irgendjemandem auszuziehen und die Scheiße-Tasche unter meinem Hemd zu präsentieren; ich konnte mir nicht einmal vorstellen, jemanden an mich zu drücken oder eng zu tanzen, denn dann könnte die Betreffende durch die Kleidung den gummiartigen Knubbel über meiner Hüfte spüren, den Plastikclip, die hängende, matschige Masse. Ich träumte, eine Frau, die ich nicht kannte, kniete vor mir. Ich trug keinen Beutel, mein Stoma war sauber und entblößt – sie beugte sich vor und küsste es, und ich wachte auf und atmete schwer wegen der Intimität dieser Geste. Genauso gut hätte sie meine Leber oder meine Herzklappen küssen können, Stellen im Inneren, die für niemanden zugänglich waren, auch wenn eine gewisse Logik in diesem Kontakt zweier Schleimhäute lag, die verletzliche Weichheit des Darms glücklich an der Zunge.

Manchmal schaute ich mir die Gesichter in der Menge an und fragte mich, ob noch andere wie ich darunter waren, andere Stomaträger mit ihrem Vorrat an sterilen Tupfern und Carbon-Flatus-Ventilen und vielleicht den neueren, zweiteiligen Vorrichtungen mit Click-to-go-Systemen wie bei der Tupperware. Auch wenn das so wäre, könnten wir einander nicht erkennen, wir waren Mitglieder einer Geheimgesellschaft, Besitzer eines Organs, mit dem die meisten Menschen nie in ihrem Leben in Berührung kommen würden; wir waren diejenigen, die vor der Toilette knieten, um sich zu entleeren, und wussten, wie es war, nachts über dem Nabel zu koten, und wie gut es sich anfühlte, ohne Beutel auf der Haut unter der Dusche zu stehen, während das heiße Wasser über den rosigen Wurm strömte, der auf dem Bauch lebte, ein Gefühl, als würde Wasser durchs Körperinnere laufen. Und ich dachte an den Augenblick, wenn der Schlitz in meinem Bauch wieder zugenäht und mein Gedärm wieder in die Höhlung zurückgestopft würde, in die es immer gehört hatte, wenn meine inneren Teile wieder versteckt wären und ich nicht mehr dieses menschliche Centre Pompidou wäre, das seine Röhren auf der Außenseite zeigt; ich wäre dann wieder ganz, wie von der Natur beabsichtigt, mein Körper mir zurückgegeben. Ich würde ganz neu anfangen.

Ich hatte keine Ahnung, was ein Prolaps ist, dass bei Stomaträgern der Darm aus dem Loch in ihrem Bauch herausquellen kann wie ein umgestülpter Ärmel, also war es ein Schock, eines Nachmittags festzustellen, dass mein Stoma länger als sonst war, dass ich, als ich den Beutel abzog, sein Ende überhaupt nicht sehen konnte, die Mündung, nur diesen langen, rosigen Schlauch, der aufgewickelt im Plastik lag. Ich ließ den Beutel fallen und drückte dieses Darmgebaumel an den Bauch, fünfzehn oder achtzehn Zentimeter davon, befürchtete, dass immer mehr davon herauskam. Ich fühlte mich, als würde ich mich auflösen, die Füllung aus der Puppe quellen. Ich hatte von frühen Formen von Proto-Stomas gehört, bei Soldaten vor Hunderten von Jahren, deren Bäuche von Musketenkugeln aufgerissen waren und die das Gewirr ihrer Gedärme in den Händen hielten. Ich hatte Gemälde von Erasmus von Antiochia gesehen, wie römische Christenverfolger ihm den Darm mit einer Winde aus einem Loch im Darm zogen, sodass Mann und Werkzeug wie mit einer Nabelschnur verbunden schienen. Später träumte ich, meine Eingeweide glitten aus mir heraus in ein Sieb, glitschig und heiß wie gekochte Spaghetti. Rettungsassistentin Dawn in ihrem grünen Overall drückte mich aufs Bett zurück. Sie stand über mir und stopfte mit behandschuhten Fingern den Wurm wieder in meinen Körper. Er schlüpfte zurück, bis auch keine vorstehende Zitze mehr da war, nur ein Mund, der eben mit meiner Haut war, wie das Blasloch eines Wals, und irgendwie schien es falsch, dass nichts wehtat, dass diese Verwirrung von körperlicher Ordnung und Form ohne Schmerzen ablief, die auf Gefahr hingedeutet hätten, ein Ereignis, für das die Evolution kein Protokoll entwickelt hatte.

Das alles scheint schon sehr lange her zu sein, zwei Jahre in meinen frühen Zwanzigern, in denen ich lernte, dass mein Darm mehr als eine Abstraktion ist. Tage, nachdem der Chirurg den kleinen Mund zugenäht und in die beengte Bauchhöhle gestopft hatte, stand ich vor dem Spiegel, zog den Verband ab und schaute meinen lochfreien Torso an – fast atemlos, als wäre ich wieder zusammengesetzt, wieder ganz. Ich konnte mir nicht vorstellen, dass ich es manchmal vermissen würde, das

Gewicht des Beutels in meiner Hand, den überraschend süßen Geruch des Chymus, das handwerkliche Vergnügen, mit einer gebogenen Schere maßgeschneiderte Löcher in die Tütenflansche zu schneiden, das Stoma selbst wie ein seltenes Haustier mit unberechenbaren Verhaltensweisen und Launen – gekräuselte Zitze, loses Gebaumel, ein Wurm, der drollige Verlängerungen in die Welt streckt. Ich schaue hinunter zu der Narbe über meiner Hüfte und stelle es mir lebendig in seinem warmen roten Nest unter meiner Haut vor.

Niere
Annie Freud

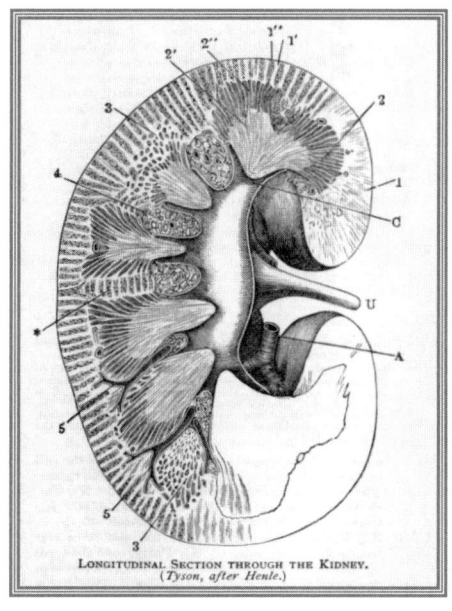

LONGITUDINAL SECTION THROUGH THE KIDNEY.
(*Tyson, after Henle.*)

Abgesehen von der Sezierung einer Ratte, einer Handvoll literarischer Verweise und der verschwommenen Kindheitserinnerung an eine Frau, die von ihrem nierenförmigen Frisiertisch aus eine Haarbürste nach meinem Vater warf, hatte ich mir über die Niere an sich bislang keine besonderen Gedanken gemacht. Also ging ich als Erstes zum Metzger und kaufte ein paar Lammnieren.

Wieder zu Hause war ich nicht nur überrascht von ihrer zarten Oberfläche, sondern auch von ihrer schlaffen Konsistenz – sie verhielten sich beinahe wie eine flüssige Masse, zusammengehalten nur von ihrer hauchdünnen Membran. Wie konnte etwas so ungemein Komplexes derart schwabbelig sein? Aufgrund ihrer geringen Oberflächenspannung gelang es mir nur mit der schärfsten Klinge, ihr Fleisch zu zerteilen. Danach war ich ebenso überrascht von der scheinbar homogenen Beschaffenheit ihres Inneren.

Und so arrangierte ich nach einer köstlichen Steak- und Nierenpastete mit frischen Erbsen und Kartoffeln meine beiden verbliebenen Nieren auf einem Teller zu einem – wie ich hoffte – jener Stillleben, die den Betrachter dazu einladen, sowohl die anatomischen Fakten als auch die ästhetischen Qualitäten toten Fleisches zu würdigen: die eine Niere im Ganzen präsentiert, die andere in zwei Hälften zerschnitten. Dann begann ich zu malen.

Ich stellte fest, dass ich das satteste Braun, das zarteste Rosa und das tiefste Karmesinrot verwendete. Ich fragte mich, was eigentlich der Zweck meiner Malerei sein sollte, und als ich keine Antwort fand, sann ich über die Gemälde von Chaim Soutine und Francis Bacon nach, über die anatomischen Zeichnungen von Leonardo da Vinci und Michelangelo und über die Bedeutung, die der Darstellung von geschlachtetem Fleisch in der Kunst im Lauf der Zeit zugekommen war. Ich erinnerte mich daran, dass ich die fließenden Formen der Niere in den Werken moderner Architekten und Designer wiedergefunden hatte. Der Architekt Ernst Freud, mein deutsch-jüdischer Großvater, integrierte gern nierenförmige Fischteiche in seine Gartenentwürfe. Ich hatte die Nieren angefasst, in Scheiben geschnitten, gewürzt, gekocht, gegessen, sie angestarrt und gemalt, und trotzdem hatte ich immer noch das Gefühl, kaum etwas über sie zu wissen.

Um mehr zu erfahren, unterhielt ich mich mit einigen angesehenen Nierenspezialisten. Und immer wieder fiel mir auf, mit welcher Bewunderung, ja, Leidenschaft sie über diese Organe sprachen und ihren unermüdlichen Einsatz, ihren komplexen Aufbau und ihre Vielseitigkeit priesen. Dabei verwendeten sie Ausdrücke wie »Feinabstimmung« oder »Maßarbeit« und überhäuften mich mit beeindruckenden statistischen Fakten wie »fünfundzwanzig Prozent des mit jedem Herzschlag gepumpten Blutes geht in die Nieren« und »innerhalb von vierundzwanzig Stunden werden die gesamten drei Liter Blutplasma in unserem Körper von den Nieren dreiundvierzigmal gefiltert«.

Mein Nachbar und Freund Marcus Soldini, ein Hausarzt mit rund fünfundzwanzig Jahren Berufserfahrung, sagte, ich solle mir vorstellen, jede Niere bestünde aus zwei separaten Bäumen – der eine für die Blutzufuhr, der andere das Drainagesystem –, deren äußerste Zweige in einem dichten Geflecht miteinander verwoben seien. »Stell dir vor«, sagte er, »wie das Blut durch den Arterienstamm fließt. Er teilt sich in immer kleinere Verästelungen, die schließlich in winzigen Kapillarknäueln enden, den sogenannten Glomeruli, von denen es pro Niere ungefähr eine Million gibt.« Mit den Händen demonstrierte er mir, wie jeder Glomerulus wiederum von den letzten Ausläufern des Drainagesystems umschlossen ist. Diese bilden eine als Bowman-Kapsel bekannte halbkugelförmige Struktur, in die sich der Glomerulus so passgenau einfügt wie eine Eichel in ihre Schale. »Diese gesamte Einheit«, erklärte er mit besonderem Nachdruck, »wird als Nephron bezeichnet, und die Membran zwischen Kapillarknäuel und Bowman-Kapsel, wo der entscheidende Filterprozess vonstattengeht, ist eine der Schnittstellen zwischen Körper und Außenwelt.« Ich bin mir sicher, Sie können nachvollziehen, was ich meine, wenn ich sage, dass dies einer jener »Donnerhall«-Momente war, in denen die Begrifflichkeiten, mit denen ein Wissensfragment vermittelt wird, wie Poesie anmutet.

Und damit natürlich nicht genug. Diabetes mellitus, die medizinische Bezeichnung der Krankheit, zu deren Symptomen unter anderem eine abnorm hohe

Glukosekonzentration im Urin gehört, bedeutet wörtlich aus dem Lateinischen übersetzt »süßer Quell«. Die Menge des hoch konzentrierten Urins, den die Nieren im Zustand extremer Dehydrierung produzieren, wird im Englischen als »*volume obligatoire*« bezeichnet. Sogleich werde ich mir eines Ausbruchs jener leicht anstößigen, aber Dichtern so vertrauten Störung bewusst, bei der die Terminologie zu beinahe jedem noch so abwegigen Thema mit einem Mal von einem derart unwiderstehlichen Glanz umhüllt zu sein scheint, dass man sie sich um jeden Preis unter den Nagel reißen muss, bevor sie ein anderer in die Finger kriegt.

Ebenso fasziniert war ich von Marcus' Beschreibung des Weges, den der Urin schließlich durch die Nierenkanälchen hinunter in das Nierenbecken nimmt, von wo aus ihn ein schmaler Muskelschlauch, der Ureter oder Harnleiter, mithilfe peristaltischer Wellen langsam in die Blase pumpt.

Meine erste, spontane Reaktion auf den Gedanken, über die Niere zu schreiben, war, dies mit kulinarischem Vergnügen zu tun. Ich erinnerte mich an einen dunklen, stürmischen Nachmittag kurz vor meinem ersten Weihnachtsfest in Dorset. Völlig durchnässt, halb verhungert und mit Tüten beladen entdeckte ich das einladende Licht eines kleinen Pubs an der T-Kreuzung im Zentrum von Bridport. Auf der Karte standen Nierchen auf Toast für 4,95 Pfund. Und während ich an dieses Gericht zurückdachte, das ich an jenem Tag mit solchem Genuss verspeist hatte, kam mir Elizabeth Davids Rezept in den Sinn:

Rognons flambés
1 Schweineniere pro Person
Salz
Wacholderbeeren
Gemahlener schwarzer Pfeffer
Dijon-Senf
Sahne
Brandy
Butter

Die Nieren häuten und halbieren. Eine halbe Stunde in warmes Salzwasser legen, dann quer in kleine Stücke schneiden und mit schwarzem Pfeffer und ein wenig Salz würzen.
Etwas Butter in einer flachen Pfanne erhitzen und die Nieren darin kurz anbraten. Regelmäßig wenden, damit sie nicht hart werden. Nach fünf Minuten drei oder vier zerdrückte Wacholderbeeren hinzufügen, ein kleines Glas Brandy darübergießen und anzünden. Die Pfanne rütteln, damit sich die Flammen ausbreiten. Sobald die Flammen erloschen sind, zwei Teelöffel Senf mit vier Esslöffeln fetthaltiger Sahne vermischen und einrühren. Sofort servieren.

Meine Gedanken wanderten weiter, diesmal in die Küche von Leopold Bloom in James Joyce' *Ulysses*. Bloom »liebte dicke Gänsekleinsuppen, leckere Muskelmägen, gespicktes Bratherz, panierte kross geröstete Leberschnitten, gerösteten Dorschrogen [und] gegrillte Hammelnieren, die seinem Gaumen einen feinen Beigeschmack schwachduftigen Urins vermittelten«. Ich kann riechen, wie sie in der Pfanne verbrennen, und sehe Bloom vor mir, der »mit Bedacht das schmackhafte, geschmeidige Fleisch« kaut.

Während ich diese Worte erneut lese und mich an ihrer subversiven Profanierung des koscheren Rituals erfreue, kommt mir der aktuelle Trend zu Schlachtabfällen auf den Speisekarten einer bestimmten Art von smarten neuen Restaurants in den Sinn, für den der Koch und Autor Fergus Henderson den Begriff »Nose to Tail«-Küche geprägt hat.

Einzigartige Geschmäcke, einsame Erfahrungen, private Gelüste...

Die genaue etymologische Herkunft der englischen Bezeichnung für Niere, »*kidney*«, ist zwar nicht mehr exakt nachzuvollziehen, doch stammt sie von dem im vierzehnten Jahrhundert gebräuchlichen Begriff »*kidnere*« ab, der sich als vielsagendes Kompositum zweier altenglischer Wörter entpuppt, nämlich »*cwid*« (Gebärmutter) und »*ey*« (Ei). Also Gebärmutter-Ei! Verglichen mit dem Herzen, dem Magen oder auch der Leber, die sehr viel mehr Aufmerksamkeit genießen als die Nieren und für die wir unzählige metaphorische Verwendungen kennen, werden sowohl menschliche als auch tierische Nieren in Geschichtsschreibung und Literatur deutlich seltener erwähnt und scheinen auch einige recht eigentümliche Assoziationen zu wecken.

Im Mittelalter hätten Sie den Ausdruck »*a man of my (or his) kidney*« hören können, »ein Mann nach meiner (oder seiner) Niere«. Damals glaubte man, das Temperament eines Menschen werde durch seine Körpersäfte bestimmt, und die Nieren galten als Sitz der emotionalen Verbundenheit. »Ein Mann nach meiner Niere« bezeichnete also eine Person, deren Temperament und Veranlagung die gleichen waren wie die des Sprechers. Doch aus dem Mund von Falstaff in Shakespeares *Die lustigen Weiber von Windsor* oder dem des Erzählers in T. S. Eliots Gedicht »The Cooking Egg« impliziert seine Verwendung auch jene Form von Possenreißerei, die man mit Menschen verbindet, die ihrem eigenen Status allzu große Bedeutung beimessen.

In Anne Desclos' *Geschichte der O*, dem berüchtigten sadomasochistischen Roman aus den Fünfzigerjahren, bezeichnen die häufig erwähnten »*reins*«, obwohl man sie wörtlich mit »Nieren« übersetzen würde, in beklemmender Zweideutigkeit die »Lenden«, als Euphemismus für die weiblichen Geschlechtsorgane. Ein Verweis auf das, was am tiefsten im Körperinneren liegt und somit am verletzlichsten ist. Wir finden »*les reins*« in Gedichten von Baudelaire und Rimbaud wieder, in denen sich die beiden fast einen Wettstreit zu liefern scheinen, wem die schlüpfrigsten Beschreibungen der Realitäten des (weiblichen) Körpers gelingen. Und der Refrain von Serge Gainsbourgs Duett mit Jane Birkin »Je t'aime ... moi non plus« lautet: »*Je vais et je viens / entre tes reins.*«

Auf eine erstaunliche Vielzahl an Verweisen auf die Niere stößt man auch in den Texten von Popsongs: Al Jarreau, T-Bone Walker, Paul Weller, Marianne Faithfull, Björk, Mark E. Smith, die Red Hot Chili Peppers, Jay-Z und Eminem, sie alle und noch viele andere würdigten die Niere in ihren Zeilen. Besondere Erwähnung verdient in diesem Zusammenhang Frank Zappa für die folgende Passage aus dem großartigen »Pygmy Twylyte«:

> Doo-doo room
> Reek replete
> Crystal eye, crystal eye
> Got a crystal kidney & he's afraid to die
> In the pygmy twylyte.

Dass die Nieren im Alten Testament mehr als dreißigmal erwähnt werden, erscheint vielleicht wenig bemerkenswert, bis man es der Tatsache gegenüberstellt, dass das Gehirn kein einziges Mal genannt wird. Websters Bibelkonkordanz zufolge verdanken die Nieren ihre Bedeutung unter anderem dem Fett, das sie umgibt und das als besonders rein erachtet wurde. So rein, dass es sich zum sprichwörtlichen Inbegriff von unübertrefflicher Qualität entwickelte. Die Nieren und ihre Fettschicht galten als der beste Teil des Tieres, der bei rituellen Brandopfern Gott vorbehalten war. Und mit der Zeit sah man sie schließlich selbst als heilig an.

Die Nieren liegen an einer besonders unzugänglichen Stelle des Körpers, sie sind die letzten Organe, die ein Metzger beim Zerteilen eines Tieres erreicht. Symbolisch verkörpern sie den verborgensten Teil des Menschen, und das im Buch Hiob erwähnte »er hat meine Nieren gespalten« steht sinnbildlich für die vollständige Zerstörung des Individuums. Ihre versteckte Lage und ihre besondere Rolle beim Opfer führten dazu, dass die Nieren als Sitz der innersten moralischen und emotionalen Impulse betrachtet wurden. Sie »unterweisen«, es »sticht« in ihnen, sie verursachen Qual und Freude und werden so mit der Zeit zu einem Sinnbild für das Gewissen des Menschen. »Die Nieren zu prüfen« ist eine grundlegende Kraft Gottes und verweist auf seine uneingeschränkte Kenntnis eines jeden menschlichen Wesens.

Ich wusste, dass ich früher oder später auch auf Nierenleiden zu sprechen kommen müsste. Und ich danke Hugo Williams dafür, dass er mir erlaubt hat, eines der bewegenden, mutigen Gedichte aufzunehmen, in denen er sich mit der schmerzhaften Realität seines Diabetes auseinandersetzt:

Dialität
Der Schock, wenn die Erinnerung zurückkehrt,
für eine Sekunde war es vergessen,
dass dies kein Heilmittel ist,
eine Art falsche Gesundheit nur,
Drogensucht gleich.
Mit ihrem Zaubertrick
schafft sie das Wasser fort,
das sich im Körper sammelt,
den Leib aufbläht,
den Blutdruck hebt.
Sie filtert den Dreck heraus,
für einen Tag oder zwei,
durch einen transparenten Schlauch
mit rosafarbenem Sand,
der neben der Maschine hängt.
Deinen Nieren gefällt die Aussicht,

nie mehr arbeiten zu müssen,
Stück für Stück kommen sie zur Ruhe,
machen dich abhängig.
Du pinkelst nicht mehr.
Dialyse tut dir nicht gut.
Dir ist übel dabei,
die meiste Zeit, bis zum Schluss.
Der Schock, wenn die Erinnerung zurückkehrt,
für eine Sekunde war es vergessen.

Schließlich wurde mir klar, dass der eigentliche Grund, warum ich mich für die Nieren entschieden hatte, mein Mann Dave gewesen sein muss. Vor ein paar Jahren wurde ihm durch einen minimalinvasiven Eingriff erfolgreich ein bösartiger Nierentumor entfernt. Zum Glück befand sich dieser nicht in der Nähe anderer Organe und hatte auch noch keine Metastasen gebildet. Es war ein sehr schwieriges Jahr, und ich weiß noch, wie erleichtert wir waren, als uns der Arzt, erfreut über das gelungene Ergebnis, auf seinem Computer die Vorher-Nachher-Bilder zeigte. Daher hege ich eine besondere Zuneigung zu den Nieren meines Mannes und, nachdem ich eine ungewöhnlich lange Zeit damit verbracht habe, mich mit diesen wunderbaren kleinen Organen zu beschäftigen, zu Nieren im Allgemeinen.

Gehirn
Philip Kerr

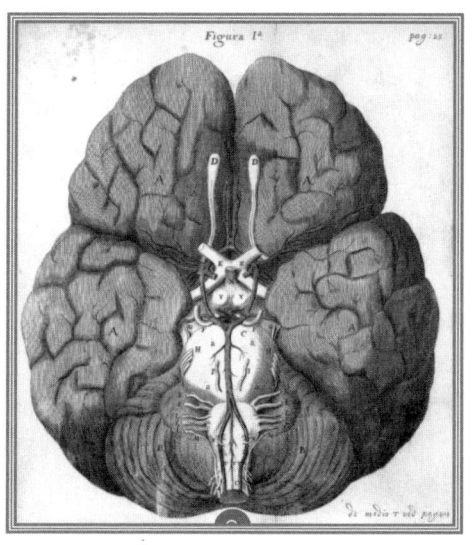

Breaking Bad ist eine amerikanische Fernsehserie über Walter White, einen mittellosen Highschool-Chemielehrer, bei dem Lungenkrebs diagnostiziert wurde und der, zusammen mit seinem früheren Schüler Jesse Pinkman, eine kriminelle Laufbahn einschlägt, indem er kristallines Methamphetamin produziert und es für viel Geld verkauft, um seine Familie vor seinem Tod finanziell abzusichern. Vince Gilligan, Erfinder der Serie, beschreibt den Handlungsbogen der fünfstaffeligen Serie so: »Man nimmt Mr Chips und verwandelt ihn in Scarface.«

Die Lobotomie war das Scarface medizinischer Prozeduren. Sie umfasst das Aufbrechen der Hirnschale und das Herausschneiden oder Herausschaben eines Lappens mit dem Ziel, eine mentale Störung zu behandeln, manchmal auf Kosten der Persönlichkeit und des Intellekts.

Mein Ziel mit diesem Essay ist es, die Prozedur auf eine Art zu beschreiben, die Scarface nimmt und ihn zu Mr Chips macht. Ich hoffe, Sie davon zu überzeugen, dass aus dieser früher berüchtigten medizinischen Prozedur jetzt eine seriöse geworden ist, die vielen Leuten mit Temporallappenepilepsie Hoffnung bringt, und dem Wort »lobotomisiert« wieder eine Stellung zu geben, in der es nicht mehr als abwertender Begriff für jemanden benutzt wird, der nicht sehr klug ist oder durch neurochirurgische Intervention zum Gemüse wurde.

Aber, wie Walter White sagen würde: »Wir dürfen hier nichts überstürzen, Jesse.« Wir müssen mit Scarface anfangen.

Die erste Lobotomie, auch als Lobektomie bekannt, wurde 1935 unter der Leitung des portugiesischen Neurologen António Egas Moniz durchgeführt. Viele mögen sich fragen, warum eine Operation, bei der man eine Art Eispickel seitlich am Auge vorbei in den Schädel sticht und Teile des Gehirns durchtrennt, je populär werden konnte, aber die Anwendung dieser Prozedur stieg Anfang der Vierziger dramatisch an, und bis 1951 waren allein in den Vereinigten Staaten fast 20 000 Lobotomien durchgeführt worden. Egas Moniz erhielt sogar 1949 den Nobelpreis für die Entdeckung »des therapeutischen Werts der Lobotomie bei bestimmten Psychosen«. Das Verfahren war jedoch immer kontrovers und nicht ohne Opfer. Nach der Einführung antipsychotischer Medikamente Mitte der Fünfziger wurde die Lobotomie dann sehr schnell und beinahe vollständig aufgegeben. Der erste Teil meines Textes beschäftigt sich also mit diesen groben ersten Lobotomien.

Ich bin mir sicher, Sie sind vertraut mit John F. Kennedy und den Schäden, die Lee Harvey Oswald in seinem Gehirn anrichtete. Aber Sie wissen vielleicht nicht, dass JFKs jüngere Schwester Rosemary sich 1941 im Alter von nur dreiundzwanzig Jahren einer der allerersten Lobotomien unterzog. Vielleicht war sie in der Schule nicht die Intelligenteste, aber ihre Tagebücher zeigen sie als nachdenkliche, aufmerksame junge Frau, die sich in einer großen Familie unter Führung von Joe Kennedy, einem der ehrgeizigsten und ruchlosesten Patriarchen der Moderne, ihren Weg suchte. Rosemary war durchsetzungsfähig und rebellisch, und Ärzte überzeugten ihren Vater, dass eine neue und damals noch experimentelle medizinische Prozedur die Stimmungsschwankungen und das unberechenbare Verhalten seiner eigensinnigen Tochter dämpfen würde. Er beriet sich jedoch nicht mit seiner Frau, die ihre Zustimmung wahrscheinlich nicht gegeben hätte. Der Bericht über die Operation ist, gelinde gesagt, entsetzlich.

Man gab Rosemary nur ein mildes Beruhigungsmittel. Dr. James Watts durchstach den Schädel und setzte am Gehirn einen chirurgischen Schnitt. Das Instrument, das benutzt wurde, sah aus wie ein Buttermesser. Während Dr. Watts schnitt, stellte ein anderer Arzt, Walter Freeman, Rosemary Fragen. Er bat sie, das Vaterunser aufzusagen, und die beiden Ärzte schätzten ein, wie weit sie schneiden sollten – nicht aufgrund eines EEGs (so etwas existierte damals noch gar nicht), sondern unglaublicherweise aufgrund ihrer Reaktionen. Das ist ein bisschen wie Isaac Newton, der seinen eigenen Augenhintergrund mit einer bloßen Ahle untersuchte: tollkühn, um es milde auszudrücken. Als Rosemarys Aufsagen unzusammenhängend wurde, hörten sie auf. Nach der Lobotomie wurde sehr schnell klar, dass die Operation eine Katastrophe gewesen war. Rosemarys geistige Fähigkeiten verminderten sich zu denen eines zweijährigen Kindes. Sie wurde sofort in eine Anstalt eingewiesen und konnte für den Rest ihres Lebens weder sprechen noch gehen, und sie war inkontinent. Joe Kennedy sah seine Tochter nie wieder. Und es sollte zwei Jahrzehnte dauern, bis ihre Geschwister die Wahrheit über das Verschwinden ihrer Schwester erfuhren.

Wie die meisten Menschen lernte ich die Lobotomie durch Literatur und Film kennen. Tennessee Williams' ältere Schwester, die ebenfalls Rose hieß, unterzog sich einer Lobotomie, die sie für den Rest ihres Lebens lahmlegte. Der große Dramatiker kritisierte die Prozedur in seinem Stück *Plötzlich letzten Sommer* und die Art, wie sie angewandt wurde, um Homosexuelle »geistig gesund« zu machen. Wahrscheinlich aber war es Ken Keseys Roman von 1962, *Einer flog übers Kuckucksnest* – aus dem 1975 der Film mit Jack Nicholson in der Hauptrolle entstand –, der die traurige Berühmtheit der Operation verzehnfachte. In der Geschichte unterzieht man den verwegenen, rebellischen und charismatischen Helden Randle P. McMurphy einer Lobotomie, nachdem er die tyrannische Oberschwester einer staatlichen Nervenheilanstalt in Oregon angegriffen hat. Keseys Erzähler, Chief Bromden, beschreibt das tragische Ergebnis: »Die Schwellung war so weit nach unten in die Augen gedrungen, dass sie offen waren; sie starrten ins volle Licht des Mondes, offen und traumlos, glasig, weil so lange und ohne Blinzeln offen, bis sie nur noch wie verschmutzte Sicherungen in einem Sicherungskasten waren.« Ein anderer Patient sagt über McMurphy: »Da ist nichts im Gesicht. Wie eine dieser Schaufensterpuppen ...« Ich erinnere mich noch genau an die Szene im Film, als der Chief McMurphys liegenden

Körper sanft anhebt, in das leere Gesicht seines Freundes schaut und entsetzt erkennt, dass die Lichter zwar an sind, aber niemand zu Hause ist. Es ist einer der schockierendsten Augenblicke im modernen Kino. So verstörend wie in dem Science-Fiction-Klassiker von 1968, *Planet der Affen*, als der von Charlton Heston gespielte Astronaut Taylor feststellen muss, dass Affenwissenschaftler seine Crewkollegen lobotomisiert haben.

Die Faktenlage zur Lobotomie ist folgendermaßen: Die Ärzte Freeman und Moniz – frühe Pioniere dessen, was Freeman als »chirurgisch herbeigeführte Kindheit« beschrieb – benutzten das Verfahren als Versuch, Krankheiten wie Schizophrenie, chronische Kopfschmerzen, Migräne, postnatale Depression, manische Depression und leichte Verhaltensstörungen zu heilen. Einmal führte Dr. Freeman verblüffende fünfundzwanzig Lobotomien an einem einzigen Tag durch, und es dürfte kaum überraschend sein, dass es vielen Patienten nach der Prozedur nicht gut ging. Ein Junge, Howard Dully, erhielt eine Lobotomie, weil seine Mutter ihn nicht mochte. Mehrere Tausend US-Soldaten, die aus dem Zweiten Weltkrieg zurückgekehrt waren und am posttraumatischen Stresssyndrom litten, wurden ebenfalls lobotomisiert. Wenn die Prozedur nicht jemanden tötete, betrachteten die Operateure die permanenten Hirnschädigungen und die Reduktion auf den Status von atmendem Gemüse lediglich als Kollateralschaden einer von ihnen selbst als ansonsten effektiv betrachteten Behandlung.

In diesem Stadium möge es Ihnen verziehen sein, wenn Sie denken, dass ich mich einer hoffnungslosen Aufgabe verschrieben habe, dass es mehr oder weniger unmöglich ist, aus Scarface Mr Chips zu machen und zu behaupten, die Lobotomie sei wieder zu einer seriösen medizinischen Prozedur geworden. Aber es ist möglich.

Verändert hat sich Folgendes: In den Vierziger- und Fünfzigerjahren stocherten die Chirurgen mit ihren Eispickeln und Buttermessern im Gehirn herum, ohne so genau zu wissen, was sie da taten, ein bisschen wie Christoph Kolumbus, der ohne Karte von Spanien lossegelte und auch ohne genaue Vorstellung davon, wohin er eigentlich fuhr und was er dort finden würde, wenn er ankam. Dank Röntgenaufnahmen, ECT-MRI, PET, SPECT, EEG und DBS (*Deep Brain Stimulation*, Tiefenhirnstimulation) haben die Chirurgen jetzt eine viel genauere Vorstellung von der zuvor hermetischen Topografie des Hirns – was wo und warum passiert. Jetzt ist es möglich, mit Gewissheit zu sagen, welcher Teil welches Hirnlappens das Sehvermögen, den Geruchssinn, die Sprache oder die Bewegung steuert. Zum Beispiel ist der Teil meines Gehirns, der das Abhalten einer Vorlesung steuert, wohl oder übel das Broca-Areal, ein Bereich im Frontallappen, während der Teil, der mir sagt, dass ich aufhören soll, wenn meine Zeit abgelaufen ist, das laterale intraparietale Areal, eher auf der Rückseite meines Hirns liegt.

Die großen Geheimnisse dieses wunderbarsten menschlichen Organs von allen werden jetzt endlich auf eine Art und Weise verstanden, von der frühe Kartografen des Gehirns und des Kopfes wie Franz Joseph Gall und Cesare Lombroso sich nie hätten träumen lassen. Wenn ich jetzt nur herausfinden könnte, welcher

Teil meines Gehirns so verrückt war zu denken, ich sei der Aufgabe gewachsen, einen Essay über Neurochirurgie zu schreiben, dann würden wir vielleicht alles wissen. Wir sind jetzt ausgerüstet mit einer *mappa mundi* des menschlichen Kopfes, die wir eine elektronische *mappa cerebri* nennen könnten. Es ist, als hätten die Chirurgen das modernste Satellitennavigationssystem für eine Reise in den Schädel zur Verfügung. Ob es eine Kraniotomie ist oder das Bohren eines Lochs, um ein subdurales Hämatom zu lindern, heute können alle neurochirurgischen Prozeduren mit wesentlich größerer Sicherheit, was den Behandlungsverlauf und das Ergebnis angeht, unternommen werden.

Aus Gründen des Feingefühls, die wahrscheinlich mit ihrem zuvor beschriebenen Ruf zu tun haben, beschreiben Neurochirurgen die Lobotomie jetzt als vordere temporale Lobektomie, auch ATL genannt. Sie umfasst die komplette Entfernung des vorderen Teils des Temporallappens und ist jetzt die Standardbehandlung für Patienten mit medikamentös nicht behandelbarer medialer Temporallappenepilepsie oder TLE, für jene also, bei denen epileptische Anfälle nicht mit krampflösenden Medikamenten zu kontrollieren sind. Die Prozedur ist noch immer riskant und extrem teuer, aber die Anfallsfreiheit liegt bei diesen Patienten angeblich zwischen achtzig und neunzig Prozent.

Das Gehirn wird nicht länger mit einem Eispickel oder einem Buttermesser aufgebrochen. Ich kann Ihnen das aus erster Hand berichten, weil Ihr unerschrockener Reporter vor ein paar Wochen einer ATL beiwohnen durfte, die im National Hospital for Neurology and Neurosurgery am Queen's Square in London durchgeführt wurde. Vergangen sind die Tage, an denen fünfundzwanzig Lobotomien an einem Tag ausgeführt werden konnten. Diese einzelne ATL-Prozedur, deren Zeuge ich wurde, dauerte beinahe acht Stunden, und insgesamt neun Mediziner, darunter drei Neurochirurgen, waren daran beteiligt. Vor der eigentlichen Operation wurde meine Aufmerksamkeit gelenkt auf eine fast unsichtbare Verletzung oder Narbe auf einer Röntgenaufnahme des Patientenkopfs, die einem Schweizer Uhrmacher wahrscheinlich entgangen wäre, nicht aber unserem Neurochirurgen Dr. McEvoy, der mir erklärte, dass diese Vernarbung, auf die die Anfälle des Patienten mit Sicherheit zurückzuführen seien, Folge eines hohen Fiebers seien, das der Patient sich als Kind zugezogen hatte. In einer Atmosphäre, die man am besten als das Gegenteil von fieberhaft beschreibt, begann die ATL-Operation.

Heutzutage dauert es fast zwei Stunden, um mit einem elektrischen Skalpell, einem Bovie, einen Muskellappen zu entfernen und die Schädeloberfläche, als Vorbereitung auf die Kraniotomie, zu säubern. Die Kraniotomie wird nur mit einem Hochgeschwindigkeitsbohrer durchgeführt, der mich – sowohl vom Geräusch als auch vom Geruch her – daran erinnert, was passiert, wenn man sich vom Zahnarzt eine Füllung einsetzen lässt. Ein Teil des Schädels etwa von der Größe einer Streichholzschachtel wird entfernt und sorgsam verwahrt, damit man ihn später wiedereinsetzen kann.

Unter dem Schädelknochen schließt eine Membran mit

dem Namen *Dura mater* das Gehirn ein wie ein Schafsdarm den Haggis, die, sobald aufgeschnitten, ein glänzend graues Gehirn zeigt, das überzogen ist von einem Spinnennetz aus Blutgefäßen. Das Ganze erinnert am ehesten an diese wunderbaren Eier in dem Film *Alien*. Durch Verwendung eines riesigen neurochirurgischen Mikroskops, das perfekte Sicht auch in tief liegende und schwer zugängliche Hohlräume wie den menschlichen Schädel bietet, kann die heikle Prozedur des Gehirnschnitts nun durchgeführt werden.

Bei der Arbeit erklärte mir der Chirurg, dass sich das Gehirn nach der Lobektomie schnell neu verdrahten werde und dass der Patient die kurzfristige Unannehmlichkeit der Synapsenneubildung in seinem Gehirn gerne in Kauf nehme, wenn er dadurch von seiner Epilepsie befreit werde, die sein bisheriges Leben stark beeinträchtigt habe. Meiner eigenen, laienhaften Meinung nach scheint das hochtechnische und ungeheuer heikle wissenschaftliche Verfahren ein großer Fortschritt zu sein im Vergleich zu Mutmaßungen und Eispickeln, ganz zu schweigen vom Vaterunser. Der Patient ist, was Sie sicher mit Freude hören, bereits auf dem besten Wege der Genesung und völlig von seiner Temporallappenepilepsie geheilt, die diesen neurochirurgischen Eingriff erst nötig machte.

Und wenn Jesse Pinkman, Walter Whites jüngerer Partner im Verbrechen, an meiner Stelle anwesend gewesen wäre, um Zeuge dieser erstaunlichen Operation zu werden, hätte er dem Neurochirurgen die Hand zum Abklatschen hingehalten und gesagt: »Yo, Alter. Wissenschaft.«

Lunge
Daljit Nagra

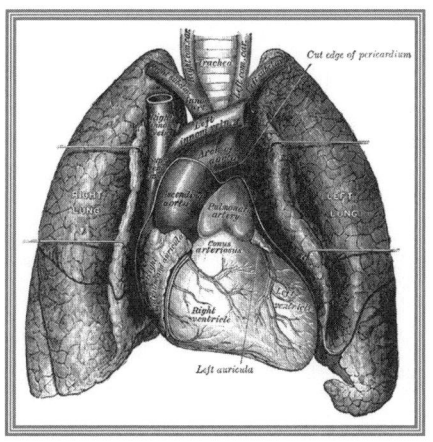

Als einer von den fünf Millionen Briten, die an Asthma leiden, interessierte ich mich notwendigerweise von frühester Jugend an für meine Lunge und war mir des Atmens sehr bewusst. Ich kann mich noch gut an das Grauen frühkindlicher Asthmaanfälle erinnern und war schockiert, als ich unlängst erfuhr, dass dieses Leiden täglich drei Menschen in diesem Land tötet.

Die aufgezeichnete Geschichte von Asthma geht weit zurück; Hippokrates war der Erste, der es vor 2500 Jahren als Erkrankung erwähnte. Und dennoch waren die Fortschritte der Medizin bei Asthma unglaublich langsam. Erst seit den Sechzigerjahren haben wir maßgebliche medizinische Entwicklungen gesehen, die das Leiden von Asthmatikern gelindert haben. Ich werde seit Anfang der Siebzigerjahre wegen Asthma behandelt, und seitdem habe ich drei Generationen von Asthmamedikamenten erlebt.

Als ich noch ein Kind war, musste ich die tägliche Demütigung von milchigen, geschossförmigen Zäpfchen ertragen. Zum Glück ersetzte Mitte der Siebziger der Spinhaler, ein Pulverinhalator, diese Medikation. Der Spinhaler war eine coole, zylindrische Maschine, in der man eine Kapsel aufbrach, deren Inhalt der Patient dann durch ein Mundstück einatmete, was ein lautes, keuchendes Geräusch verursachte. Das Ding wurde mein Partygag, meine Art, Freunde zu beeindrucken. Dann kam eine noch freudvollere Art, Asthma zu lindern: Ventolin oder auch Salbutamol. Nur ein Stoß aus dem Inhalator, und das Adrenalin öffnete meine Luftwege, während es mich auch leicht high machte. Fast während meiner ganzen Jugend war ich Ventolin-süchtig. Ich ging hoch in mein Schlafzimmer, lehnte mich zurück und schaute zum Himmel hoch, während ich an dem Inhalator saugte. Wenn ich es oft genug wiederholte, sah ich Sterne vor den Augen. Für Asthmatiker waren die Inhalatoren lebensverändernd, weil sie uns den Trost des Wissens schenkten, dass unsere sich immer wieder verengenden Luftwege mit einem tiefen Atemzug geöffnet werden konnten und unsere Lunge sich erneut mit Luft füllte.

Bevor ich alt genug war, mir diese westlichen Medikamente selbst zu verabreichen, benutzte ich sie kaum; meine Eltern aus dem Punjab verstanden die Rezepte nicht, und ihr mangelndes Englisch bedeutete, dass sie nicht mit Ärzten sprechen oder Beipackzettel lesen konnten. Außerdem war ihnen mehr daran gelegen, ein traditionelles östliches Heilmittel für mein Asthma zu finden. Zu meinen frühesten Erinnerungen an Asthma, mit fünf oder sechs Jahren, gehört es, dass ich von meinen Eltern zu zahllosen Wunderheilern geschleppt wurde, die mir helfen sollten, dieses schändliche Leiden loszuwerden. Ich bin von bestimmter machohafter bäuerlicher Herkunft, und außerdem war mein Vater auch noch Meister im Ringen. Und hier war ich, ein keuchendes Wrack.

Da ich außerdem Sikh bin, waren die Wunderheiler

immer Männer in einer Uniform aus safrangelber Robe, mit langem Bart und Turban. Diese Männer übten ihre Kunst an den unterschiedlichsten Orten aus, in Konzerthallen, auf Dachböden oder an Flussufern, und ihre Ratschläge waren ebenso vielfältig. Einer verschrieb mir einen Topf schwarzer Hühnerbrühe, die ich einen Monat lang zweimal täglich einnehmen musste. Ein anderer, den wir vor dem Goldenen Tempel in Amritsar besuchten, tauchte meinen Kopf ins heilige Wasser des Sees. Einer informierte meine Eltern mit ernster Miene, dass ein Fluch aus einem früheren Leben auf mir laste und ich durch stündliche Rezitation von Gebeten büßen müsse. Derjenige, an den ich mich noch am lebhaftesten entsinne, war ein Mann, der meinen Eltern zwei Baumwollfäden gab, die sie mir in die Ohrläppchen stecken sollten. Diese mussten dazu extra durchstochen werden. Ich war damals vielleicht fünf Jahre alt und wurde gezwungen, schwarze Baumwollohrringe zu tragen. Die heilige Kraft dieser Ringe hielt leider nicht sehr lange vor, da ich schon wenige Tage, nachdem man sie mir angelegt hatte, einen Asthmaanfall bekam. Ich habe auf meinen Ohrläppchen noch immer kleine Knoten, die mich an diesen Heilversuch erinnern.

Keiner der Zaubertränke und Beschwörungen dieser Wunderheiler funktionierte, und deshalb war ich danach von der mystischen Welt ziemlich enttäuscht. Im Heranwachsen entfernte ich mich von den Traditionen und Glaubenssätzen meiner Eltern, und heute frage ich mich, wie viel davon diesen verstörenden Kindheitserinnerungen geschuldet ist. Stattdessen legte ich mir einen festen

Glauben an die beschwörende Kraft der Poesie zu. Als ich im Guy's Hospital über die Lunge recherchierte, stieß ich auf eine wunderschöne, lebensgroße Bronzestatue eines meiner Lieblingsdichter, John Keats. Keats ließ sich am Guy's zum Mediziner ausbilden, bevor er 1821, mit nur fünfundzwanzig Jahren, an Tuberkulose starb, einer tödlichen Infektion der Lunge.

Ich ging ins Guy's Hospital, um mir, zusammen mit den beiden Pathologen Ian Proctor und Elaine Borg, einige Lungen anzuschauen, nachdem ich mein Wissen über die Lunge bereits bei Professor Douglas Robinson erweitert hatte, einem Facharzt für Atemwegsmedizin am University College London. Professor Robinson erklärte mir, dass die beiden Lungenflügel kontrolliert werden vom sich ausdehnenden Brustkorb und dem sich nach unten bewegenden Zwerchfell, wodurch Luft in das in der Lunge erzeugte Vakuum gepresst und in den beiden Flügeln der Sauerstoff absorbiert und das Kohlendioxid abgegeben wird. Etwas Stilles umgibt die Lunge bei diesem Prozess; wir spüren sie bei der Arbeit nicht. Mir gefällt der Gedanke, dass die Lunge diese fast ätherische Eigenschaft hat, dass sie in einer so zarten und bescheidenen Art vorhanden ist. Als Ian Proctor mir erklärte, wie außerordentlich leicht sie ist, sah ich seine Augen in die Höhe wandern, als stellte er sich eine Lunge vor, die frei über dem Körper schwebte.

Nach unserer Begegnung erfuhr ich, dass »Lunge« von dem althochdeutschen Wort für »leicht« – also »nicht schwer« – hergeleitet ist; man kennt die Lunge deshalb auch als »das leichte Organ«. Trotz ihrer fedrigen Leichtigkeit ist sie erstaunlich stark. Würde man ein Messer mehrmals hineinstechen, wäre es bald stumpf, denn jedes der mehreren Millionen Luftsäckchen wird von Knorpelgewebe umschlossen und offen gehalten. Würde man eine Lunge und alle ihre Luftsäckchen aufschneiden und ausbreiten, könnte man einen Tennisplatz damit bedecken. Und doch werden wir von diesem riesigen Organ nicht niedergedrückt, denn das Gewicht der beiden Flügel beträgt, bei voller Funktion und von Blut durchströmt, ungefähr achthundert Gramm, in etwa das Gewicht eines Brotlaibs. Voll aufgeblasen hat jeder Flügel das Volumen eines Fußballs und füllt einen Hohlraum vom Halsansatz fast bis zur Taille. Die Lungenkapazität kann sogar noch erhöht werden, um die Leistungsfähigkeit unseres Körpers zu steigern, indem Sauerstoff schneller ans Blut abgegeben wird, damit unsere Organe und Muskeln effektiver arbeiten können. Für Sportler und Sportlerinnen, Sänger und Blasinstrumentespieler ist eine erhöhte Lungenkapazität grundlegend für Spitzenleistungen. Offensichtlich sind Schwimmer und Dudelsackspieler die Könige der Lungenkapazität. Liegt sie durchschnittlich bei sechs Litern, ist sie bei dem Olympiasieger Michael Phelps doppelt so hoch, zwölf Liter. Doch hat er noch einen weiten Weg vor sich und muss viele Ozeane durchschwimmen, bis er mit dem Blauwal gleichzieht, dessen Lungenkapazität 5000 Liter beträgt.

Das Gordon Museum of Pathology in London, das eine große Sammlung für die Benutzung durch Studenten beherbergt, ist selbst ein riesiger, luftgefüllter Hohlraum, gesäumt von Gängen und Regalen mit Organen und Körperteilen, jedes still in einem verschlossenen und nummerierten Glasgefäß ruhend. Dort sah ich diverse Lungenpräparate. Sie waren farblich erstaunlich unterschiedlich. Ich erfuhr, dass die hellsten und saubersten Landbewohnern gehört hatten. Die von Stadtmenschen waren schwarz gefleckt; die Lungen absorbieren die Umwelt, in der sie atmen. Natürlich waren die Lungen von Rauchern oder von solchen, die an Krebs oder Tuberkulose gelitten hatten, wieder anders; sie wirkten sehr dunkel und in einigen Fällen wie angefressen.

Beim Anblick der erkrankten und infizierten Lungen musste ich abermals an Keats und seinen so tragisch frühen Tod durch Tuberkulose denken. Er schrieb seine Oden, die zum Schönsten und Beständigsten gehören, was die Poesie je hervorgebracht hat, im Verlauf von wenigen Monaten im Jahr 1819 in dem Haus in Hampstead, das jetzt das Museum Keats House beherbergt. Keats ging zu dieser Zeit häufig auf der Hampstead Heath spazieren, genoss ihre saubere Luft und schaute hinunter auf die Verschmutzung in der City. Bis zum heutigen Tag ist die Heath als Lunge Londons bekannt; wir können uns vorstellen, wie sie all unser überschüssiges Kohlendioxid aufnimmt und für Millionen von Londonern Sauerstoff freisetzt. Ich frage mich, wie viele andere Großstädte eine so ausgedehnte Lunge haben, und sofort denke ich an Manhattan; von oben betrachtet dominiert die riesige Grünfläche des Central Park die Insel, so gelegen, dass sie in Reichweite aller New Yorker ist und sein Sauerstoff sich so weit wie möglich im komplexen Netz der Straßen ausbreiten kann.

Als Dichter neige ich dazu, ein Gedicht als zeitweiliges Atemsystem zu betrachten, das den Leser mit seinen eigenen Reichtümern belohnt. Für mich ist das Absorbieren eines Gedichts durchs Lesen ein Austauschsystem, das uns hilft, die Mühsal des Tages abzuschütteln und uns an Schönheit zu erfreuen. Mechanistischer betrachtet wirkt der Atem der Poesie durch ihren Rhythmus auf unsere Lunge ein. Ich denke an eine Gedichtzeile oder eine Sinneinheit, die in einem einzigen Atemzug rezitiert wird, und wie dann der Leser einen Augenblick innehält, um neuen Atem zu holen, bevor er die nächste Zeile liest. Normalerweise spüre ich jeden Atemzug, auch wenn ich das Gedicht nur still in meinem Kopf lese. Wenn ich krank bin, fällt es mir schwer, eins meiner Gedichte zu bearbeiten, weil das dazu erforderliche lebhafte Atmen ziemlich anstrengend sein kann. Wieder denke ich an Keats und die Tatsache, dass er, auch als er bereits an Tuberkulose erkrankt war, noch die mentale Energie fand, sich in mächtige Atemzüge lebendiger Poesie zu stürzen, die energiegeladene, syntaktisch komplexe Argumente enthält.

Beim Schreiben ist es mir immer sehr wichtig, den geregelten Atem der Leser zu ändern, damit sie das Gefühl bekommen, in meinen Gedichten zu leben. Ich will, dass die Leser meinen Atemrhythmus annehmen, sodass für die Dauer des Gedichts mein Atmen zu ihrem Atmen wird, sie aus sich selbst herausgeholt werden und eine Atemreise unternehmen. Das Atemsystem eines Dichters unterscheidet sich von dem eines anderen. Die Atemerfahrung wird eine Herausforderung für den Leser sein, wenn er, zum Beispiel, einen Abschnitt aus Miltons *Das verlorene Paradies* liest, das mit seinen hintangestellten Verben und dem kraftvoll Überbordenden aus Haupt- und Nebensätzen über die Zeilen stürmt. Im Gegensatz dazu können ein paar Zeilen aus Carol Ann Duffys Gedichten wegen ihrer oftmals kurzen oder aus einem Wort bestehenden Sätze wie eine Atempause wirken.

Es gibt das Argument, dass das häufigste englische Versmaß, der jambische Pentameter, gar kein richtiger Pentameter ist. Stattdessen ist er zweigeteilt, mit zwei starken Betonungen beidseits einer schwächeren Mitte, wo Atem geholt wird. Betrachten wir uns zum Beispiel die erste Zeile eines Sonetts von Shakespeare: »Soll ich dich einem Sommertag vergleichen?« Man könnte das als ein Kontinuum mit fünf regelmäßigen Betonungen lesen oder mit einer Pause in der Mitte: SOLL ICH DICH einem SOMMERTAG VERGLEICHEN?, wobei die Pause zwischen »dich« und »einem« Gelegenheit für ein kurzes Einatmen gibt, sodass wir den letzten beiden Betonungen Leben einhauchen und Atemvariationen zulassen können.

Im Atem der Verse liegt so viel des Gefühls, der Stimmung lyrischer Poesie. Charles Olson, der Dichter vom Black Mountain, schrieb in den Fünfzigerjahren, dass ein Teil der Macht eines Gedichts in der Kontrolle des Dichters über den »Atemdruck« liegt, und mir gefällt der Gedanke, dass »Druck« ausgeübt wird, damit aus dem Gedicht ein Lied wird. Mag das Gedicht auch keine Trommeln und Streicher zur Begleitung haben, so hat es doch seine eigene, reich strukturierte Musik der Worte, die, wenn vom Dichter kontrolliert, einen Atemdruck erzeugt, und wenn der Leser dieses Ausstoßen und Einholen von Atem spürt, eröffnet sich ihm die Musik des Gedichts.

Ein Gedicht ist also, sage ich jetzt mit meinem neu erworbenen Wissen, ein körperliches Ereignis. Ein Gedicht verändert das Bewusstsein des Lesers für seinen Brustkorb und sein Zwerchfell. Ein Gedicht kann helfen, im Thorax Luftströme zu erzeugen, die auf die Lunge beruhigend oder erregend wirken können. Ich frage mich, ob das eins der vielen Dinge ist, die der großartige polnische Dichter Zbigniew Herbert im Sinn hatte, als er sagte, dass Poesie ein um Atem Ringen sein sollte. Herbert, Zeitzeuge der Aufstände in Polen im zwanzigsten Jahrhundert, sah den Akt des Gedichteschreibens als einen Überlebensversuch angesichts der sozialen und politischen Brutalität. Das vollendete Gedicht, das beständige Gedicht, ein Atemsieg! Sodass schließlich auf dem Austausch von Sauerstoff und Kohlendioxid, der das Atmen ist, die Verzweiflung, die innere Kraft, die Freude des Lieds, des Gedichts reitet.

Ohr
Patrick McGuinness

Als Schulkind war ich in gleichem Maße verängstigt und verwirrt von meiner Begegnung mit dem berühmtesten Ohr der Literatur: der Szene in *Hamlet*, in der Hamlet der Geist seines Vaters erscheint und ihm erzählt, wie er ums Leben kam. Der Geist informiert ihn, dass die offizielle Geschichte – dass eine Schlange ihn im Schlaf gebissen hatte – eine Lüge ist und in Wahrheit Claudius ihn tötete, indem er ihm Gift ins Ohr träufelte.

> … Beschlich dein Oheim meine sichre Stunde,
> Mit Saft verfluchten Bilsenkrauts im Fläschchen,
> Und träufelt' in den Eingang meines Ohrs
> Das schwärende Getränk; wovon die Wirkung
> So mit des Menschen Blut in Feindschaft steht,
> Dass es durch die natürlichen Kanäle
> Des Körpers hurtig, wie Quecksilber, läuft…

Wenn Kinder nebeneinander im Klassenzimmer sitzen, bekommen sie viele Ohren zu sehen. Die aufmerksameren bemerken vielleicht, dass Ohren sehr verschieden sein können, doch im Wesentlichen auch gleich sind: diese Falten, Knicke und Kräusel von Haut über winzigen Knochen, wie zerknitterte Laken oder zerknautschte Planen. Manchmal, vor einem Fenster oder nahe am Licht, kann man tatsächlich *durch* das Ohr eines anderen Kindes sehen; die Haut wirkt dann dünn wie Reispapier, durchscheinend und geädert, wenn die Sonne es durchströmt und erleuchtet.

Meine eigenen Ohren waren, wie die der meisten Kinder, Behälter von Ohrenschmalz und Schauplatz gelegentlicher Entzündungen. Das Ohr ist sowohl nüchtern, versifft und banal als auch höchst entwickelt, wunderschön und komplex. Meine Ohren waren es, die meine Schulkameraden schnippten und meine Lehrer umklappten, um nachzusehen, ob ich nach dem Sport auch dahinter gewaschen hatte. Aber dieselben Ohren ließen mich auch mit zwölf Jahren Jacques Brels »Ne me quitte pas« hören und entlockten mir Tränen, die von irgendwo tief in mir kamen.

Über das, was hinter dem Trommelfell liegt, wissen nur die wenigsten von uns Bescheid. Vielleicht liegt es daran, dass das Trommelfell die Stelle ist, wo das Wattestäbchen stoppt oder stoppen sollte. Ich habe mir eins einmal zu tief hineingestoßen, auf der Jagd nach einer schwer erreichbaren Ohrenschmalzkruste, und so das Trommelfell aufgerissen. Ich schrie, weil ich das Gefühl hatte, ich hätte mir direkt ins Hirn gebohrt und es würde auslaufen. Es war nicht nur der Schmerz, es war das Gefühl, die Barriere zwischen dem Inneren und dem Äußeren meines Körpers durchbrochen zu haben.

Die Ohren zu putzen bereitete mir riesiges Vergnügen – damals sorgten noch wir selbst für unseren Spaß. Und obwohl man inzwischen davon abrät, vermute ich, ich bin nicht der Einzige, der das tastende Schieben und

Drehen des Wattestäbchens im Ohr genießt, das Stochern, Schaben und Finden in den kleinen, verklebten Furchen, wie es sich im Ohrloch bewegt wie ein Löffel, der versucht, noch den letzten Rest Marmelade aus den Ecken des Glases zu kratzen. Und die triumphale Rückkehr, das mit Schätzen beladene Watteköpfchen; oder die Enttäuschung, wenn es so sauber herauskommt, wie man es hineingesteckt hat. Hotels wissen das; das ist der Grund, warum ihre Begrüßungssets oft eine bizarre Mischung aus Gegenständen enthalten: Duschhaube, Nähzeug, Schuhbürste und Wattestäbchen. Ich stelle mir gerne die Art Urlaub vor, den ich haben würde, wenn ich das alles benutzen würde.

Vor seiner Enthüllung über das Gift sagte der Geist von Hamlets Vater: »So wird das Ohr des Reichs ... Schmählich getäuscht« – ganz Dänemark wurde über seinen Tod belogen. Der Missbrauch des Ohrs eines Lands ist vielleicht eine frühe Version von Fake News, dieser neue Name für ein uraltes Phänomen. Was aber das Ohr für Shakespeare so machtvoll symbolisch macht, ist die Art, wie es die Innenwelt mit der Außenwelt verbindet, nicht nur biologisch, anatomisch, sondern auch geistig und spirituell. Das Ohr ist ein Eingang, ein Portal, eine Vorhalle nicht nur in unsere Körper, sondern in unsere Hirne, wo all das stattfindet, was wir unser Selbst nennen. Das Ohr ist immer offen. Weil es keinen körperlichen Ausschalter hat, haben auch wir keinen Ausschalter. Sogar der Schlaf, eine Art Ausschalter vor dem ganz großen Abschalten – dem Tod –, ist von den Ohren abhängig.

Wie sieht der Prozess aus, durch den wir hören? Vielleicht ist er am besten beschrieben als die Geschichte des Klangs oder die Reise, die ein Klang macht, denn Geschichten sind Reisen, und wie die drei miteinander verbundenen Bereiche des Ohrs – das äußere, das Mittel- und das Innenohr – haben auch Geschichten Anfänge, Mitten und Enden.

Mein Interesse für die Geschichte des Klangs begann, als ich das Haus Beethovens in Bonn besuchte. Ich sah in Glasstürzen neben seinem Klavier die Hörhilfen, die ihm beim Komponieren halfen, als er sein Gehör verlor. Geformt wie Schöpfkellen wirken sie auf uns heute eher primitiv, aber wir verdanken ihnen viel Musik. Sie waren für ihn raffiniert gestaltet, so, dass er sie mit einem Metallband an seinem Kopf befestigen konnte, wie die heutigen Kopfhörer, damit er die Hände frei hatte zum Komponieren. Die Rohre der Hörhilfen waren so lang, dass der Trichter auf Höhe der Tastatur war, damit er die Noten hören konnte, während er sie spielte. Diese Ohrhörner verstärkten und kanalisierten den Klang, um nachzubilden, was das Ohr tut für einen Komponisten, dessen Welt aus Klang bestand und der sich selbst als jemanden beschrieb, der in fortschreitendem Maße aus dieser Welt »verbannt« wird.

Um den verschiedenen Episoden der Reise des Klangs nachzuspüren, suchte ich Dr. Ghada Al-Malky auf, Spezialistin fürs Gehör und den Gleichgewichtssinn am UCL Ear Hospital. Vor einem farbenfrohen, großformatigen Modell des Ohrs zeigte mir Ghada zuerst, welchen Weg das Gift in *Hamlet* durch das perforierte Trommelfell und hinunter in die Kehle des Königs genommen hätte. Vor diesem bunten, comichaften Plastikmodell konnte man sich gut vorstellen, wie sich das Gift durchs Weichgewebe brannte und dann durch den Körper strömte. Aber sie zeigte mir auch, wie wir hören, und wie wir verstehen, was wir hören.

In der Geschichte unserer Körper kommt das Hören lange vor dem Sprechen: Etwa nach zwanzig Wochen Schwangerschaft ist das Ohr bereits voll entwickelt. Das neugeborene Baby hat die Welt also bereits gehört, bevor es sie betritt. Wir hoffen, es hat freundliche, liebevolle Worte gehört, deren Bedeutung es zwar nicht versteht, deren Intention es in Tonfärbung und Stimmlage aber spürt und sich davon besänftigen lässt. Aber natürlich haben viele winzige Ohren auch Drohungen, Beschuldigungen, Beleidigungen, Schluchzer und Schreie gehört, lange bevor der Körper, mit dem sie verbunden sind, blinzelnd und mit verklebten Augen ins Licht gleitet. Ein Fötus weiß, was Geräusche *tun*, auch wenn er noch nicht weiß, was sie *bedeuten*.

Wir können unsere Augen schließen, aber unsere Ohren sind schwieriger zu kontrollieren. Von lärmdämmenden Ohrstöpseln bis zu schallisolierenden Kopfhörern für 200 Pfund suchen wir nach Mitteln und Wegen, der unablässigen Aktivität unserer Ohren entgegenzuwirken. Und auch wenn es nichts zu hören gibt, wird das Ohr etwas finden. Wenn man sich die Ohren mit den Händen zuhält, passiert nichts anderes, als dass man sich selbst hören hört; man hört den Körper pulsieren, das Blut im Kopf, ein Pochen, das zugleich intim und weit entfernt wirkt.

Man muss nur an die Muschelschale denken, in der

wir, wie man uns als Kinder sagte, das Meer hören können, als würde diese Schale das Meer aufnehmen und es in seinen eigenen Gängen und Windungen immer und immer wieder abspielen. Dieses »muschelartige Ohr«, wie's so schön heißt, und wir meinen damit seine Ähnlichkeit mit einer Meeresschnecke, einem Schneckenhaus, einer Spitzschnecke, einer Uferschnecke und zahllosen anderen Schalen von Schnecken und Muscheln, deren Struktur – innen wie außen – die unseres Ohrs nachbildet. Es gibt sogar eine Schnecke mit dem Namen Babyohr, mit einer zarten und fast durchscheinenden Schale. Trotz ihres reizenden Namens ist sie tatsächlich eine fleischfressende Meeresschnecke.

Das Ohr ist ein Ort, auf dieselbe Art, wie ein Haus oder ein Labyrinth oder ein Palast ein Ort ist, voller Kammern, Korridore und Passagen. Weil ein Teil davon außerhalb des Kopfs ist und ein Teil innerhalb, ist es sowohl öffentlich als auch privat. Es lässt Wasser hinein, Regen, Wind. Es ist auch sehr empfindlich – man muss nur daran denken, wie störend es sich anfühlt, eine Mücke am Ohr zu haben, der beinahe elektrische Schock, wenn das Insekt am Eingang zu unserem Kopf schwebt, als wäre sein nächster Halt das Gehirn. Wir schmücken das Ohr mit Ringen und Steckern: Man kann es sehen, und alles, was man sehen kann, kann man schmücken. Drinnen jedoch arbeitet das Ohr unsichtbar, und mit ihren Erläuterungen enthüllte Ghada mir ein Organ mit all der Komplexität eines höchst ausgeklügelten Aufnahmestudios.

Nehmen wir den Klang, der uns am vertrautesten ist: unser Name – dieser merkwürdige, intermediäre Teil von uns, der öffentlich ist (er steht auf unseren Steuererklärungen, unserer Bankkarte, unseren Gehaltsschecks), aber auch intim (unsere Eltern haben ihn uns gegeben, er ist in uns, wir sind in ihn hineingewachsen). Wie unsere Ohren sind auch unsere Namen sowohl nach außen als auch nach innen gerichtet. Stellen wir uns vor, unser Name wird uns durch einen Raum oder über eine stark befahrene Straße zugerufen. Wir hören ihn und drehen uns sofort um, um nachzusehen, wer uns gerufen hat. Es ist eine ganz schlichte Handlung. Wahrscheinlich denken wir nie darüber nach – zum Glück, denn das Leben wäre unmöglich, wenn nicht die Gewohnheit uns vor dem erschöpfenden Überraschenden unseres Körpers bewahren würde. Wir schnappen unseren Namen auf, weil wir darauf eingestellt sind, und etwas an unseren Hörgewohnheiten, unserem hörenden Ich, hebt ihn aus dem unwichtigen Zeug heraus: Straßengeräusche, Sirenen, allgemeiner Lärm.

Unser Name erreicht das äußere Ohr, die Ohrmuschel oder Auricula, als Schallwellen. Das äußere Ohr, das Teil mit den Piercings und dem Schmalz und dem herumgewehten Grus, dieses Ohrläppchen, an dem wir zupfen, wenn wir nachdenken, hilft uns, die Richtung zu bestimmen, aus der die Schallwellen kommen. Es sammelt und kanalisiert sie durch den Ohrkanal, in dem sie das Trommelfell – das Portal zum Mittelohr – vibrieren lassen. Man nennt es auch die Tympanum-Membran, und wenn es seinen Dienst verrichtet, sieht es aus wie der vibrierende Schalltrichter eines Lautsprechers, aus dem Musik dringt.

Was dann passiert, hat eine wunderbare mechanische

Einfachheit. Das Trommelfell ist verbunden mit den drei kleinsten Knochen im Körper, Malleus, Incus und Stapes, auch als Hammer, Amboss und Steigbügel bekannt. Es klingt wie eine Schmiede oder eine Werkstatt, und in gewisser Weise ist es das auch. Der Hammer ist mit dem Trommelfell verbunden und zieht und drückt den Amboss, der wiederum den Steigbügel zieht und drückt, quasi ein Kolben, der Wellen in der Flüssigkeit der Hörschnecke oder Cochlea im Innenohr erzeugt. Wenn das Trommelfell sich bewegt, bewegen sie sich auch. Gemeinsam reagieren diese Hörknöchelchen, auch Ossikel oder Ossikelkette genannt, auf die Druckwellen im Mittelohr und transportieren sie ins Innenohr. Als Ghada es mir zeigte, sah es aus wie ein sehr einfaches hydraulisches System, wie eins dieser Lernspielzeuge, mit denen man Kindern die Grundzüge der Mechanik beibringt. Sieht das äußere Ohr aus wie eine Muschelschale, ist das Innenohr eher wie ein Schneckenhaus. Hier geht das mechanische, hydraulische System der Gehörknöchelchen in ein elektrisches über. Die Hörschnecke ist eine aufgerollte, spiralige Röhre voller Flüssigkeit. Sie ist ausgekleidet mit Haarzellen, die, wenn sie sich bewegen, einen elektrischen Impuls an die Cochlea-Nerven senden, die ihn an das Gehirn weiterleiten. (Jetzt sind wir bereits tief im Kopf, und in dem Modell scheint das alles beunruhigend dicht am Gehirn zu sein.) Je lauter der Klang, desto mehr Haarzellen bewegen sich. Aber die Haarzellen in der Hörschnecke unterscheiden für uns auch unterschiedliche Tonhöhen. Die Haare ganz unten, am Boden der Schnecke, helfen uns, hohe Frequenzen zu hören, und die an der Spitze, am Ende des Schneckenhauses, sind verantwortlich für die tiefen Frequenzen. Das ist das Spektrum zwischen 20000 Hz und 200 Hz, ansteigend und absteigend wie die Tasten eines Klaviers. Wenn die Flüssigkeit in der Cochlea sich bewegt, erzeugt sie eine Bewegung in den Haarzellen, die elektrische Signale auslösen, die vom Hörnerv zum Gehirn geleitet werden, und zwar durch den auditorischen Cortex, auch Hörzentrum oder Hörrinde genannt, der Schallwellen von außerhalb des Ohrs in Informationen im Gehirn umwandelt. Wenn irgendeine dieser Funktionen nicht ordnungsgemäß läuft oder zusammenbricht, dann ist unser Hörvermögen so beeinträchtigt, dass nur einige Frequenzen und Tonhöhen ihr Ziel erreichen. Das ist der Grund, warum Taubheit und Hörverlust so komplex und so vielfältig sind wie das Hören selbst, und warum die Vorstellung, dass ein tauber Mensch in völliger Stille lebt, ein Klischee ist.

Wir hören unseren Namen, und wir drehen uns um – woher wissen wir überhaupt, in welche Richtung wir uns drehen müssen? Weil unsere Ohren noch etwas anderes für uns machen – etwas so Grundlegendes, dass wir es nicht bemerken, obwohl wir es sofort bemerken würden, wenn die Ohren es nicht mehr tun: Sie tragen zu unserem Gleichgewichts- und unserem Orientierungssinn bei. Der Grund, warum wir wissen, in welche Richtung wir uns drehen müssen, wenn wir unseren Namen hören, und der Grund, warum wir aufstehen und unseren komplexen Körper bei den unendlich vielen täglichen Verrichtungen im Gleichgewicht halten können, ist, dass die Ohren drei Schleifen enthalten, Bogengänge genannt, die Bewegung und Reglosigkeit erkennen und Signale an unser Gehirn schicken. Eine Schleife registriert Auf- und Abbewegungen, die zweite seitliche Bewegungen und die dritte Kippbewegungen. Und weil unsere Ohren auf entgegengesetzten Seiten unseres Kopfs sitzen, tragen winzige Variationen im Timing, in der Laustärke und der Frequenz nicht nur zu unseren komplexen Reaktionen etwa auf Musik oder Gesang bei, sondern auch zu unserer Fähigkeit herauszufinden, woher der Schall kommt, uns in die Richtung der Person zu drehen, die zu uns spricht, und eine Straße zu überqueren oder durch einen Raum zu gehen, um sie dort zu treffen.

Dabei ist nichts weiter passiert, als dass jemand unseren Namen gerufen hat und wir uns ihm zugedreht haben. Diese Geschichte erfordert, im Gegensatz zu den meisten anderen Geschichten, mehr Zeit, um sie zu erzählen, als die Zeit, in der sie passiert ist – und ich denke, das ist eine ziemlich gute Definition des alltäglichen Wunders, das der menschliche Körper bei der Arbeit darstellt: etwas, bei dem das Erklären länger dauert als das Passieren.

Hat jemand versucht, unsere Aufmerksamkeit zu erregen? Vielleicht ist in ein paar Metern Entfernung, am Nebentisch, auf der anderen Straßenseite, jemand mit dem gleichen Namen? Ah ja, das ist es: Schau, es war jemand anders mit dem gleichen Namen. Wir schalten ab und tun wieder, was wir zuvor getan haben: Wir unterhalten uns, lesen ein Buch oder warten auf ein Taxi. Unsere Ohren blenden es wieder aus, aber sie bleiben wachsam, sie bleiben offen, sie schalten sich nie aus.

Schilddrüse
Chibundu Onuzo

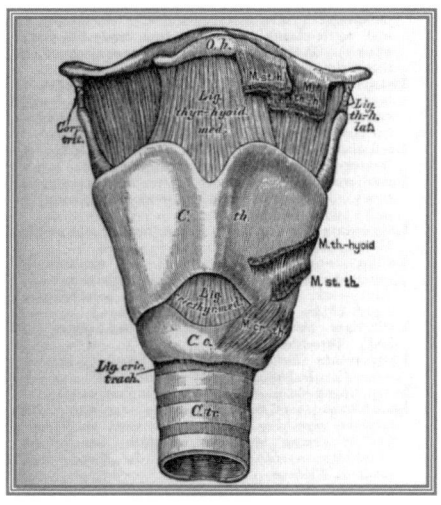

Eines Nachts, als meine Tante neben ihrem Ehemann im Bett lag, rollte sie zu ihm hinüber und legte den Kopf an seine Brust. Das Ohr auf seinen Thorax gepresst, hörte sie das schnelle Klopfen seines Herzens. Sie war erfreut. Fünfzehn Jahre verheiratet, vier Kinder, die Hüften breiter, die Taille fülliger, und trotzdem vermochte sie noch immer seinen Puls zu beschleunigen. Minuten verstrichen, doch von ihm kam keine weitere Reaktion. Mein Onkel schlief tief und fest, er war vollkommen unempfänglich für ihre Reize. Aber wieso raste dann sein Herz? Es war das erste Anzeichen dafür, dass mit seiner Schilddrüse etwas nicht in Ordnung war.

Die Schilddrüse ist ein schmetterlingsförmiges Organ, das wie eine Fliege vorn an unseren Halsansatz geheftet ist. Wir alle tragen eine in derselben rostroten Farbe, die Natur gibt nichts auf individuellen Geschmack. Die ersten schriftlichen Aufzeichnungen über die Schilddrüse finden wir in der antiken griechischen Medizin, bei Hippokrates und Platon, die beide vor über zweitausend Jahren die Schilddrüse identifizierten. Doch sie irrten, was die Funktion dieser Drüse betraf, denn sie glaubten, es sei ihre Aufgabe, die Luftröhre einzufetten. Und zwei Jahrtausende später wussten europäische Ärzte noch immer nicht, wozu die kleine Fliege tatsächlich dient.

Eine im siebzehnten Jahrhundert weit verbreitete falsche Annahme besagte, die Schilddrüse sei dazu da, den Hals einer Frau zu verschönern. Angeblich wurde ein langer Schwanenhals durch die leichte Wölbung einer vergrößerten Schilddrüse besser zur Geltung gebracht. Möglicherweise entstand diese Theorie aufgrund der Vielzahl von Renaissancegemälden, auf denen die Madonna mit einem geschwollenen Hals abgebildet war. Da Vinci, Caravaggio, Tizian, sie alle stellten sich die Jungfrau Maria in unterschiedlichen Posen vor: den Messias auf den Knien wiegend, dem Jesuskind das Laufen beibringend, in einem Wolkenwirbel zum Himmel auffahrend; aber ob sie nun mit beiden Füßen auf der Erde stand oder frei am Himmel schwebte, jedes Mal wies Maria jene charakteristische Verdickung unterhalb des Kehlkopfs auf.

Waren sich die Künstler darüber im Klaren, dass sich hinter der Schwellung am Hals ihrer Modelle eine vergrößerte Schilddrüse verbarg? Stellte der Universalgelehrte da Vinci, der nach der Sezierung eines Säugetiers die Schilddrüse zeichnete, eine Verbindung zwischen der Drüse und jener Ausbuchtung her? Wahrscheinlich nicht. Es ist kaum anzunehmen, dass sie wussten, dass diese jungen Mädchen aus der Toskana und aus Umbrien, die dazu auserkoren worden waren, als Madonna zu posieren, einen Kropf hatten – ein weiterer Hinweis auf eine Fehlfunktion der Schilddrüse.

Die Schilddrüse produziert ein Hormon mit dem Namen Thyroxin. Um Thyroxin bilden zu können, brauchen Sie Jod, das Sie über die Ernährung aufnehmen, und wenn Ihr Körper nicht ausreichend mit Jod versorgt wird, überanstrengt sich die Schilddrüse so sehr, dass sie zu einem Kropf anschwillt – erst zu einem attraktiven Kropf wie bei der Madonna, später dann zu einem grotesken Kropf, der die Größe einer Rübe erreicht.

Das Meer ist unsere ergiebigste Jodquelle. Seetang, Braunalgen und Kabeljau halten Ihre Schilddrüse in Schach. Etwas teurer, vor allem in früheren Jahrhunderten, sind fetthaltige Lebensmittel wie Joghurt und Käse, die ebenfalls Jod enthalten. Wenn Sie also bis ins zwanzigste Jahrhundert hinein als armer Schlucker im Landesinneren lebten, wenn Sie weit weg von der Küste wohnten und keinen lumpigen Heller besaßen, hatte Ihre Schilddrüse ein Problem. Anfang des zwanzigsten Jahrhunderts kam in den Vereinigten Staaten schließlich jemand auf die clevere Idee, Salz mit Jod anzureichern. Wenn man Jod unters Salz mischt, ist selbst die binnenländischste Landratte mühelos in der Lage, ausreichend Thyroxin zu produzieren.

Aber was genau bewirkt dieses Hormon denn nun? Es reguliert den Stoffwechsel des Körpers, die Geschwindigkeit, mit der wir wachsen und uns entwickeln. Intelligenz, der Beginn der Pubertät, wer Klassenbester ist, wessen Periode erst spät einsetzt, wer eins achtzig groß wird und wessen Brust so flach bleibt wie ein Bügelbrett: All das hängt mit der Schilddrüse und ihrem magischen Hormon zusammen. Es klingt wie eine Geschichte von Lewis Carroll: Trink das, und du wirst groß und stark. Trink es nicht, und du bleibst ein verkümmerter Zwerg.

Wie viel Thyroxin die Schilddrüse bildet, wird durch eine weitere Drüse geregelt: die Hypophyse (oder Hirnanhangdrüse) an der Basis unseres Gehirns. Die Hypophyse sorgt für die goldene Mitte, nicht zu viel Thyroxin und nicht zu wenig. Genau die richtige Menge. Aber manchmal kommt es vor, dass sich die Schilddrüse verselbstständigt. Stress kann dafür ein Auslöser sein. Und wenn Ihre Schilddrüse zu viel Thyroxin produziert, beginnen Sie buchstäblich zu verglühen.

Ihnen ist zu warm, Sie können nicht still sitzen, Ihre Beine zappeln, Ihre Hände zittern. Sie essen und essen und nehmen trotzdem immer weiter ab. Ihr Körper verbrennt die Kalorien, Ihr Stoffwechsel rast wie ein geölter Blitz. Ihr Herzschlag beschleunigt sich. Selbst in Ruhephasen hämmert es, als wären Sie gerade einen Marathon gelaufen. Selbst im Schlaf, wenn Ihre Frau den Kopf auf Ihre Brust legt, donnert Ihr Herzmuskel vor sich hin.

Manchmal können Sie nicht einmal mehr schlafen. Ihre Augen treten aus den Höhlen, anfangs noch wie bei jedem anderen, der unter Schlafmangel leidet, aber mit der Zeit schwellen sie immer weiter an, über das normale Maß hinaus, und ragen aus Ihrem Kopf wie Billardkugeln. Hinter den Augen lagert sich Fett ab und drängt sie regelrecht aus ihren Höhlen. Alles ist hektisch, hektisch, hektisch. Los, los, los. Ein Leben im Turbogang. Dabei sind Sie müde, völlig erledigt. Diesen Zustand bezeichnet man als Hyperthyreose. Unbehandelt führt er zu einer sogenannten thyreotoxischen Krise. Eines Tages kann Ihr Körper dem Druck des Hurrikans, der in Ihrem Inneren tobt, nicht mehr standhalten. Ihr Herz bleibt stehen, und Sie sterben.

Aber in manchen Fällen schläft die Schilddrüse auch

ein. Dann bildet sie zu wenig Thyroxin. Wenn Sie mit einer Schilddrüsenunterfunktion zur Welt kommen und dies nicht rechtzeitig bemerkt wird, führt das zu Kretinismus. Ihr Wachstum ist gehemmt, und Sie können von Glück reden, wenn Sie im Erwachsenenalter eine Größe von einem Meter zwanzig erreichen. Ihre Knochen sind verkürzt und zerbrechlich. Ihre Pubertät setzt stark verzögert ein. Keine Eizellen, keine Menstruation. Kein Haarwachstum unter den Achseln. Keine Pickel.

Aber das vielleicht bekannteste Symptom von Kretinismus ist seine Auswirkung auf die Intelligenz. Ihre Eltern mögen Neurochirurgen sein, und Sie können so viele Eier und Brainfood essen, wie Sie wollen, doch wenn in Ihrem Blutkreislauf nicht genug Thyroxin enthalten ist, stehen Ihre Chancen, das Alphabet zu erlernen, geschweige denn erfolgreich die Grundschule abzuschließen und eines Tages nach Oxford oder Cambridge zu gehen, eher schlecht. Falls Sie also jemals einen anderen Menschen als Kretin bezeichnet haben, war das mit hoher Wahrscheinlichkeit eine Fehldiagnose. Kretinismus ist eine echte Krankheit, und der Begriff »Kretin« sollte nicht zur anschaulichen Beschreibung Ihrer Freunde dienen.

Die Schilddrüse ist folglich ein wichtiges Organ, und entscheidend ist, dass sie stets die goldene Mitte wahrt. Nicht zu viel und nicht zu wenig Thyroxin produziert, sondern genau die richtige Menge. Das hat am Ende des neunzehnten Jahrhunderts ein berühmter Chirurg auf Kosten seiner Patienten herausgefunden. Inzwischen hatte man eine ungefähre Vorstellung davon entwickelt, wozu die Schilddrüse dient, und es war bekannt, dass

Patienten völlig überdreht wurden und das Gefühl hatten, innerlich zu verglühen, wenn sie nicht richtig funktionierte. Also beschloss dieser Chirurg, die naheliegendste Lösung sei, die Schilddrüse einfach herauszuschneiden. Das Ding macht Ärger, also weg damit. Schnitt in den Hals, Fliege abgeknipst, fertig.

Anfangs waren die Ergebnisse spektakulär. Doktor, ich kann wieder schlafen. Mein Herz schlägt ganz ruhig. Ich bin nicht mehr hibbelig, nicht mehr nervös, habe nicht mehr das Gefühl, ich müsste jeden Moment von einer Klippe springen. Von überall her strömten die Menschen zu ihm, um sich ihre Schilddrüse entfernen zu lassen. Doch mit der Zeit bemerkte der Arzt, dass mit vielen seiner Erfolgsgeschichten etwas nicht stimmte. Die Patienten wurden ruhiger, was er auch beabsichtigt hatte, doch dann wurden sie viel *zu* ruhig. Sie wurden lethargisch, froren im Sommer, und ihre Augen waren verquollen wie bei Menschen, die einen Großteil ihres Lebens schlafend verbringen. Ihre Persönlichkeit begann zu verblassen, die Funken von Intelligenz verloschen, ihre Gesichter wurden ausdruckslos, abwesend, leer, bis sie schließlich nur noch vor sich hindämmerten. Ihnen fehlte das Thyroxin.

Anfangs aßen Patienten, denen die Schilddrüse entfernt worden war, zum Ausgleich die zerstoßenen Schilddrüsen von Schweinen, Rindern oder anderen Säugetieren, die ebenfalls Thyroxin produzieren. Bis es den britischen Chemikern Charles Robert Harington und George Barger in den Zwanzigerjahren schließlich gelang, das Hormon zu synthetisieren. Wenn Ihnen also heute die Schilddrüse entfernt werden muss, nehmen Sie Ihr Thyroxin einfach in Tablettenform, die Dosierung wird genau auf Ihre Bedürfnisse abgestimmt, und alles ist in bester Ordnung.

Und was passiert, wenn sich in der Schilddrüse ein Tumor bildet? Die meisten Krebsarten behandelt man mit Bestrahlung, aber bei Schilddrüsenkrebs wird eine ganz besondere Form der Strahlentherapie eingesetzt. Wie bereits erwähnt, benötigt die Schilddrüse zur Bildung von Thyroxin Jod, daher ist sie auch der einzige Ort im Körper, an dem sich Jod einlagern kann. Also wird Patienten mit dieser seltenen Krebsform radioaktives Jod injiziert, das geradewegs in die Schilddrüse wandert und dort die Krebszellen angreift.

Nachdem man dieser radioaktiven Behandlung unterzogen wurde, ist man allerdings selbst für knapp drei Wochen radioaktiv, eine menschliche Fackel gewissermaßen, wie ein Superheld aus einem Marvel-Comic. Der Kot strahlt radioaktiv, der Speichel strahlt radioaktiv, die geschnittenen Fingernägel strahlen radioaktiv, der Urin, der Schweiß, das Haar. Man muss in Quarantäne bleiben, bis die Strahlung erlischt. Das klingt wie ein Science-Fiction-Film, ist aber wahr und gleichzeitig auch die Ausgangssituation von *Fang an zu leben*, einem meiner liebsten Romane von Nadine Gordimer. Der Protagonist unterzieht sich einer Radiojodtherapie, wird für achtzehn Tage von seiner Familie getrennt und ist gezwungen, sein Leben zu überdenken.

Genau das, was auch ich tue, seit ich mit der Arbeit an diesem Essay begonnen habe. Immer wieder lege ich einen Daumen auf meinen Halsansatz und drücke leicht dagegen. Ich spüre die Sehnen in meinem Hals, das Fett, das meine Adern umschließt, aber meine kleine Fliege ertaste ich nicht. Alles in Ordnung also, meine Schilddrüse ist unter Kontrolle. Aber nur, weil ich im zwanzigsten Jahrhundert geboren wurde. Meine westafrikanischen Vorfahren waren keine Küstenbewohner. Sie lebten im Landesinneren, weit weg von dem Jod, das die Schilddrüse benötigt. Ich sehe unverkennbare Kröpfe in meiner Vergangenheit – riesige, hängende Kröpfe. Wenn ein Kropf zu groß wird, kann er auf die Luftröhre drücken und die Atmung erschweren. Oder er drückt auf den Kehlkopf, was zu einer rauen, krächzenden Stimme führt. Und ganz gleich, wo auf der Welt, vor dreihundert Jahren galt eine Frau mit einer entsetzlichen Wucherung am Hals, einer rauen Stimme, ohne Monatsblutung und ohne Kinder als Hexe.

Dann wenden sich meine Gedanken weniger ernsten Dingen zu. Ich habe eine nachweihnachtliche Figur, einen von Truthahn und Jollof-Reis gerundeten Bauch. Wie wäre es mit einer Extradosis Thyroxin, um meinen Stoffwechsel auf Touren zu bringen und etwas von diesem Fett zu verbrennen? Kann das Hormon auf diese Weise eingesetzt werden? Als Superdiätpille? Damit würde ich garantiert ein Vermögen verdienen. Aber ich wäre mager und nervös. Mir bliebe die selbstgefällige Befriedigung verwehrt, die heutzutage mit Untergewicht einhergeht. Es stellt sich heraus, dass ich nicht als Erste auf diese grandiose Idee gekommen bin. Google verrät mir, dass Thyroxin bereits früher in einer Diätpille verwendet wurde, aber die Nebenwirkungen seien verheerend gewesen.

Sobald ich anderen gegenüber erwähne, dass ich an einem Essay über die Schilddrüse arbeite, überschüttet man mich mit Geschichten. Von der Großmutter in der Dorfhütte etwa, der bis zu ihrem Tod ein eiförmiger Kropf von der Kehle herabhing. Man erinnert mich an meine frühere Lehrerin mit den hervorquellenden Augen hinter ihrer Brille. Jetzt wird mir bewusst, dass sie höchstwahrscheinlich zu viel Thyroxin im Blut hatte. Doch das wussten wir nicht, als wir sie damals »Froschauge« nannten. Eine Freundin erzählt mir von ihrer Mutter, der mit Mitte sechzig plötzlich ständig kalt war und die völlig lethargisch wurde. »Das sind die Wechseljahre«, sagten die Ärzte. »Die natürlichen Veränderungen des Körpers. Teilweise Kopfsache.« Die Symptome hielten an, und nach einigen Tests stellte man schließlich fest, dass ihre Schilddrüse einschlief.

Die meisten Geschichten, die ich höre, handeln von Frauen. Unsere Schilddrüse neigt eher dazu, Ärger zu machen. Vielleicht ist das der Grund, warum die Geschichte dieser Drüse so eng mit Äußerlichkeiten verbunden ist und nicht mit Tapferkeit oder Intelligenz. Ein großes Herz steht für Tapferkeit... bei Männern. Ein großer Kopf für Intelligenz... bei Männern. Eine große Schilddrüse für Schönheit... bei Frauen. Logisch.

Aber womöglich liegt es auch schlicht daran, dass sich die Schilddrüse an einer Stelle befindet, die den Blick unmittelbar auf sich zieht. Einer meiner Tanten wurde von einem mittelmäßigen Chirurgen die Schilddrüse entfernt, und von dem Eingriff blieb eine münzgroße Narbe an ihrem Hals zurück. Seitdem gewöhnte sie sich an, Schals zu tragen, elegante Seidentücher, die sie sich wie ein altmodischer Filmstar um den Hals schlang. Sie hätte auch ein Kropfband tragen können, eine eng anliegende Halskette mit einem großen Anhänger, der den Halsansatz verdeckt. Wenn die Schilddrüse an unserem Rücken läge, an unserem Fuß, unserem Oberschenkel oder an irgendeiner anderen Stelle, wo die Schwellung unbemerkt bliebe, gäbe es keine Gemälde von unnatürlich vergrößerten Schilddrüsen, keine Madonnen mit Kröpfen, keinen Schmuck, der eigens dazu gefertigt wurde, die Narben zu verbergen.

Nachdem ich meine Recherchen zu diesem Essay abgeschlossen habe, kenne ich so viele wissenswerte Kleinigkeiten, so viele unzusammenhängende Fakten, dass ich als Ihr Telefonjoker auftreten könnte. Genug Anekdoten, um meinem Umfeld das ganze nächste Jahr über auf die Nerven zu gehen. Wenn Sie gerade eine Uhr tragen, werfen Sie kurz mal einen Blick darauf. Wussten Sie, dass Robert Graves den Sekundenzeiger erfunden hat, um damit den schnellen Puls seiner an Schilddrüsenüberfunktion leidenden Patienten kontrollieren zu können? Oder dass Sie von zu viel Grünkohl einen Kropf bekommen können, weil er (genau wie Blumenkohl, Brokkoli, Rüben und Rettich) zu den zahlreichen goitrogenen, also kropffördernden, Lebensmitteln gehört, die die Fähigkeit des Körpers, Jod einzulagern, beeinträchtigen. Also seien Sie lieber vorsichtig mit dem Grünzeug.

Am Ende dieses Essays angelangt, bin ich voller Bewunderung. Wie die meisten von uns nehme ich meinen Körper als etwas Selbstverständliches hin. Ich lebe in der komplexesten, raffiniertesten Maschine, die man sich nur vorstellen kann, doch solange sie morgens aufwacht und abends einschläft, interessiert mich nicht, wie sie funktioniert. Und während ich mich meinem Tagwerk aus Schreiben, Lesen und Denken widme, gibt es da eine kleine Drüse an meinem Halsansatz, die für die goldene Mitte sorgt. Nicht zu viel Thyroxin. Nicht zu wenig. Sondern genau die richtige Menge.

Leber
Imtiaz Dharker

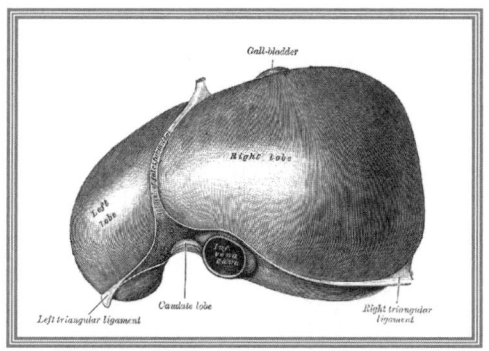

Als ich noch klein war, besuchten meine Freundin Catherine und ich uns ständig gegenseitig. Cathys Mutter nannte Cathy oft ihr Herz. Meine Mutter sagte, ich sei ein Stück von ihrer Leber.

Mir kam das nie seltsam vor. Ich wusste genau, was sie meinte, und es war für mich ganz selbstverständlich, zwischen zwei Sprachen mit unterschiedlichen Regeln hin und her zu springen. Jetzt, nachdem man mich gebeten hat, mir ein Organ auszusuchen und darüber zu schreiben, erinnere ich mich daran, dass meine Mutter ihre tiefsten Gefühle in der Leber verortete. Und damit war sie nicht allein. Auch Ärzte im alten Rom, in Griechenland und in der arabischen Welt glaubten, die Leber sei der wahre Sitz der Gefühle, jenes Organ, dem die fundamentalste Rolle zukam: frisches Blut zu erzeugen, statt es nur durch den Körper zu pumpen, und die Gefühle, das Temperament und den Charakter zu kontrollieren.

Dichter und Künstler haben medizinisches Wissen schon immer gern für ihre Zwecke genutzt. So schrieb ein arabischer Dichter beispielsweise: »Du bist die Seele meiner Seele, das Blut meiner Leber.« Oder: »Ihr Blick ist ein Speer in meiner Leber.« Aus dem biblischen Buch der Klagelieder stammt Jeremiahs Aufschrei: »Meine Leber hat sich zur Erde ergossen über dem Jammer der Tochter meines Volkes.« Und bis zum heutigen Tag halten ägyptische Tänzerinnen die Hände über ihre Leber, um äußerste Leidenschaft auszudrücken. Es ist also kein Wunder, dass meine Mutter, als ich schließlich zu Hause auszog, am Telefon zu mir sagte: »Meine Leber wurde entzweigerissen«, und ich sah sie vor mir, wie sie dastand, eine Hand an ihre rechte Körperseite gedrückt.

Ich denke an die schweren Leberlappen und ihre rotbraune, seidenglatte Oberfläche. Sicher umschlossen von den Rippen liegt sie im rechten Oberbauch, wo sie wie kein anderes Organ damit befasst ist, das Blut zu reinigen und aufzubereiten und Galle und Giftstoffe aus dem Kreislauf zu entfernen. Für mich als Dichterin verkörpert sie eine einzigartige kreative und regenerative Kraft, und ich bin mir sicher, genau aus diesem Grund hat auch Pablo Neruda sie in seiner »Ode an die Leber« für einen Lobgesang auserkoren:

[…] empfindlich
und mächtig,
lebendig
und dunkel immer
[…]
filterst du,
sonderst du
im Innern dort,
[…]
steigst empor
und sammelst
Gramm für Gramm

das Leben ein und seine Fäden,
die letzten Flüssigkeiten,
die innerste Essenz.

Bei uns zu Hause war die Leber Teil der alltäglichen Konversation.

Meine Mutter erwähnte nicht nur ihre eigene Leber, sondern auch die meines Vaters. Hätte sie über den entsprechenden Wortschatz im Englischen verfügt, dann hätte sie vielleicht von seinem Busenfreund gesprochen, aber auf Urdu nannte sie jenen Mann seinen *jigari dost*, einen Freund, der in seiner Leber wohnte. Sie verwendete das Wort auch, wenn sie uns aufforderte, standhaft zu bleiben, Courage zu zeigen, mutig zu sein, *jigar me dum rakh* – bewahre es in der Leber. Genau wie die Liebe hatte für meine Mutter der Mut seinen Ursprung in der Leber.

Jahre später entdeckte ich, dass Shakespeare der gleichen Ansicht gewesen war. »Reib' dein Gesicht, die Furcht zu überröten, weißlebriger Hund!«, schimpft Macbeth. Ein Feigling war jemand mit einer blutleeren Leber, folgt man Sir Toby Belch in *Was ihr wollt*: »Was den Junker betrifft, wenn der geöffnet würde, und Ihr fändet so viel Blut in seiner Leber, als eine Mücke auf dem Schwanze davontragen kann, so wollt' ich das übrige Gerippe aufzehren.«

Eine gesunde Leber wies eine rötliche Farbe auf, das war ein Zeichen für eine gute, robuste Konstitution. Damals glaubte man, eine Leber, die nicht richtig funktioniert, führe sowohl zu geistiger als auch zu körperlicher Schwäche, und noch heute hört man Leute fragen, welche

Laus Ihnen bloß über die Leber gelaufen sei, wenn Sie das Andrews Lebersalz aus dem Schrank nehmen. Wer im Elisabethanischen Zeitalter einen anderen lebergesichtig nannte, hielt ihn für engherzig. Wenn man sagte, er sei leberkrank, meinte man damit die Bauchwassersucht, die wir heute als Symptom von Hepatitis oder Leberzirrhose kennen, und eine Gin-Leber war eine durch Alkohol bedingte Leberzirrhose.

Meine Suche nach kranken und wieder zum Leben erweckten Lebern führt mich ins Londoner Whittington Hospital, wo ich den Gastroenterologen Dr. Darius Sadigh bei einer Visite über die Station begleite. Vor der Visite bespricht der Arzt jeden Fall mit dem Entlassungskoordinator, Psychiatern, Pflegern, Assistenzärzten, Studenten und Ergotherapeuten.

Der erste Patient, den sie in Augenschein nehmen, ist Adam, dessen Hepatitis C zu einer Leberzirrhose geführt hat. Er ist Diabetiker, spritzt Insulin und litt unter Mangelernährung, seine Gliedmaßen sind klapperdürr, und sein Bauch ist angeschwollen. »Haben Sie Schmerzen?«, fragt Dr. Sadigh. »Nein«, antwortet Adam, ohne den Blick vom Gesicht des Arztes zu wenden, während dieser seinen Bauch abklopft, als wäre er eine Tür, hinter der eine Antwort verborgen läge.

Mel ist fünfundfünfzig und leidet an Leberzirrhose. Sie sieht aus wie fünfundsiebzig. »Wie fühlen Sie sich?«, will der Arzt wissen. »Scheiße«, antwortet sie. Mel wird bald entlassen, aber er warnt sie: »Wenn Sie nach Hause gehen, dürfen Sie nie wieder trinken. Wenn Sie wieder trinken, werden Sie sterben. Aber wenn Sie sich vom Alkohol fernhalten, können Sie sehr gut zurechtkommen.« Mel nickt, doch ihr Blick weicht dem des Arztes aus.

Jane ist eine winzige Person, fast wie ein kleiner Vogel. Sie lebt mit ihrem Mann zusammen, hat aber seit zehn Jahren kein Wort mehr mit ihm gesprochen. Schweigend bewegen sie sich umeinander her, und sobald er das Haus verlässt, beginnt sie zu trinken.

»Was wissen Sie über Ihre Leber?«, erkundigt sich der Arzt.

»Problematisch.« Sie ist so sehr an ihr wortkarges Dasein gewöhnt, dass ihre Entgegnungen knapp ausfallen und meist nicht einmal ein Verb enthalten.

»Warum trinken Sie?«

»Kummer.«

»Trinkt Ihr Mann auch?«

»Nein.«

»Patienten mit Leberzirrhose, die weiterhin Alkohol trinken, überleben nicht«, sagt der Arzt.

»Werd die Finger davon lassen.«

Dr. Sadigh beschließt, aufs Ganze zu gehen, auch wenn er mit Widerstand rechnet. »Sie müssen einen Entzug machen.«

»Okay.«

Hameeda Bibi ist neunundvierzig, hat eine Fettleber und Hepatitis C. Unbehandelt hat eine Fettleber die gleichen Auswirkungen wie eine durch Alkohol bedingte Schädigung des Organs: Gewebevernarbung und Zirrhose. Der Arzt beschließt, sie für eine vorgezogene Lebertransplantation zu überweisen.

Überall fällt mir auf, dass der Arzt nicht den Körper

untersucht, wie ich es erwartet hätte, sondern die Sprache. Er sucht in den Antworten seiner Patienten nach Hinweisen, horcht wie ein Dichter auf das, was gesagt wird, das, was nicht gesagt wird, und das, was nicht gesagt werden kann.

Obwohl Tan Ai schon vierundsechzig ist, hat sie rosige Wangen und die großen Augen eines Kindes. Sie leidet an Diabetes und kommt für eine Lebertransplantation nicht infrage. Sie hofft, nach Malaysia reisen zu können, aber der Arzt bemüht sich, ihre Erwartungen zu dämpfen. »Ich kann schon wieder ohne fremde Hilfe laufen«, sagt sie zuversichtlich. Der Arzt rät ihr, nicht davon auszugehen, dass sie den Flug werde antreten können. »Ich würde sagen, Sie haben noch ein paar Monate.« Sie nickt, immer noch lächelnd. Einen Moment lang denke ich, sie hat ihn nicht richtig verstanden. Doch dann sagt sie: »Gut, es ist mir lieber, Sie sind ehrlich zu mir.« Dann lacht sie und strahlt dabei wie ein junges Mädchen.

**

Eine Freundin verkündete mir eines Tages: »Ich habe eine schöne Leber.« Ich fragte mich, woher sie das wusste. »Ich hatte eine Leber-CT und habe gehört, wie der Arzt zu den Studenten gesagt hat: Das ist eine schöne Leber. Schauen Sie sich an, wie glatt sie ist. Und außerdem hat sie eine tolle Farbe.«

Das Wundersame an der Leber ist, dass sie als einziges Körperorgan in der Lage ist, sich zu regenerieren. Selbst wenn nur noch fünfundzwanzig Prozent der ursprünglichen Lebermasse erhalten sind, kann sie in bemerkenswert kurzer Zeit wieder zu ihrer vollen Größe nachwachsen.

Wenn Ärzte über die Leber reden, kommen sie oft auf den Prometheusmythos zu sprechen. Aus Zorn darüber, dass Prometheus ihn überlistet, das Götterfeuer gestohlen und dieses den Menschen gebracht hatte, ersann Zeus eine gleichermaßen fürchterliche wie raffinierte Strafe. Prometheus wurde an einen Berghang gekettet. Jeden Tag stieß ein Adler auf ihn herab, riss seine Bauchdecke auf und fraß seine Leber. Und jede Nacht wuchs die Leber wieder nach, nur um am darauffolgenden Tag erneut verschlungen zu werden. Es war eine ewige, immerwährende Strafe. Zeus wusste ganz offensichtlich um die Regenerationsfähigkeit der Leber (auch wenn die für das Nachwachsen erforderliche Zeitspanne in diesem Fall eher der einer Rattenleber ähnelt als der des menschlichen Organs), und die Griechen sahen in ihr den Sitz von Leben, Intelligenz und unsterblicher Seele.

Vielleicht war es ja die Vorstellung, Gott zu spielen, die einen Arzt in Birmingham dazu verleitete, während des komplizierten Transplantationseingriffs mithilfe einer Argon-Plasmakoagulationssonde seine Initialen auf die Leber seiner Patienten zu schreiben. Er wurde verurteilt, nachdem ein anderer Arzt Jahre später einen seiner Patienten erneut operiert hatte und darauf gestoßen war. Es stellte sich heraus, dass er dieses Verbrechen mehr als einmal begangen hatte, und die Initialen waren nur zu erkennen, weil sich die Oberfläche des erkrankten Organs in diesem Fall zu einem blassen Gelb verfärbt hatte. Womöglich hatte ihn der Gedanke dazu bewogen, auf diese Weise der Unsterblichkeit seinen Namen zu geben, ihn in die Ewigkeit einzuschreiben. Und mir fallen die Zeilen des Dichters Rumi ein: »Shams Tabrizi, dieses glühende Herz / brannte deinen Namen in meine Leber.« Als meine Mutter an Leberkrebs starb, sagte man mir, sie habe eine »Komplikation in der Leber«. Vor meinem geistigen Auge konnte ich diese Komplikation sehen, diesen in der Leber zusammengeballten Schmerz, und er schien meinen Namen zu buchstabieren.

In der Antike pflegte man in Griechenland, Rom und Afrika aus der Oberfläche der Leber Vorzeichen und Omen herauszulesen. Der biblische Prophet Hesekiel beschreibt, wie der König von Babel Rat suchte, bevor er Jerusalem angriff: »Er befragte die Teraphim, er beschaute die Leber.« Und auch Platon glaubte, dass die vernünftige Seele im Gehirn Bilder auf die glänzende Oberfläche der Leber projiziere.

Die Prometheussage lässt darauf schließen, dass die Griechen schon vor über zweitausend Jahren von der Regenerationsfähigkeit der Leber wussten, ein Wissen, das sie möglicherweise durch die Beobachtung von nachwachsenden Tierlebern gewonnen hatten. Aber erst 1931 konnten Higgins und Anderson nachweisen, dass die Leber einer Ratte sich nur Stunden nach einer Teilentnahme wieder zu regenerieren beginnt. Und es dauerte noch bis 1963, bis Dr. Thomas Starzl erstmals eine Lebertransplantation beim Menschen versuchte (ohne Erfolg, da der Patient während des Eingriffs verblutete). Vier Jahre später, 1967, gelang es ihm schließlich, ein Kind nach einer Lebertransplantation mehr als ein Jahr lang am Leben zu erhalten. Die von Sir Roy Calne eingeführte Verwendung des Immunsuppressivums Ciclosporin verbesserte die Überlebenschancen der Patienten erheblich, und heutzutage werden auf der ganzen Welt bei Tausenden von Menschen, deren Leber so stark vernarbt oder geschädigt ist, dass sie sich nicht mehr selbst regenerieren kann, Lebertransplantationen durchgeführt. Der Mangel an verfügbaren Organen hirntoter Spender hat, neben einem illegalen Handel mit den Organen lebender Spender aus ärmeren Ländern, auch zu einer wachsenden Zahl legaler Lebendspenden geführt.

Es kommt inzwischen recht häufig vor, dass ein Elternteil ein Stück seiner Leber für sein Kind spendet. Wie als Verkörperung der Worte meiner Mutter wird dieses Kind zu einem Teil der Leber seines Vaters oder seiner Mutter. Bei einer Lebendspende wird dem gesunden Spender der rechte Leberlappen entnommen, der etwa siebzig Prozent der gesamten Lebermasse ausmacht. Der verbliebene linke Leberlappen wächst innerhalb von sechs Wochen wieder zu einer voll funktionsfähigen Leber mit zwei Lappen heran. Und auch die siebzig Prozent, die der Empfänger erhalten hat, regenerieren sich vollständig.

Vor Kurzem wurde in den Nachrichten über zwei Mädchen berichtet, das eine siebzehn Jahre alt, das andere gerade einmal elf Monate, die auf der Warteliste für eine Transplantation standen. Die Spende einer ganzen Leber ermöglichte es den Ärzten, dem Teenager siebzig Prozent davon einzusetzen und dem Baby dreißig Prozent. Nachdem die beiden Mädchen sich eine Leber geteilt haben, stehen ihre Chancen nun sehr gut, jeweils eine eigene gesunde Leber zu entwickeln.

Von dem Fußballer George Best ist die berühmte Sentenz überliefert: »Ich habe viel Geld für Alkohol, Frauen und schnelle Autos ausgegeben. Den Rest habe ich einfach verprasst.« Ihm wurde eine Leber transplantiert (freundlicherweise zur Verfügung gestellt durch den National Health Service), aber er sprach auch danach weiter dem Alkohol zu und starb drei Jahre später. Einigen Ärzten zufolge führte diese Nachricht zu einem spürbaren Rückgang bei der Zahl der Leberspenden. Heutzutage kommen nur noch solche Patienten für eine Lebertransplantation infrage, bei denen man davon ausgehen kann, dass sie nach der Operation versuchen werden, sich vom Alkohol fernzuhalten und abstinent zu leben. Die Leber wird als ein Geschenk betrachtet, das nicht verprasst werden darf.

Darüber hinaus ist die Leber auch eine wertvolle, nährstoffreiche Kost für Mensch und Tier. Orcas weiden Haie und Robben aus, um an ihre Leber zu gelangen, die eine hohe Konzentration an Squalen aufweist, welches die Bildung von Steroiden und Hormonen unterstützt. Die Nubier bereiten ein fantastisches Gericht aus roher Kamelleber zu. Die Franzosen stopfen Gänse, bis deren Fettleber zu einem Vielfachen ihrer normalen Größe angeschwollen ist, um daraus *Foie gras* zu machen. (Und wer könnte Dr. Hannibal Lecters Leber mit Fava-Bohnen vergessen, die er mit einem köstlichen Chianti verzehrte?) Ich wohne ganz in der Nähe des Fleischgroßmarkts Smithfield Meat Market, wo die Chefköche um saftige Kalbslebern feilschen. In den Straßen von Mumbais Bhendi Bazaar wird Hammelleber klein gehackt, mit Chilis und Kumin in eine glühend heiße Tava geworfen und für zehn Rupien verkauft. Auf der ganzen Welt verlangen Menschen nach der Leber von allen möglichen Fischen und Säugetieren, und sie essen sie in Scheiben geschnitten und mit Zwiebeln gebraten, zu Terrinen oder Pâtés verarbeitet, in Leberknödeln, Fleischpasteten und Teigtaschen, in Wurst oder Haggis.

Einmal pro Woche pflegte meine Mutter mir auf Anweisung unseres Arztes die Nase zuzuhalten und mir stinkenden, die kostbaren Vitamine A und D enthaltenden Lebertran in die Kehle zu schütten. Wenn ich zu würgen aufhörte und endlich bereit war, ihr mit einer Umarmung zu verzeihen, sagte sie jedes Mal seufzend: »Du hast meine Leber gekühlt«, und ich bin mir sicher, das war exakt die Stelle, an der sie fühlte, was auch immer sie fühlte: genau dort, im Zentrum ihres Seins, in ihrer Leber.

Gebärmutter
Thomas Lynch

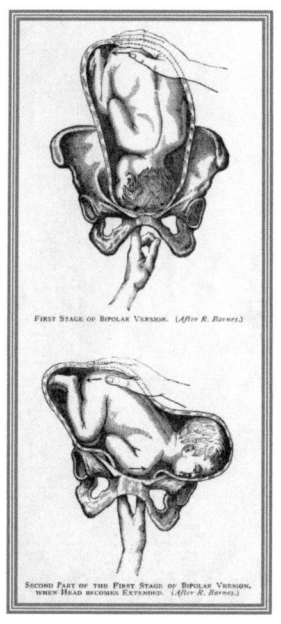

FIRST STAGE OF BIPOLAR VERSION. (*After R. Barnes.*)

SECOND PART OF THE FIRST STAGE OF BIPOLAR VERSION, WHEN HEAD BECOMES EXTENDED. (*After R. Barnes.*)

Das Nachdenken über die Gebärmutter erfüllt mich, wie das Starren in den Sternenhimmel, mit Bildern des Seins und Nichtseins. Es war schon immer so. Wenn das All die letzte Grenze ist, dann ist die Gebärmutter die erste – der Ort, an dem, um Wallace Stevens zu bemühen, die Vorstellung von der Sache die Sache selbst wird. Sie ist der Tabernakel unserer Erwartungen, das Saatbeet und der sichere Hafen, von dem wir lossegeln, erste Wohnung, erster Lebensraum, die Einlösung des Gartens der Lüste. Ein Ort, wo die Temperatur gemäßigt, die Miete billig, das Essen gut ist und wir nicht vom Telefon oder dem Finanzamt belästigt werden. Dieser Ort, aus dem wir in die Welt geboren werden, an dem die weichen Jamben des Mutterherzens die ersten sicheren Verse unseres Seins werden.

Als ich, damals Student an einer Bestatterschule, zum ersten Mal die anatomischen Tafeln 60 und 61 im fünften Buch *De humani corporis fabrica libri septem – Sieben Bücher über den Aufbau des menschlichen Körpers –* des großen Arztes und Anatomen Andreas Vesalius aus dem sechzehnten Jahrhundert erblickte, erfasste mich eine ontologische und existenzialistische Ehrfurcht. Vesalius war ein Schüler des griechischen Philosophen und Mediziners Galenus von Pergamon aus dem ersten Jahrhundert, und er begeisterte sich sowohl für die rationalistischen als auch die empirischen Sekten der medizinischen Forschung. Im Werk des Flamen erkennt man den männlichen Blick auf die weiblichen Körperteile, die er bei Autopsien und Vivisektionen untersuchte. Es liegt beinahe Zärtlichkeit in den gespreizten Hohlräumen und gehäuteten Brüsten der kopflosen Frau, die er untersucht, und allerhöchste Präzision in seinen Illustrationen.

Zu der Zeit war ich nur rudimentär mit den Körpern von Frauen vertraut. Ich wusste, was zu berühren und zu reiben, zu halten und zu genießen war. Aber die freimütige Enthüllung des menschlichen Gewebes, das Vesalius' Bilder einem so deutlich vor Augen führte, war für mich bewunderungswürdig, sie legte auf apokalyptische Art die Schönheit sowohl der Form als auch der Funktion dar. Hätte ich seine Zeichnungen nicht so überbordend lehrreich gefunden – entsprachen sie doch dem Hauptaugenmerk meines eigenen verblüfften Blicks –, hätte ich schon damals in Erwägung ziehen können, wie ich es jetzt tue, soll heißen, in meinem Alter und mit meinem Erfahrungsschatz, dass, auch wenn jedes Geschlecht seine Rolle in unserem artspezifischen »Drama« der Reproduktion zu spielen hat, solche Angelegenheiten weder rein männlich noch rein weiblich sind. Sie sind viel eher menschlich in Umfang und Wesen und verlangen sowohl Bedeutung als auch Ausführung, die zwei, die immer zusammengehören. Wir müssen das, so zeigt es sich, gemeinsam durchstehen.

Trotzdem ist es unmöglich, den Körper einer Frau ohne Dankbarkeit und Ehrfurcht zu betrachten. Zugleich bin ich oft überwältigt – ein Wort, das sowohl das Eine als auch sein Gegenteil bedeutet – von dem Gefühl, dass solche Zusammentreffen unweigerlich bestätigen, dass wir im Grunde genommen alle gleich, aber verschieden sind. Vesalius' Darstellungen unserer Geschlechtsteile zeigen, dass das männliche Glied nichts anderes als eine nach außen gestülpte Vagina ist, sodass die Bindegewebshülle, die geschmeidigen Muskeln und die Schleimhaut der Letzteren die phallische Eindringlichkeit des Ersteren widerspiegelt, fast so, als wären sie füreinander gemacht, passgenau und maßgeschneidert – wie Schwert und Scheide, Hand und Handschuh, Priester und Kanzel oder Leiche und offene Grube.

Und damit nicht jemand das Schwert der Scheide vorzieht, darf man die Wissenschaft nicht vergessen, diesen großen Gleichmacher. *In utero* fangen wir alle weiblich an, oder, für die Empfindlichen, geschlechtsneutral, und nur das zufällige Auftauchen des Y-Chromosoms und seiner dazugehörenden Hormone sechs Wochen nach der Verschmelzung machen einige von uns männlich. Dennoch sind Hoden zweifelsfrei herausgefallene Eierstöcke. Und die Verwachsungslinie an der Unterseite des Hodensacks eine Narbe von der Verschmelzung unserer früheren Schamlippen. Der Penis ist eine Klitoris in Großbuchstaben, die Brustwarzen, ohne Milchsekretion, Verzierungen, die den Mann daran erinnern, dass sie größtenteils Busen sind, die nicht funktionieren. Ob nun die Penetration, die Ejakulation, der Eisprung, die Uteruskontraktion, die Befruchtung oder die Schwangerschaft das Reproduktionsgeschäft besiegelt, so sind sie doch alle essenziell für dieses essenzielle Geheimnis. Wir müssen das gemeinsam durchstehen; wir werden ins Leben gerufen durch die inbrünstige Zusammenarbeit von Mann und Frau. Die Wissenschaft liefert inzwischen Ersatz für Hengst und Erzeuger. »Sie bringen den Samen jetzt in einem Koffer«, informierte mich meine Cousine Nora aus West Clare schon vor Jahren und sprach dabei von ihrer kleinen Gruppe friesischer Milchkühe, was eine vernichtende, möglicherweise heilsame Wirkung auf meine überbordende Männlichkeit hatte. Männer sind leicht zu ersetzen, aber weibliche Säugetiere tragen immer noch die schwere Last. Keineswegs das zweite, schwächere Geschlecht, scheint das weibliche das erste und unerschütterlichste zu sein, wie Poesie zu Sprache; das Eine, ohne das nichts passiert.

Als Junge musste ich totgeborene Babys herbeibringen. Nun ja, kein Junge mehr, doch noch kein Mann. Meine Lehre im Geschäft meines Vaters bedeutete, dass ich zu Krankenhäusern fuhr, um die kleinen leblosen Körper abzuholen, transportiert in kleinen schwarzen Kisten, wie man sie für die Aufbewahrung von Schuhen oder für Werkzeug verwenden könnte. Ich brachte sie ins Bestattungsinstitut: winzige Frühchen in verschiedenen Stadien der Unvollständigkeit und des Werdens. Manchmal waren sie in ihrer Winzigkeit so perfekt geformt, dass sie wie Miniatursymbole des Menschseins wirkten, die Zehen und Finger, Nasen und Augen, die kleinen Ichs zu winzig, zu still, ansonsten perfekt geformt und geschaffen. Wie bei Galenus und Vesalius, wie auch bei Wallace Stevens, überragt die Sache selbst die Vorstellung von der

Sache. Deshalb lastete auf diesen kleinen Föten, totgeboren oder geboren, aber nicht lebensfähig, eine Erdenschwere, belastet mit Traurigkeit, beladen mit einer Trostlosigkeit, entsprungen aus enttäuschter Hoffnung und grabesseligem Menschsein. Der Körper, die fleischgewordene Sache, ist entscheidend für unseren Verstand. Die rationalistischen und empirischen Sekten hadern immer miteinander. Wenn Woher und Wohin die Fragen sind, die von Wiege und Sarg gestellt werden, dann ist die Gebärmutter Urquell, Lebenswasser, Heimat unseres Seins.

Mit der Zeit lernte ich, mich mit den Familien toter Föten, toter Kleinkinder, toter Teenager zusammenzusetzen – den Eltern, die jene überlebt hatten, die sie gezeugt hatten, den Vätern, die sich an die Glückseligkeit der Zeugungsnacht, an die Küsse und Umarmungen, erinnerten, den Müttern, die zurückdachten an ihre ersten Ahnungen des Schwangerseins, die Schwangerschaft und ihre Erdenschwere, die schweren Folgen der Befruchtung – das Unbehagen in ihrem Bauch, die Empfindlichkeit der Brüste, das kurze, heiße Aufblitzen einer geänderten oder sich völlig ändernden Zukunft.

»Erst seit ungefähr hundert Jahren«, sagte meine junge Assistentin mitten in ihren gebärfähigen Jahren, »ist die Gebärmutter Alleinbesitz der Frauen.« Und auch jetzt noch, fügte sie hinzu, hat die Fraktion der Männer – der Gatten und Väter, der Bischöfe und Politiker, die alle nicht weniger als Moguls und Händler sind – zu viel Mitspracherecht bei dem, was wirklich passiert in den versteckten Orten eines Frauenkörpers, in der Gebärmutter und ihren dazugehörigen, angrenzenden Teilen: Gebärmutterhals, Eierstöcke, Eileiter, die Bindegewebshülle, Klitoris, Schamlippen, groß und klein, der Schamhügel, die sich gewissermaßen verschwören, um einen Lobpreis anzustimmen auf die mächtige Natur, durch die wir uns erneuern, wiederholen, reproduzieren und replizieren.

Auf der Bildtafel *Versuchung Evas durch die Schlange* von Defendente Ferrari, der in Turin malte, während Vesalius in Padua sezierte, ist der hellhäutige, jugendliche Schamhügel vom filigranen Laubwerk des Sämlings eines Baums verhüllt, von dem sie einen Apfel pflückt – des Baums der Erkenntnis von Gut und Böse. Das anzüglich grinsende, bärtige, faunische Altmännergesicht der Schlange, die sich an dem Baum hochwindet, zischt ihr die Versuchung ins Ohr. Es ist der letzte Augenblick des Paradieses; das Mädchen merkt in seiner mädchenhaften Unschuld nichts von dem Umbruch. Ihre Genitalien, ihre winzigen Brüste, die Geschlechtsteile des Gefährten sind noch kein Grund für Scham. Die Zeit wird ihr die Schuld an allem geben: am Sündenfall, an den Schmerzen der Geburt, der Provokation ihrer unbezähmbaren Schönheit, am Tod selbst. Aber im Augenblick ist Gott noch zufrieden mit seiner Schöpfung. Und Gott sah alles an, was er gemacht hatte, und siehe, es war gut. Es steht alles in Genesis 3 geschrieben. Die dazugehörige zweiteilige Tafel mit Adam, vielleicht aufrecht und noch vor dem Sündenfall, ging im Lauf der Jahrhunderte verloren. Wir können also nicht sehen, wie glücklich er ist, wie aufnahmebereit und dankbar er für ihre Unterstützung und Gesellschaft, ihre Standhaftigkeit ist.

An einem triefenden Vormittag im Winter 1882 versammelte sich in Washington, D. C., ein Gefolge schwarz gekleideter Pilger an einem kleinen Grab auf dem Congressional Cemetery, um den kleinen Harry Miller zu begraben, einen Jungen, der der damaligen Diphtherieepidemie zum Opfer gefallen war. Der kleine Sarg ruhte auf Seilen und Balken, während das Schluchzen der Mutter zu einem Crescendo anschwoll. Der Bestatter nickte dem Mann am Kopfende des Grabes zu, er möge beginnen. Er schüttelte den Kopf. Das animalische Weinen der Mutter dauerte an. Sie stand vornübergebeugt, als hätte man ihr in den Bauch gestochen, und schlang ihre schmalen Arme um ihre korsettlose Mitte, umfasste sich mit reiner Willenskraft an der Stelle, wo sie den Stich des Verlusts am stärksten spürte. Den Leuten war ihr Kummer unbehaglich, sie scharrten in der Kälte mit den Füßen.

»Wünscht Mrs Miller es so?«, fragte der Trauerredner. Der Vater des toten Jungen nickte. Die Mutter des toten Jungen wurde still, obwohl in ihr der Schmerz noch wühlte.

Der Offiziant des Tages, Robert Green Ingersoll, war weder Pfarrer noch Pastor, kein Kleriker oder Priester. Er war, ganz im Gegenteil, der berüchtigtste Ungläubige seiner Zeit, der Christopher Hitchens, Richard Dawkins oder Bill Maher seiner Epoche. Obwohl schrill kirchenlos, war Ingersoll der jüngste Sohn eines freikirchlichen Geistlichen, der lautstark seine Ansichten zur Abschaffung der Sklaverei predigte und deshalb von Freikirchlern im Osten und im Mittleren Westen geächtet wurde. Robert brachte den Großteil seiner Jugend damit zu, wegen der politischen Überzeugungen seines Vaters von einer Gemeinde zur anderen zu wechseln. Weil sein Vater von den Freikirchlern so schlecht behandelt wurde, wandte Robert sich zuerst gegen den Calvinismus und dann gegen das ganze Christentum, und als er an diesem regnerischen Vormittag in Washington, D. C., ans Kopfende des Grabes trat, war er der bekannteste Ungläubige Amerikas – ein Redner und Dozent, der durch die Lande zog, um Humanismus, »freies Denken und aufrichtige Rede« zu propagieren und über religiöse Fanatiker und ihre Kirchenoberen zu spotten.

»Vor Bischöfen zu predigen«, sagte der Priester eines Bekannten zu mir, »ist so, als würde man vor Stinktieren furzen.« Ich frage mich, ob er nicht Robert Green Ingersoll zitierte. Er lehrte Jura und dozierte über Shakespeare, die Abschaffung der Sklaverei, die Wiedereingliederung der Südstaaten in die Union und religiöse Hausiererei, und wurde von Walt Whitman so hochgeachtet, dass er bei dem Begräbnis des großen Dichters die Trauerrede hielt.

Nun also, am Kopfende des Grabs des Miller-Jungen, eröffnete Ingersoll seine Ansprache:

Ich weiß, es ist müßig, Trauer mit Worten zu verschönern, und doch will ich jedem Grab den Schrecken nehmen. Vom wundersamen Baum des Lebens fallen die Knospen und Blüten mit gereifter Frucht, und im gemeinsamen Bett der Erde schlafen Patriarchen und Kinder Seit an Seit.
Jede Wiege fragt uns: »Woher?« und jeder Sarg: »Wohin?«

> Die heute mit brechendem Herzen um dieses kleine Grab stehen, brauchen keine Angst zu haben. Der größere und edlere Glaube an das, was ist, und das, was sein wird, sagt uns, dass der Tod auch im schlimmsten Fall nur vollkommene Ruhe ist.
> Wir haben keine Angst. Wir sind alle Kinder derselben Mutter, und uns erwartet dasselbe Schicksal. Auch wir haben unseren Glauben, und der verspricht: Hilfe für die Lebenden – Hoffnung für die Toten.[5]

Es fragt uns wirklich jede Wiege, woher, und jeder Sarg, wohin. Der Abgrund, dem wir unsere Toten übergeben – offene Grube oder Feuer, Teich, Meer oder Luft –, ist Brutraum einer Art, die unsere heiligen Texte postulieren, in der Hoffnung, dass sie sind wie der Raum der Gebärmutter, manchmal birnenförmig, nicht größer als einige Zentimeter, von Hormonen gesteuert, befruchtet von der mächtigen Natur, der Ausgangspunkt der Reise unseres Seins.

Was die Mutter des toten Jungen beugte, war der Kummer, am stärksten empfunden in ihren geheimsten Stellen, dem guten irdenen, geöffneten Saatbeet ihrer Gebärmutter, geleert mit Pressen und mit Schmerzen, und völlig bezwungen vom Tod ihres Kindes. Es ist die Trostlosigkeit, die Eva empfunden haben musste, als einer ihrer Söhne den anderen tötete. Und das Staunen, das Andreas Vesalius erfasste, als er in die blutigen Einge-

---

5 Clinton P. Farrell (Hrsg.): *At a Child's Grave. The Works of Robert G. Ingersoll*, S. 399

weide des paduanischen Mädchens schaute, die ihm die Geheimnisse unserer Entstehung enthüllten. Beim Blättern im Lexikon springt uns ins Auge, dass, in Klang und Sinn, »Grab« und »gravis«, im Sinn von schwanger, sich die Seite und die Herkunft teilen, wie auch »Gravitas«, im Sinn von Würde, und »Gravitation«, »Grazie« und »Gratia«, sowohl Dankbarkeit als auch Gnade. Im Englischen gibt es dazu einen sehr sprechenden Reim: *womb*, die Gebärmutter, und *tomb*, das Grab. Im Deutschen könnte man ergänzen: Uterus und Orkus.

Zitat-Nachweis

S. 14 Ernest Becker: *Dynamik des Todes. Die Überwindung der Todesfurcht – Ursprung der Kultur*. Aus dem Amerikanischen von Eva Bornemann. Olten/Freiburg im Breisgau: Walter-Verlag 1976, S. 61.

S. 15 Julian Barnes: *Nichts, was man fürchten müsste*. Aus dem Englischen von Gertraude Krueger. Köln: Kiepenheuer & Witsch 2010, S. 171.

S. 20 Siri Hustvedt: *Die zitternde Frau. Eine Geschichte meiner Nerven*. Aus dem Englischen von Uli Aumüller und Grete Osterwald. Reinbek: Rowohlt 2010, S. 55.

S. 22 Michel de Montaigne: *Essais. Drittes Buch*. Aus dem Französischen von Hans Stilett, München: Deutscher Taschenbuch Verlag 2011, S. 417.

S. 32 Dr. med. Ronald Marks: *Akne*. Aus dem Englischen von Christine Hörmann. Wien: ORAC Verlag 1985, S. 9.

S. 33 John Updike: *Selbst-Bewußtsein. Erinnerungen*. Aus dem Amerikanischen von Maria Carlsson. Reinbek: Rowohlt 1990, S. 69.

S. 39 Nikolaj Gogol: *Der Mantel/Die Nase*. Übers. von Eberhard Reißner. Stuttgart: Philipp Reclam jun. 1989, S. 52.

S. 72 William Shakespeare: *König Lear*, III. Akt, 2. Szene. Übers. von Wolf Graf Baudissin. In: William Shakespeare: *Die Tragödien*. Übers. von August Wilhelm von Schlegel und Ludwig Tieck. Darmstadt: Lambert Schneider 2010, S. 631.

S. 74 John Berger: *Vom Wunder des Sehens*. Aus dem Englischen von Alex Bischoff. Zürich: Unionsverlag 2014, S. 44 und S. 62.

S. 119 f. James Joyce: *Ulysses*. Aus dem Englischen von Hans Wollschläger. Frankfurt am Main: Suhrkamp 1975, S. 77 und S. 92.

S. 122 f. Hiob 16, 13; Psalm 16,7; Psalm 73, 21; Jeremia 17, 10.

S. 123 Hugo Williams: *I Knew the Bride*. London: Faber & Faber 2015. (übersetzt von Nathalie Lemmens)

S. 151 William Shakespeare: *Hamlet*, I. Akt, Szene 5. In: William Shakespeare: *Die Tragödien*. Übers. von August Wilhelm von Schlegel und Ludwig Tieck. Darmstadt: Lambert Schneider 2010.

S. 177 Klagelieder 2, 11

S. 178 Pablo Neruda: *Elementare Oden*. Übertragen von Erich Arendt. Berlin: Verlag Volk und Welt 1961, S. 313 f.

S. 179 William Shakespeare: *Macbeth*, V. Akt, 3. Szene. Übers. von Dorothea Tieck. In: William Shakespeare: *Die Tragödien*. Darmstadt: Lambert Schneider 2010, S. 466.

S. 179 William Shakespeare: *Was ihr wollt*, III. Akt, 2. Szene. Übers. von August Wilhelm von Schlegel. In: William Shakespeare: *Die Komödien*. Darmstadt: Lambert Schneider 2010, S. 913.

S. 184 Hesekiel 21, 26.

Bildnachweis

S. 11: Anatomische Darmabbildung aus Mondino dei Luzzis *Anatomia Mundini*, 1541

S. 25: Muskelfigur mit Haut in der Hand, 1724

S. 37: Abdeckungen für die Nase aus Gaspare Tagliacozzis *De Curtorum Chirurgia*, 1597

S. 51: Das Zäkum und der Wurmfortsatz (Blinddarm) mit ihren Arterien aus Henry Grays *Anatomy of the Human Body*, 1918

S. 63: Zeichnungen von Augen aus Giovanni Battista Ciprianis *Rudiments of Drawing*, 1786–1793

S. 77: Herz mit Arterien und Blutgefäßen, neunzehntes Jahrhundert

S. 87: Gallenblase, 1686

S. 101: Verdauungssystem: zwölf Abbildungen, darunter Zähne, Eingeweide und Dickdarm. Stich in Linienmanier von James Kirkwood & Son, 1790/1810

S. 113: Niere im Querschnitt aus George M. Goulds *An illustrated dictionary of medicine, biology and allied sciences*, 1900

S. 125: Menschliches Gehirn aus Thomas Willis' *Cerebri Anatome*, 1664

S. 137: Lunge, Abbildung 970 aus Henry Grays *Anatomy of the Human Body*, 1918

S. 149: Ohren – Quelle unbekannt

S. 161: Kehlkopf, Frontalansicht mit Schilddrüse aus Albert P. Brubakers *A text-book of human physiology*, 1904

S. 175: Facies superior der Leber aus Henry Grays *Anatomy of the Human Body*, 1918

S. 189: Kopf- und Querlage eines Ungeborenen in der Gebärmutter aus George M. Goulds *An Illustrated dictionary of medicine, biology and allied sciences*, 1900

Über die AutorInnen

Naomi Alderman ist eine britische Schriftstellerin, Romanautorin und Spieleentwicklerin. Ihr Roman *Die Gabe* gewann 2017 den Baileys Women's Prize for Fiction.

Ned Beauman ist Romanautor und Journalist. Zu seinen Büchern gehören *Egon Loesers erstaunlicher Mechanismus zur beinahe augenblicklichen Beförderung eines Menschen von Ort zu Ort* von 2012, das auf der Longlist für den Man Booker Prize stand, und *Warum der Wahnsinn einer Niederlage vorzuziehen ist* von 2017.

Kayo Chingonyi ist aus Sambia. Er ist Dichter und der Autor von zwei Streitschriften, *Some Bright Elegance* (2012) und *The Colour of James Brown's Scream*. Seine erste große Gedichtsammlung, *Kumukanda*, wurde 2017 veröffentlicht.

Abi Curtis ist Romanautorin, Dichterin und Professorin für Kreatives Schreiben an der York St. John University. Ihr Romandebüt erschien unter dem Titel *Water & Glass* (2017), und ihre Gedichtsammlung *The Glass Delusion* (2012) gewann den Somerset Maugham Award.

Imtiaz Dharker ist eine schottisch-pakistanische Dichterin, Künstlerin und Dokumentarfilmerin. Die Preisträgerin der Queen's Gold Medal for Poetry 2014 hat insgesamt sechs Gedichtsammlungen veröffentlicht, darunter *Over the Moon*; zuletzt *Luck is the Hook*.

William Fiennes ist Autor zweier Romane, *The Music Room* (2009) und *Der Zug der Schneegänse. Eine Reise zwischen Himmel und Erde* (2002). Für *Zug der Schneegänse* gewann Fiennes den Somerset Maugham Award. Im Alter von neunzehn Jahren wurde bei ihm Morbus Crohn diagnostiziert.

Annie Freud ist eine Dichterin, deren Gedichtsammlungen den Glen Dimplex New Writers' Award (Poetry) gewannen und auf der Shortlist für den T. S. Eliot Prize standen. Sie gehört zu den *Next Generation Poets*, den Poeten der nächsten Generation, wie sie 2014 von der Poetry Book Society ausgerufen wurden.

A. L. Kennedy ist eine schottische Autorin von Romanen, Kurzgeschichten und Sachbüchern, zudem ist sie Dozentin und Stand-up-Comedian. Zu ihren Romanen gehören *Day* (2007), der den Costa Book of the Year Award gewann, und *Süßer Ernst* (2016), der auf der Longlist für den Man Booker Prize stand.

Philip Kerr starb 2018. Der britische Autor hat vierzig Bücher geschrieben, darunter die Bestseller der Bernie-Gunther-Reihe – Thriller, die im Berlin der Nazizeit spielen –, auch eine Buchserie für junge Erwachsene: *Die Kinder des Dschinn*.

Thomas Lynch ist Dichter, Essayist und Bestatter. Zu seinen Büchern gehört *The Undertaking* (1997), das den American Book Award gewann. Seit 1974 ist er Bestattungsunternehmer in Milford, Michigan.

Patrick McGuinness ist britischer Akademiker, Kritiker, Romanautor und Dichter. Sein erster Roman, *Die Abschaffung des Zufalls* (2011), stand auf der Longlist für den Man Booker Prize und auf der Shortlist für den Costa First Novel Award. Sein neuester Roman, *Throw Me to the Wolves*, wird 2019 veröffentlicht. Er ist Professor für Französisch und Vergleichende Literaturwissenschaft an der University of Oxford.

Daljit Nagra war der erste Poet in Residence für BBC Radio 4. Seine Gedichtsammlung *Look We Have Coming to Dover!* gewann 2007 den Forward Poetry Prize.

Chibundu Onuzo ist eine nigerianische Romanautorin, zu deren Büchern *The Spider King's Daughter* (2012) gehört, das auf den Shortlists für den Dylan Thomas Prize und den Commonwealth Book Prize stand, sowie *Welcome to Lagos* (2017).

Christina Patterson ist Schriftstellerin, Radiomoderatorin und Kolumnistin. Sie schreibt für den *Guardian* und die *Sunday Times* über Gesellschaft, Kultur, Bücher und

Kunst. Sie ist die Autorin von *The Art of Not Falling Apart* (2018).

Mark Ravenhill ist britischer Dramatiker, Librettist, Schauspieler und Journalist. Zu seinen Stücken gehören *Shopping and F***ing* (1996) und *Mother Clap's Molly House* (2001).

Die Essays in diesem Buch wurden ursprünglich vom BBC Radio 3 in Auftrag gegeben, eingerichtet und gesendet, als Teil der Hörfunkserie A Body of Essays, entwickelt und produziert von Kate Bland bei Cast Iron Radio.

Klaus Berr übersetzte die Einleitung sowie die Kapitel 4, 6, 7, 8, 10, 11, 12, und 15.
Ingo Herzke übersetzte Kapitel 3.
Nathalie Lemmens übersetzte die Kapitel 1, 2, 5, 9, 13 und 14.